公路新技术丛书

Gaosu Gonglu Meiganshi Tianzhu Luji

高速公路煤矸石填筑路基

Luyong Xingneng Kongzhi

路用性能控制

主　编　申文胜　王朝辉
主　审　王选仓　冯治安

人民交通出版社

内容提要

本书在充分分析国内外煤矸石填筑公路路基的基础上，结合青兰高速邯涉段煤矸石路基工程，对煤矸石填筑路基路用性能进行了系统研究。本书详细阐述了煤矸石原材料特性、煤矸石力学特性、煤矸石填筑路基技术指标与路用性能、煤矸石路基现场控制指标、煤矸石路基应力分析及沉降计算、煤矸石填筑路基施工及质量控制、冲击压实技术在煤矸石填筑路基中的应用、煤矸石路基试验路铺筑、煤矸石填筑路基效益等内容。

本书适合公路工程技术人员、相关专业院校师生及科研人员参考使用。

图书在版编目(CIP)数据

高速公路煤矸石填筑路基路用性能控制 / 申文胜，王朝辉主编. —北京：人民交通出版社，2011. 2

ISBN 978-7-114-08854-4

I. ①高… II. ①申…②王… III. ①高速公路－煤矸石－公路路基 IV. ①U416. 1

中国版本图书馆 CIP 数据核字(2011)第 004537 号

公路新技术丛书

书　　名：高速公路煤矸石填筑路基路用性能控制
著 作 者：申文胜　王朝辉
责任编辑：丁润铎　贾秀珍
出版发行：人民交通出版社
地　　址：(100011)北京市朝阳区安定门外外馆斜街 3 号
网　　址：http://www.ccpress.com.cn
销售电话：(010)59757969,59757973
总 经 销：人民交通出版社发行部
经　　销：各地新华书店
印　　刷：北京鑫正大印刷有限公司
开　　本：787 × 1092　1/16
印　　张：13.5
字　　数：313 千
版　　次：2011 年 2 月　第 1 版
印　　次：2011 年 2 月　第 1 次印刷
书　　号：ISBN 978-7-114-08854-4
定　　价：35.00 元

《高速公路煤矸石填筑路基路用性能控制》

编写委员会

主　编： 申文胜　王朝辉

副主编： 沈付湘　艾贺申

主　审： 王选仓　冯治安

编　委： 申文胜　王朝辉　沈付湘　艾贺申　黄东波
孙宏宇　孔保林　李春辉　崔金平　徐　军
狄升贯　程红光　高志伟　梁嵩巍　赵文忠
王中要　李铁群　刘　鑫

统　稿： 王朝辉

前　言

煤矸石是各种工业废渣中排放量最大、占地最多、污染环境较为严重的固体废弃物，严重影响人们的生活、生产和身心健康。在煤矸石综合利用的途径中，将煤矸石用作路基填料，能够减少筑路征地费用，改善当地环境，具有显著的经济和社会效益。但是目前路基规范中并没有关于煤矸石相应的指标和标准规范。因此，我们从2007年开始，以青兰高速邯涉段实体工程为依托，以河北邯郸矿区的煤矸石为研究对象，进行了煤矸石填筑路基路用性能系统研究，取得了丰硕的研究成果。

在当前高速公路建设的高潮阶段，及时总结新时期高速公路建设实践经验，借鉴已有技术，形成系统理论并以此指导施工，正是编写《高速公路煤矸石填筑路基路用性能控制》的意义所在。根据研究成果，我们从煤矸石填筑路基路用性能控制出发，详细介绍了煤矸石填筑路基技术指标及施工质量控制。全书共10章。

本书第1章介绍了煤矸石的危害及工程应用情况；第2章、第3章介绍了煤矸石原材料特性及煤矸石力学特性；第4章介绍了煤矸石填筑路基技术指标与路用性能；第5章介绍了煤矸石路基现场控制指标；第6章介绍了煤矸石路基应力分析及沉降计算；第7章、第8章介绍了煤矸石填筑路基施工质量控制及冲击压实技术在煤矸石填筑路基中的应用；第9章介绍了煤矸石路基试验路铺筑；第10章阐述了煤矸石填筑路基技术效益、生态效益、经济效益及社会效益。

全书的写作大纲，书稿的修改、定稿由申文胜、王朝辉负责完成，全书由长安大学王选仓教授和河南省公路学会副理事长、郑州大学特聘教授冯治安教授级高工共同进行了最终的审定。本书可供公路设计、施工、研究人员及相关院校师生参考使用。

为使全书体系完整，重点突出，满足读者的要求，本书部分章节借鉴了已有的研究成果，在此感谢相关作者及研究人员。

在试验路铺筑过程中得到了青兰高速公路邯涉段路桥华南工程有限公司周政经理、兰锦总工等人的大力支持，在此表示感谢。

由于作者水平有限，如有不妥之处，恳请读者批评指正。

作　者

2010年7月

目　录

1 绪　论

1.1 煤矸石概述

煤矸石是在成煤生产过程中与煤伴生的一种含炭量低、相对比较坚硬的黑色岩石，在开采和洗选过程中被分离出来，成为废弃物。一般就近堆放于矿区周围，形成巨大的煤矸石山或排土场。实际上是含炭岩石（炭质页岩、炭质砂岩等，还有20%左右的煤）和其他岩石（页岩、砂岩、砾岩等）的混合物。随着煤层地质年代、地区、成矿情况、开采方法的不同，煤矸石的组成及其含量亦各不相同。

我国煤矸石主要来自于石炭系、二叠系晚期侏罗至早白垩纪等含煤地层，由炭质页岩、炭质泥岩、砂岩、页岩、黏土等岩石组成的混合物。煤矸石中常含有炭粒和黄铁矿结核，发热量一般为4.18～12.56MJ/kg。煤矸石的矿物成分主要是高岭土、石英、蒙脱石、长石、伊利石、石灰石、硫化铁、氧化铝等。不同地区的煤矸石由不同种类矿物组成，其含量相差也很悬殊。煤矸石的化学成分比较复杂，所包含的元素可多达数十种。一般以碳、硅、铝为主要成分，另外，含有数量不等的Fe_2O_3、CaO、MgO、SO_3、K_2O、Na_2O、P_2O_5等氧化物，以及微量的稀有金属元素，如钦、钒、钴、镓、锗等。其具有含炭量低、灰分高的特点。

我国是一个煤炭生产大国，是一个以煤炭为主要能源的发展中国家。据中国煤炭工业协会的报告显示（表1.1），我国的煤炭产量逐年递增，2007年全国原煤总产量为25.23亿t。其中，山西是我国的煤炭大省，据山西省国土资源厅2007年3月底的统计，山西煤炭资源保有储量为2 644.9亿t，占全国探明保有储量的26%，煤的储藏量占到全国的1/3，产量占到全国的1/4以上，全国70%以上的外运煤都来自于山西。由表1.2可知，山西省的煤炭产量也在逐年递增，2007年原煤产量达到6.3亿t。煤炭在我国一次能源生产和消费结构中所占的比重分别为76%和69%，所占比重高出世界平均水平的1倍以上。在煤炭生产过程中，煤矸石排放量约占煤炭量的10%，随着煤炭产量的增大，煤矸石排放量也由原来的1亿t左右上升至2亿t左右。在煤炭洗选过程中，洗矸石约占精煤产量的30%，每年排放量约0.7亿t。因此，全国每年矸石排放总量约2.5亿t。全国现有矸石山2 000余座，累计存量已愈40亿t，占地面积15 000多公顷，而且在逐年增加。我国煤矸石年排放量超过400万t的有东北、内蒙古、山东、河北、山西、陕西、安徽、河南、新疆等省和自治区。另外，四川和其他省、自治区也有排放大量的煤矸石。煤矸石排放量比较多的地方集中在北方。煤矸石的大量堆积给当地的生产和生活带来了巨大的影响，综合利用煤矸石，改善当地环境，是矿区人们的迫切要求。

1997～2007年间我国原煤产量表（亿t）　　表1.1

年份（年）	1997	1998	1999	2000	2001	2002	2003	2004	2005	2006	2007
原煤产量	8.93	12.2	7.45	7.12	8.29	9.85	14.02	19.56	21.02	23.25	25.23

1997～2007 年间山西省原煤产量表(亿 t) 表 1.2

年份(年)	1997	1998	1999	2000	2001	2002	2003	2004	2005	2006	2007
产量	3.3	3.8	2.59	2.5	2.86	3.7	4.18	5.02	5.43	5.8	6.3

1.2 煤矸石危害性及防治措施

煤矸石是工业固体废弃物中排放和堆存量最大的一种,目前国内外采煤和洗选过程中排出的煤矸石大多弃置于山沟、平川一带,大都长期堆放,利用率极低,如图 1.1 所示,大量的煤矸石堆积不仅占据了大量的耕地,而且污染了环境,造成极大的危害。

图 1.1 多年形成的煤矸石山

煤矿作为重要的能源输出地为我国国民经济和社会发展作出了巨大贡献,同时,煤炭大量开采引起地表塌陷,造成土地破坏和挤占土地,使矿区大量耕地、地表建筑物和地下水资源遭到破坏,水土流失和土地沙漠化。煤矸石的大量排放和自燃以及煤矸石山酸性淋溶水的超标排放等不仅使矿区生态环境日趋恶化,而且严重污染了煤矿和周边环境的江河水体,直接影响农业、林业等生产,如图 1.2 所示。因此,对矿区煤矸石进行研究、治理和综合利用,不仅具有重大的环境意义,而且能取得较好的社会和经济效益。对煤炭工业可持续发展乃至整个国民经济的健康发展具有十分重要的现实意义。

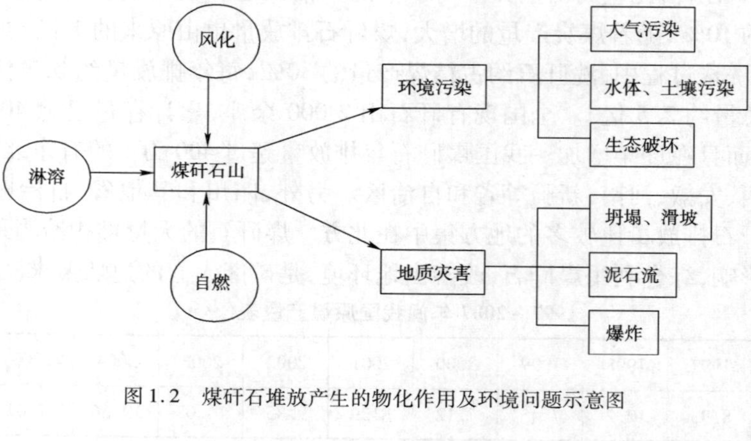

图 1.2 煤矸石堆放产生的物化作用及环境问题示意图

国内外环境调查、环境监测和煤矸石环境性状研究表明,煤矸石堆存的环境危害非常明显,并且随着其积累堆存量的增加,环境危害日趋突出。就目前研究所知,煤矸石堆存的环境危害途径颇为广泛。露天堆存的煤矸石暴露在自然环境中,往往会发生一些物理、化学反应,从而对矿区环境造成危害。因此,可以把煤矸石的危害分为物理危害和化学危害两大类。

1.2.1 物理危害

1)占压土地

土壤是很难再生的资源,地球上要形成1cm厚的土壤,需要300~500年的漫长岁月。中国是一个耕地资源非常紧缺的国家,耕地资源十分宝贵,而许多地区的煤矸石堆放场所紧邻交通线和居民区,不仅侵占大量耕地、林地、居民和工矿用地,同时也造成矿区周围众多的社会问题。据统计,矿业生产过程中煤矸石的产生比例一般为10%~30%,估计我国每年排放矸石约1.5亿~2.0亿t,历年矸石的堆积量达35亿t以上,占地约3 000km^2,截止到2006年,全国共有煤矸石山1 700多座,占地约22万多公顷,仅陕西省全年就新增压占土地9.45hm^2,造成大量土地资源的浪费。随着城镇建设的发展,市区范围不断扩展,煤矸石排放量持续增加,煤矸石堆存占地造成的经济和环境损失还将继续增加,其前景令人担忧。

2)污染大气

煤矸石露天堆放产生的扬尘有以下规律:扬尘量与风速成正比;在相同的风速下,扬尘量的大小与物质的粒度、质量和破碎状态有关。煤的粒度、质量和块度较小,煤粉多,易被吹扬;反之,吹扬量较少。矸石山的扬尘量与装卸活动也有关:卸矸时扬尘量大,平时扬尘量小。有关资料研究表明,矸石山对环境有扬尘污染,且其影响范围一般不超过1km。

矸石在运输、堆放过程中,遇风形成的粉尘颗粒,其风化粉尘中含有对人体有害的金属元素;飘浮在空气中的粉尘颗粒,小的会被人体吸入肺部,导致气管、肺部等方面的疾病,严重时还能导致癌症;大粉尘颗粒进入眼、鼻,易引起感染,同样也危害人体健康。另外,颗粒悬浮于大气中引起了大气的温室效应,容易造成气候异常。

3)引发地质灾害

煤矸石岩性主要为粉砂岩、含粉砂泥(页)岩、泥(页)岩、含炭泥(页)岩和砂岩及不纯碳酸盐岩等,往往含硫铁矿和煤屑等。多数煤矿采取绞车提升、翻矸机倾倒,煤矸石自然成堆,露天堆放。矸石堆呈尖顶锥形,矸石块径数厘米至数十厘米,堆存体的煤矸石块径自然分选。运矸轨道坡度多为18°~20°,单体高度20~50m,矸石堆自然安息角38°~40°。可见,矸石山坡度较大,内部结构疏松,受矸石中炭分自燃、有机质灰化及硫分解挥发等作用的影响,使得矸石山非常易发生崩塌、滑坡。堆于沟谷的松散煤矸石还易成为泥石流的物质源,一旦山谷中形成较强的径流条件,即可能形成泥石流灾害。特别是经过较长时间的风化、氧化或雨水渗透浸泡后,煤矸石所含的残煤和黏土膨胀松软、颗粒细化,荷载能力显著降低,更容易加剧比类事件发生。

例如枣庄煤矿北煤井一矸石堆,1994年发生坍塌,导致17人死亡,7人受伤;英国Aberfan附近的矸石山滑坡曾导致144人丧生,并造成重大的财产损失;2004年5月,重庆市万盛区的矸石山发生泥石流,造成14间房屋被埋,5人遇难,16人失踪。事实上,这种环境危害事件在许多地区的煤矸石堆存地均时有发生,特别是那些将煤矸石简单倾倒于矿井附近的山坡、冲沟、溪沟等地势相对低洼地段的小煤窑所在地,尤其是在雨水多而季节性强的南方地区,表现更为严重、频繁而又非常直观，只是因为规模小，地域偏僻，而没有引起充分注意和重视而已。

另外，煤矸石山一般灰分为70%～80%，发热量为3 350～6 280J，硫含量较高，煤矸石堆积后由于内部发热，温度升高（可达800～1 200℃），形成一个内部高温高压的环境，当矸石山内的瓦斯气体聚集至一定浓度，在高压的情况下，极易产生爆炸，并引起崩塌、滑坡，形成连锁灾害，严重危及附近居民的安全。2005年5月，河南省平顶山平煤集团矸石山自燃崩塌，造成100m外的18间居民房不同程度受损，房中人员被埋压。在抢险过程中，矸石山又先后3次喷发，造成现场几十名抢险人员被烧伤，有8人遇难，另有122人不同程度被灼伤，其中6人伤势较重。

4）造成水土流失

煤矸石山一般坡度较大，在堆放初期入渗能力较强，随着矸石山表面风化程度的增加，表层土壤发育，入渗能力降低，使得矸石山表面径流加大，特别是近几年矸石山的堆放都经过机械碾压，形成致密的“不渗层”，如果遇暴雨侵袭，就会造成严重的水土流失。

5）破坏矿区景观

景观的退化包括景观结构退化和功能退化。结构退化指景观中各生态系统之间的各种功能联系断裂或连接度减少的现象。而功能退化是指由于景观异质性的改变而导致稳定性和服务功能的衰退现象。采煤活动包括露天开采和地下开采，都会造成地表景观的改变。露天开采剥离表土、挖损土地、破坏地被，以及堆放煤矸石和粉煤灰；地下开采造成采空区，引起地面塌陷，造成地面建筑、管道、道路、桥梁等设施变形及破坏。土地面貌变得千疮百孔、支离破碎，直接影响景观的环境服务功能。

对景观的强烈干扰会超出当地景观生态系统本身的自我恢复能力，甚至会导致生态系统的退化，其最明显的标志是生态系统生产力降低、生态多样性减少或丧失、土壤养分维持能力和物质循环效率降低，以及外来物种入侵和非乡土固有种优势度的增加等。随着干扰加剧，生态系统自身的生态平衡稳定性会受到破坏。

由于煤矿地及周边环境是一个完整的生态系统，采矿活动势必会影响到区域生态格局与各种生态过程的连续，同时造成污染扩散。

煤矸石由于长期堆积形成较大的矸石山，影响自然景观。这种现象在煤矿普遍分布的、以平原为主的东北地区尤为明显。如抚顺西露天矿治理前有3个大型矸石舍场，总占地面积22.40hm^2，隐火区面积302.98hm^2，3个舍场横贯市区南部，长达15km。

煤矸石对矿区景观的破坏主要表现在自然景色上。煤矸石多为灰黑色，且山体高大，在大部分矿区，巨大的、黑色且光秃秃的矸石山成了煤矿区的标志物；煤矸石自燃以后变为黑褐色，光秃秃的黑褐色的矸石山，有时还冒着白色的烟雾，严重影响矿区的自然风光。另外，由于矸石山风蚀扬尘，尘埃覆盖在建筑物上，使其失去原来色调。漫天飘扬的矸石扬尘降低了空气的清洁度和光照度，使矿区环境浑浊不清，对景观环境质量影响很大。

除此之外，矸石山溢流水和经雨水淋溶形成的浊流，常常使河流出现颜色杂乱的污染带。矸石堆放时产生的粉尘、自燃时产生的有毒物质对植物的生存也有较大影响，表现在植物生长缓慢、生长量降低，草地植被种类减少、病虫害增多等，对矿区的生态景观造成严重破坏。

1.2.2 化学危害

1）自燃危害

煤矸石山的自燃对矿区生态环境的污染最为严重。煤矸石中含有残煤、炭质泥岩和废木材等可燃物，其中碳和硫构成煤矸石山自燃的物质基础，矸石中通常固定炭含量为10%～30%，野外露天堆放的煤矸石日积月累，堆积在矸石里的黄铁矿（FeS_2）在矸石山上氧化发热，其内部的热量逐渐积蓄，当温度达到可燃物的燃点时，逐级引起混在矸石里的炭自燃，再引起矸石自燃。自燃后，矸石山中部温度可达800～1 000℃，并放出大量CO、CO_2、SO_2、H_2S和氮氧化物等有害气体。

一氧化碳气体能使人出现头晕、窒息、中毒等症状，甚至会使人视力减退，严重时会使人的血液循环输氧系统闭塞而致死；二氧化硫对人体造成的危害主要是双眼红肿、胸憋、咳嗽、气喘、口腔干燥发黏等；对绿色植物的影响是对叶片细胞产生危害作用，破坏叶片的交换机能，使叶片内的海绵细胞和栅栏细胞发生质壁分离，导致叶绿素枯死收缩，在叶片上出现枯萎斑痕。二氧化硫浓度严重超标时，还会导致一些敏感植物死亡。

矸石山自燃产生的有毒有害气体，不仅会对植物产生很大的危害，对人也会造成严重的危害。一座矸石山自燃可长达十余年至几十年，由其造成的严重污染会使自燃矸石山周围地区呼吸道疾病发病率明显高于其他地区，并成为癌症高发区。目前，我国至少有1 700余座矸石山在燃烧，这些矸石山以黄河中上游一带为甚。如宁夏的大部分煤矿矸石山，内蒙的乌达矿矸石山，陕西的铜川矿区矸石山，山西太原西山煤田的东、西矿区矸石山，河南的焦作、平顶山等矿区矸石山等，不仅污染大气，而且影响健康。例如：铜川矿务局6个自燃矸石山周围均为癌症高发区，在矸石山附近工作过5年的职工，都患有肺气肿，这种例子不胜枚举。我国乌达跃进选煤厂矸石山燃烧区附近检测结果：SO_2平均浓度为10.69mg/m^3，超过国家标准70多倍，而H_2S平均浓度为1.57mg/m^3，超过国家标准150多倍。

而由自燃状态向爆炸状态的转变，往往都是在人们无意识情况下发生的，爆炸发生的时间防不胜防，故爆炸的后果和造成的危害是无法估量的。

矸石山爆炸是复杂的物理化学过程。爆炸源位于矸石山的内部，在高压的作用下将上万吨的矸石抛射出来，部分爆炸能量将矸石破碎，形成粉尘。这些粉尘不仅影响周边的空气质量，而且还将覆盖周围的道路、居房、农作物，在雨水的作用下形成酸性物质，破坏矸石山周边的水质，进而影响到人们的身体健康。自燃煤矸石山爆炸释放出大量的热能，瞬时温度可达2 300～2 500℃。爆炸抛出的高温矸石可引起周围建筑火灾，烧伤人员，烧毁周边的树木、工厂设备，也是引发连续爆炸的主要热源。自燃矸石山爆炸不仅产生高温，而且爆炸压力也很高，高压可以促使爆源附近的气体以极大的速度向外冲击，其传播速度可达2 340m/s，对矿井地面建筑和器材设施造成破坏，同时冲击波可扬起大量矸石粉尘并使之参与爆炸，造成局部粉尘的连续小爆炸，造成更大的破坏力，冲击波可以在它的作用区域内产生震荡作用，使物体因震荡而松散，甚至破坏。

2）有毒重金属污染

土壤作为一个十分复杂的多相体系和动态开放体系，固相中大量的黏土矿物、有机质、金属氧化物等能吸持进入其内部的各种污染物，特别是重金属。大量研究表明，重金属一旦进入土壤后很难在物质循环和能量交换过程中分解，它们往往在土壤中不断进行累积。生长在重金属污染土壤上的植物，必然会吸收和累积一定数量的重金属。进入植物体内的重金属不但会影响植物的产量和品质，而且会通过与大气和土壤的物质交换和能量流动影响大气环境、水环境和土壤环境质量，并可通过食物链最终危害人类的生命和健康。更为严重的是，重金属在土壤和植物中以及从土壤到植物的污染过程具有隐蔽性、长期性和难降解性的特点，因此土壤重金属污染是一种较为严重的土壤污染。

煤矸石在露天堆放情况下，经受风吹、日晒和雨淋，煤矸石中的有毒重金属元素如铅、镉、汞、砷、铬等通过雨水淋溶渗入土壤和进入下游水域，导致严重的重金属污染。

许多煤矸石的淋溶液所携带的部分重金属元素浓度远超过国家污染物最高允许排放标准。这些煤矸石自身的重金属含量也均高于土壤的相应成分含量，部分重金属含量甚至接近土壤的2倍。根据扩散及渗透原理，这些重金属元素的排放与转移，必然会对周围水体和土地造成严重污染。主要污染途径有：进入地下水体、土壤吸附、农作物吸收、污染植物。同时，通过雨水和地下水淋滤与离子交换以及矿物氧化分解，煤矸石还可产生其他有害物质污染土壤。其中，毒性最大的是Cd、Pd、Hg、As，它们能在食物链中逐渐富集（许多物质在水生生物体内的浓度，比在水中浓度高几十倍、几百倍甚至上千倍），最后进入人体，对人体健康产生长远的不良影响，会引起急、慢性中毒，造成肝、肾、肺、骨等组织的损坏，会侵害人体呼吸、血液循环、神经和心血管系统，甚至能够致癌、致畸、致死。矸石山重金属污染的程度取决于这些元素的含量和淋溶量的大小。

3）酸性水污染

煤矸石中普遍含有较高的硫分及其他有害元素，硫主要以黄铁矿的形式存在。四川南桐煤矿矸石含硫量高达18.93%，贵州大枝煤矿也达8%～16.08%。煤矸石中的黄铁矿结核经过风化及大气降水的长期淋溶作用，形成硫酸或酸性水渗入地下，导致土壤、地表水体及浅层地下水的污染。黄铁矿氧化所产生的铁质因为酸性环境而以可溶性铁和硫酸盐形式迁移至淋溶液，因而使得受其淋溶液影响的地下水和地表水的可溶盐类总量增大，硬度显著提高，不但不能作为饮用水源，以其作为农业灌溉水源还可导致土壤盐渍化。另外，自燃后的矸石山会产生SO_2等，遇水或淋溶后会形成H_2SO_3，造成土壤酸化，严重影响植物的正常生长。煤矸石淋溶液不仅污染堆积区，还通过各种水力联系（导水砂层、地层裂隙、农灌、河流等）发生污染转移，从而大范围地影响工农业生产，特别是水产养殖业受到的危害更重。

4）放射性污染

矸石在采出、运输、堆放等过程中，由于逐渐破碎，裸露面积逐渐增大，从而扩大了与空气的接触面积，其中的放射性元素向空气中大量析出，使空气中的放射性元素浓度增大，超过其本底值，造成辐射污染。

矸石中天然放射性核心元素主要为铀－238、钍－232、镭－226、钾－40。钾－40在土壤中含量为29.6～88.8Bq/kg，在岩石中含量为81.4～814Bq/kg；镭－226在土壤中含量为3.7～70.3Bq/kg，在岩石中含量为14.8～48.1Bq/kg；钍－232在土壤中含量为0.74～55.5Bq/kg，在岩石中含量为3.7～48.1Bq/kg；铀－238在土壤中含量为1.11～22.2Bq/kg，在岩石中含量为14.8～48.1Bq/kg。

据山西省西山矿区监测，矸石中的天然放射性核心元素均高于原煤和土壤中的相应数值。但是依据我国《放射防护规定》、《建筑材料放射性核素限量》中的有关规定，结合全国部分地区土壤放射性核元素含量可以认为煤矸石不属于放射性废物，而属于一般工业固体废物。煤矸石即使100%用于建材制品，亦满足有关放射性限制标准和卫生防护限制规定。

煤矸石所含天然放射性污染影响，主要有两种途径：一种途径是经风把小于100μm的微小颗粒扬起造成二次再悬浮污染大气，此种污染主要造成对人体的吸入引起的内照射；另一种途径是引起 γ 外照射。

1.2.3 煤矸石危害防治措施

1）减少井下矸石产生量

矸石不出井，不但可减少矸石占地，降低运输成本，而且可减小对环境的污染，具有较好的经济效益和社会效益。在巷道设计、施工工艺设计、矸石转运和井下充填等多个环节，要充分考虑矸石的井下处理，从源头上减少矸石的出井量，从而减少在地面堆积的数量，降低地面处理的工作量。

2）合理选址堆放

矸石的堆放地如选择不当，对河流、田地、公路都存在危害隐患。下大雨时煤矸石随雨水流动，形成矸石流，与泥石流一样具有很大的破坏力。另外，有的矸石堆放超过了安全堆放高度，矸石山不稳定，给矸石下部的庄稼地和建筑物带来潜在的威胁，加剧厂方和农户之间的矛盾，影响当地的安定团结。为防止矸石淋滤液的污染，应合理选址，使其远离水源地和地下水补给区。矸石堆单体过大、过高，更容易产生自燃。因此，在充分利用、拣选硫铁矿和煤粉的基础上，应控制单体体积，推广平顶堆放方式。

3）重金属危害防治

土壤作为人类生存环境的一个重要组成部分，其质量的优劣将直接或间接影响人类的生命和健康。重金属在土壤中不易随水淋溶，不能被微生物降解，具有明显的生物富集作用。土壤污染不像大气污染和水污染那样直观，其具有较长的潜伏期。土壤一旦受到污染，其治理不仅见效慢、费用高，而且受到多种因素的制约。因此，针对重金属污染的特点，一些学者提出了重金属污染治理的工程措施、农业措施和生物措施等。

（1）工程措施

工程措施是指应用物理机械、物理化学原理治理土壤重金属污染的一类方法。

①清洗法

清洗法是用清水或用加入了含有能提高重金属水溶性的某种化学物质的水把污染物冲至耕层外，再用含有一定配位体的化合物或阴离子与重金属形成较稳定的络合物或生成沉淀，以防止污染地下水。清洗法对重金属的重度污染治理效果较好，适合轻质土壤，但投资大，易造成地下水污染及土壤养分流失，使土壤变性。

②土壤处理法

包括客土、换土、去表土和翻土等。此类方法效果好，不受土壤条件限制，但需投入大量人力、物力，投资大，并存在二次污染。同时，土壤肥力会有所降低，应多施肥料以补充肥力。

（2）农业措施

农业措施是指应用农业技术来治理土壤重金属污染的一类方法，包括以下几种做法。

①增施有机肥，提高土壤环境容量

施用堆肥和植物秸秆等有机肥料，增加土壤有机质含量，可以增加土壤胶体对重金属的吸附能力。有机质又是还原剂，可促进土壤中形成的硫化氰沉淀，促进高价铬变成毒性较低的低价铬。

②选种抗污染的农作物品种

即种植吸收污染物少或食用部位污染物累积少的作物。研究表明,菠菜、小麦和大豆等作物吸量多,不宜种植,而玉米和水稻等作物吸量较少,宜在污灌区种植。在中度和轻度重金属污染的土壤上,不宜种植叶菜、块根类蔬菜,而宜种瓜类蔬菜或果树等。这样能有效地降低农产品的重金属浓度。在轻度污染的土壤上,选用早熟品种,以减少污染物在作物体内的累积量。

③改变耕作制度或改变土地利用方式

将中度和重度污染区作为良种繁育基地,如对灌区上游污染严重的地块,将其改作水稻和玉米等的良种基地,收获的稻米不作直接食用的商品粮而作种子。对污染较严重的农田,可改变耕作制度,改种非食用植物,如花卉、苗木、棉花、桑麻等。

(3)生物措施

生物措施就是利用某些特定的动、植物和微生物较快地吸收或降解土壤中的重金属污染物而净化土壤的方法。

矸石山的生物复垦和微生物复垦技术正在广泛应用。生物复垦是利用生物措施,恢复土壤肥力与生物生产能力的活动,它是实现废弃土地农业复垦的关键环节,主要内容为土壤改良和植被品种筛选。微生物复垦是利用微生物活化药剂或微生物与有机物的混合剂对复垦后的贫瘠土地进行熟化和改良,恢复土壤的肥力和活性。采用微生物复垦是在矸石垫层上不覆盖生长土,仅加适量微生物活化剂,只在短期(6 个月)内就可以建立起稳固的植物覆盖层,使所造地恢复种植能力,第 2 年可种植农作物,3 ~ 5 年即能完全达到高产农田的肥力,且对种植品种没有限制。这种技术具有费用低、效率高、效益好等优点。

(4)施用改良剂

施用改良剂的作用是为了降低重金属的活性。这一措施能有效地降低重金属的水溶性、扩散性和生物有效性,从而降低它们进入植物体、微生物体和水体的能力,减轻它们对生态环境的危害。

4)煤矸石自燃防治

(1)对已自燃的矸石山,要采取措施熄灭火源。熄灭矸石山自燃发火的技术措施有:挖掘火源法、表面覆盖法、泡沫灭火法和注浆法。挖掘火源法是直接挖除自燃的矸石;表面覆盖法是将黄土等惰性物质覆盖在燃烧区上,隔绝空气,以达到灭火目的;泡沫灭火法是用水和发泡剂组成灭火介质,送入矸石山内部火区,形成的灭火泡沫可以保持较长时间和扩展到较大范围,起到隔绝空气和降低温度的作用;注浆法是将灭火材料制成浆液后,再借助机械力将其压入矸石山内部,使浆液渗透充填到矸石山的空隙中,阻止矸石进一步氧化。注浆法是目前国内防治自燃矸石山时的常用方法。

(2)对于自燃较严重的矸石山,利用上述方法时在施工过程中往往存在很大的安全隐患。如利用挖掘火源法时,被揭开的矸石山将有大量空气进入,容易造成内部可燃气体达到爆炸限而引起矸石山爆炸,此法在美国使用时曾发生过多起伤亡事故。故对于自燃严重的矸石山,可采用炸弹或炮弹轰炸,破坏矸石山自燃程度和内部结构,以防止爆炸事故的发生。

(3)对于未自燃或有自燃倾向的矸石山,可以采取覆土植被绿化治理来防治矸石山自燃爆炸。采用种植树林、植物等方式来绿化矸石山是目前不少矿区最常用的做法,而且治理矸石山的效果也比较理想,可有效根治扬尘和矸石山坍塌、自燃爆炸。若为了彻底治理矸石山,对于矸石山进行充分利用很有必要，如作水泥添加料、制造矸石砖等新兴建材，也可以利用矸石填充采空区，禁止在地面堆放矸石等方法都是目前治理矸石山自燃爆炸的有效方法之一。

5）煤矸石山绿化技术

由于矸石山暴露在自然环境中，经多年风化后表面会形成一层约10cm厚的风化层，另外，矸石山内部还有一定的水分，可以满足植物生长的需要。因此，为了降低矸石山的危害，许多矿区都对矸石山进行了绿化。大量的实践证明，绿化矸石山、恢复矸石山的植被生态系统，可以减少矸石山的风蚀扬尘、水土流失，降低矸石山的温度，从而杜绝矸石山的自燃，减少自燃对矿区大气环境的危害等。因此绿化煤矸石山，重建植被生态系统，是煤矿区生态环境改善的有效手段。

（1）覆土绿化技术

覆土绿化是在矸石山表面覆盖一定厚度的土壤、粉煤灰、污泥等，这种方法已在部分矿区进行了成功实验。其优点是植物生长环境，尤其是土壤环境的改善较大，除适宜较多的树种生长且造林成活率较高外，还可以种植一些农作物和牧草。在覆土绿化技术中，覆土的厚度是关键因素。覆土厚度较小（10～20cm），覆盖效应低，对立地改良作用小，而且植物根系绝大多数分布于覆盖层中，没有真正“扎根”于矸石山，由于得不到土壤层以下的水分供应，在无灌溉条件下，植物反而容易受旱；覆土厚度较大（20cm以上），覆盖的土方量增加，加上运输距离一般较远，从而提高了复垦投资，制约矸石山复垦种植的推广。

薄层覆土（对黄土而言约3～5cm）是一种经济实用的覆土植被恢复技术，大大降低了复垦地造价，同时对于出苗、保苗比较有利，还可以使幼苗免受高温灼伤，不会降低植物根系的抗逆性，薄层覆土栽植植被的根系能够深入到矸石深层，吸收矸石山深层的水分和养分，有利于植物的成活和发育。

（2）无覆土绿化技术

由于经济和缺土的原因，我国的煤矸石山绿化中一般采用无覆土造林技术。无覆土绿化就是将植物直接栽种于煤矸石山表面的矸石风化物上，对矸石山只采用适宜的整地方法（带状整地或块状整地），然后在植树穴或植树带内加适量“客土”，而不采用表面全部覆土、覆污泥等基质改良技术。无覆土绿化矸石山时，一般不宜平整地面，以尽量保留矸石山表面的风化物。或先挖坑（块状整地），使煤矸石风化一段时间再种植；也可挖沟（带状整地）后将煤矸石风化物集中于沟内进行栽植。

煤矸石山整地的深度因植被不同而异，要满足各种植被生长所需深度的低限值，即草本植物为15cm，低矮灌木为30cm，高大灌木为45cm，低矮乔木为60cm，高大的乔木为90cm；煤矸石山的坡度一般较大，整地宽度不宜过大，以免加剧水土流失。因此，矸石山的整地宽度一般在1.5～2.0m，采用反坡梯田整地方式整地要提前，整地季节按照至少提前一个雨季的原则进行，即如果是春季造林，整地最好在造林前一年的雨季以前进行，如果是秋季造林，整地最好在当年的雨季以前进行，这样有利于植树带的蓄水保墒和增加有机质等养分含量。

无覆土绿化技术省工、经济，复垦投资较少，但对于矸石山的立地改良程度较低，需要选择抗旱性较强的树种并采用适宜的植苗造林方法。另外，由于无覆土绿化煤矸石山表面没有覆土，矸石山黑色的表面具有较强的吸热性能，导致煤矸石山表层温度高达39～42℃，幼苗在植物的苗期易灼伤而迅速死亡，因此要特别注意浇水。

6)煤矸石卫生填埋

卫生填埋是世界上最常用的固体废料处理技术。它是在科学选址的基础上,采用必要的场地防护手段和合理的填埋结构,以最大限度地减缓和消除固体废料对环境的污染。对煤矸石进行卫生填埋,能有效地控制淋溶水的扩散,减小对地下水的污染,而且在其顶部防渗层还可以植树种草,进行土地复垦,恢复生态环境。

国内外在探索和应用生态工程技术处理固体废物方面已卓有成效。生态工程处理固体废物的基本原理是首先采用适当的防渗材料和阻断材料,使处理物与周围的环境有一个物理性质的隔离。然后在被围隔起来的固体废物堆上,盖上一层土,并在土层上重新进行以植被为主体的人工生态系统的建设,同时辅以一定的景观建筑,把废物场地改造成为宜人的公园、游乐场或农田。这种生态工程的技术具有投资少、见效快、处理量大、不造成二次污染等优点。由于恢复后的土地具有更大的利用价值,因此还可获得长远的经济效益,是一种更具有改造环境积极意义的固体废物处理技术。土地的复垦程序,包括了对粉尘的控制、防止表土流失、加强坝基安全、减少重金属污染物的径流量、绿化废物场地加速自然转变过程等,都是对采用生态工程技术的一些具体目标的要求。澳大利亚西部地区的一些矿区,采用深挖法技术进行复垦,要求采空区必须恢复到能够保证建立起一个适于该地区野生动物返回生息和防止水源盐碱化的生态系统的目标。加拿大的许多矿业公司,对于在含有硫化铁和其他硫化物的尾矿进行植被工程时,采用了像已在农业上采用的石灰石、污泥、肥料等各种调整剂的方法,对具有硫化物的尾矿直接进行调整,使植被工程可以在没有铺设表土层的尾矿堆上直接进行播种,并且建立起了持久性的植被生态工程,既简便,效果又好。

1.3 煤矸石综合利用

1.3.1 煤矸石综合利用的意义

煤矸石是指在煤矿建设、煤炭开采及加工过程中排放出的废弃岩石。据统计资料显示,我国煤矸石的积存量在70亿t以上,占地$70km^2$。如果按原煤年产量15%~20%的产矸率计算,每年新增煤矸石的排量在1.5亿多吨。但我国煤矸石的综合利用水平尚不到排矸量的15%,余下矸石多采用圆锥式或沟谷倾倒式自然松散地堆放在矿井四周,侵占大量土地,对周围环境造成极大污染,严重影响和危害人们的生活与健康。煤矸石的环境治理问题已成当务之急。

目前,国内外主要从两方面解决煤矸石的环境污染问题。

(1)采取一定的措施控制煤矸石山的物化作用,此方法需投入大量的资金。

(2)对煤矸石进行综合利用,通过减少煤矸石的地面堆积量达到治理的目的,此方法将产生巨大的经济效益。

因此,进一步发展煤矸石综合利用具有十分重要的意义。

1)保护耕地,减少占地

保护耕地是关系到我国粮食安全和保证13亿人吃饭的一件大事。我国的土地资源非常紧缺,人均耕地占有量只有1.59亩,仅为世界人均水平的43%。随着国民经济的发展,每年因基础设施建设、城市用地增加及自然灾害损毁等原因造成耕地的大量损失。因采煤造成的地表塌陷和煤矸石堆存也是耕地损失的原因之一。据有关部门估计，我国每年新增煤矸石1.0～1.2亿 t，占地6 000多亩。综合利用煤矸石，不仅可以减少对土地的占用（包括煤矸石建材替代黏土砖减少的耕地破坏），用煤矸石做塌陷区的充填或回填材料，还可以使因采煤塌陷的土地得到复垦。所以煤矸石综合利用对于保护我国十分珍贵的土地资源，意义十分重大。

2）减轻矿区大气污染和地下水污染

我国有237座煤矸石山曾发生过自燃，目前仍有134座矸石山在不同程度地燃烧。煤矸石自燃不仅白白浪费了宝贵的资源，燃烧过程中排放的二氧化碳、二氧化硫、氮氧化物及烟尘等，还严重污染大气环境，危害矿区人民的身体健康。煤矸石经雨水淋溶形成的酸性水渗透到地下，会污染地下水。因此，综合利用煤矸石，可以减轻矿区的大气污染和地下水的污染。

3）改变煤矿旧形象，开辟矿区新产业

煤矸石综合利用不仅可以变废为宝，而且还有助于改变煤炭和煤矿的"肮脏"形象，使煤炭产业成为不产生或少产生"公害"的产业。有些煤矿提出"石头变砖头，砖头砌高楼"，"制砖不用土，烧砖不用煤"的口号，围绕煤矸石的综合利用，或形成了新的产业，或延长了现有的产业链。例如山东省新汶矿业集团大力发展煤矸石发电、制水泥、制砖及制砖机械等产业。山西阳泉煤业集团以煤矸石发电为龙头，形成了煤矸石发电—电解铝—铝型材的产业链。四川沫江煤矿大力发展煤矸石综合利用，形成以煤矸石综合利用为经济支柱的产业格局，走出了一条可持续发展的道路。

4）促进产业转移和劳动力再就业

据不完全统计，到2000年末，我国因资源枯竭关闭报废的矿井有488处，注销生产能力13 990万 t。由于煤炭资源的枯竭，使矿井产量递减以至最终报废关闭，导致大量工人失业。寻求产业转移和劳动力再就业成为衰老报废矿区的头等大事。煤矸石综合利用则是有发展前景的接替产业之一，并已经成为许多矿区非煤产业的发展重点。据有关部门统计，2007年国有重点煤矿综合利用多种经营总额达到582亿元；安置人员最多时达208万人。在煤炭企业多种经营收入超亿元的项目中，前10位全部是煤矸石发电，这足以说明其在非煤产业中的地位。我国每年产生的煤矸石、煤泥等低热值燃料，按热量折算为1 500～1 800万 t标准煤。综合利用好这些资源，相当于新增一个开滦或兖州矿区的煤炭产量。这样，不仅促进了产业转移、劳动力再就业，甚至还会因其含有特殊成分而成为煤炭城市待开发的"金矿"。

1.3.2 国内外煤矸石利用现状与趋势

随着全球资源环境问题日显突出，在逐渐全面地揭示煤矸石的资源环境特性的同时，世界各国，特别是煤炭资源丰富的国家、煤炭消耗量大的国家和经济技术发达的国家，在煤矸石资源开发利用方面也取得了长足的进展。

传统意义的煤矸石资源低层次简单利用，从有煤矿开采业起就存在，如矿山附近居民翻矸选煤作为燃料，或选取有特种形状、强度和块度的煤矸石作为简单的筑墙铺路材料。但现代意义的科学合理和系统规范的煤矸石资源开发利用，在国内是从20世纪80年代开始，在国外也只是从20世纪70年代才真正全面展开。经过数十年的努力，虽然国内外技术发展仍很不平衡，地区性差异依然非常明显，但总体上，煤矸石资源开发利用已经初步形成科学化、规模化、层次化、系统化和适时化局面，也成为煤矸石资源开发利用的主要趋势。

1）煤矸石资源开发利用科学化

世界各国,特别是主要的煤炭资源开采国、消费国以及部分经济技术发达国家,煤矸石资源开发利用已经摆脱了早期那种只以大宗利用为目标的简单的低层次利用模式。在强化环境特性评价的同时,人们普遍重视煤矸石资源特性评价研究,系统地进行煤矸石资源性质与利用性能分类;根据各类煤矸石的具体资源性质和利用性能,以有效发挥煤矸石资源效益为目标,研究开发适合其资源性质的利用技术方法、工艺流程及相应技术装备。经各国科技人员的努力,在短短30多年内,已经开发出许多工业化煤矸石综合利用技术,逐渐形成制砖技术、煤系高岭土深加工技术、煤矸石化工产品制造技术等,为科学合理地利用煤矸石资源,真正实现其物尽其用创造了良好的技术条件。以这些煤矸石资源开发利用技术为支撑,在煤矸石资源具体开发利用时,人们越来越重视其经济—资源—环境效益综合评价,不再片面追求经济利益、资源效益或环境效益,而是在三者最佳结合点选择最优化的开发利用途径。

我国在煤矸石资源开发利用科学化方面,虽然起步较晚,在20世纪70~80年代才逐渐兴起,但发展到今天,通过广大科技人员的自主研究、企业技术装备引进和技术创新,与先进国家的差距逐渐缩小,在某些方面,煤矸石资源开发利用科学化程度已达到国际先进水平,例如煤系高岭土深加工利用技术,煤矸石铝盐化工技术等。我国在煤系高岭土提纯增白、超细处理技术等方面都取得了突破,已经实现了煤系高岭土"双90产品"工业化生产。然而,因为我国科研成果产业化转化率较低、转化速度较慢,与其他行业相似,我国煤矸石资源综合利用的现实科学化程度远低于可产业化转化的科研成果水平。

2)煤矸石资源开发利用规模化

煤矸石资源是传统矿物资源的替代资源,为固体废弃物资源化产物。其开发利用通常难以像直接开发利用传统矿物资源那样既有成熟稳定的工艺,又有可观的经济效益,而具体综合利用技术往往在工艺流程和技术参数方面需要视具体煤矸石对象进行设计与调整,大宗煤矸石资源综合利用工程通常为微利工程。因此,世界许多国家,例如美国、德国、英国和俄罗斯等,都纷纷兴办大型煤矸石建筑材料企业、大型煤矸石发电企业。这样既避免了煤矸石资源综合利用技术推广应用的困难和企业投资风险,减少了技术指导需求,实现了煤矸石综合利用技术集约,又使这些企业实现了规模化经营,取得规模经济效益。以煤矸石制砖为例,上述国家的发展标志着制砖业发展水平的机械化、自动化水平越来越高,从原料处理、采掘运输到成型、切坯、码坯、干燥、焙烧、卸砖的自动化以及窑炉工况的计算机监测控制等技术装备水平都达到了很高的程度。生产规模日趋高效、低耗化。砖厂数量很少,规模很大,规模均在$6\times10^7\sim12\times10^7$标块/年。以规模经济为主要手段的优势集中体现在:产品质量优异,品种达百余种,烧结空心墙体材料已占到总量的80%以上,空心率也在70%~80%,强度可达50~80MPa,煤矸石掺量早已达到100%,企业经济效益十分理想。

与煤矸石综合利用技术先进国家相比,我国煤矸石综合利用规模化程度还很落后,即使在我国煤炭资源主产区,例如山西、内蒙古、河南、山东等省区,也没有技术集约、资金集约、规模经营的煤矸石发电企业或煤矸石建材企业。至于高技术含量、高产品附加值的煤矸石资源深加工企业,则不仅数量凤毛麟角,规模也非常小,只具有示范意义。例如,目前全国仅有煤系高岭土深加工企业4家,产品年实际生产能力总共不足万吨。

3)煤矸石资源开发利用层次化

通常煤矸石具有复合资源性质。为充分发挥其资源效益和开发利用经济效益,同时也为尽量降低其开发利用二次环境污染,国内外普遍重视煤矸石多层次开发利用,实现煤矸石资源优化利用。煤矸石多层次开发利用的基础是进行全面的资源环境综合评价和开发利用经济技术评价。深入认识煤矸石资源组成、理化性能和加工工艺性能,针对具体煤矸石的各种资源化产品对象进行资源—环境—技术—经济—市场综合评价,遴选既与资源特性相匹配,又有经济、环保、技术和市场综合优势的开发利用途径。充分研究资源化产品性能、质量和市场需求,同时,作为传统资源加工产品的替代品,世界各国还普遍重视产品应用示范和宣传推广。

目前在部分欧美国家已建立起包括煤矸石在内的固体废弃物资源化技术要求、环境保护要求和资源化产品质量性能要求,我国也于20世纪80年代和90年代先后发布了《关于开展资源综合利用若干问题的暂行规定》、《关于进一步发展资源综合利用意见的通知》和《煤矸石综合利用管理办法》等政策性文件。根据国内外煤矸石资源层次化开发利用总体特征,目前在技术方法上已经形成直接利用和深加工利用两个基本层次,在利用方式上已形成整体利用和选择利用两个基本层次。各利用层次的原料对象、资源效益发挥、环境积极效果、产品技术含量以及产品价值等都有所不同。煤矸石直接利用往往也是整体利用,目前比较成熟的包括制砖、发电、铺路等;深加工利用的利用方式较为复杂,包括有用组分选别利用、整体深加工利用和产品深加工利用。较为成熟的有用组分选别利用主要包括残煤回收、硫铁矿回收、高岭土回收、铝土矿回收和锗等有用微量分散元素回收。整体深加工利用包括以煤矸石为基料制取肥料、陶粒、泡沫玻璃、陶瓷以及铝盐化工产品等,技术已较成熟。现实应用广泛的煤矸石产品深加工主要是偏高岭土深加工,目前已形成广泛应用于油漆、橡胶、塑料、造纸行业的多种产品,也已用作沸石分子筛以及诸如净水剂等环保产品。

我国上述各层次的煤矸石资源开发利用都已全面展开,部分已经取得良好的现实应用效果。例如煤矸石发电、制砖、有用组分选别利用以及煤系高岭土深加工产品应用等,都有示范型厂家存在。但是,不可否认,与发达国家相比,仍然有很大差距。一方面表现在我国煤矸石现实综合利用率仅约为17%,不及世界平均水平的1/3;另一方面还表现在我国部分煤矸石利用对象的利用层次与其所具有的资源性状、资源优势相差甚远。例如我国北方某地的煤矸石,其主体部分为高铝煤矸石,Al_2O_3 含量为30%~35%,含碳量(≤5%)、含硫量(≤1%)和含铁量(≤2%)都比较低,载铝矿物主要为高岭石,其次有硬水铝石,其他载铝矿物含量很低,是较好的铝盐化工原料,但迫于环境压力,目前部分被用来烧砖,部分用于填土工程,似乎造成较明显的资源浪费。

4)煤矸石资源开发利用系统化

因为煤矸石的复合资源性和开发利用的多层次性,加之现代工业绿色革命和洁净生产方式的要求,世界各国,特别是经济技术发达国家,普遍重视包括煤矸石在内的各种固体废弃物综合利用的“零废弃”、“零污染”方式。根据具体煤矸石类型的资源构成和利用层次,运用资源—环境—技术—经济—市场综合论证方法,将整体利用与特别利用、直接利用与深加工利用有机结合,开展适合其资源环境特征、经济技术切实可行的多层次利用,逐渐形成煤矸石资源利用技术体系和系列化产品,而不再仅局限于某种利用技术或开发某种产品。例如美国、俄罗斯和德国的某些大型煤矸石资源加工企业,往往同时进行煤矸石发电、煤矸石建筑材料生产、煤系高岭石深加工、残煤洗选、硫铁矿及其他有用组分回收、铝盐化工等多层次利用,同时提供煤矸石建筑材料、煤系化工填料、煤化工产品、硫铁矿化工产品、铝盐化工产品以及铝、锗、镓等有用金属产品,既实现了煤矸石无废利用,有效地保护了环境,又使企业市场应变能力显著增强,有良好而持续的经济效益。通常在试图进行具体煤矸石资源利用方式之前,整体利用或直接利用紧随其后,最后才是进行产品深加工利用。

因为煤矸石物质组成的复杂性,并非所有类型的煤矸石都能进行多层次利用,从而煤矸石资源利用系统化没有任何固定模式。实际上,煤矸石资源开发利用系统化往往是建立在煤矸石资源环境系统评价、综合分类、利用性能试验研究、经济技术评价以及各类煤矸石分别堆存基础上的。美国、俄罗斯、德国等国之所以在煤矸石资源利用系统化方面领先,是与它们非常重视上述各项基础工作密不可分的。

我国在煤矸石资源利用系统化方面虽然起步较晚,但近十余年来也已取得某些非常可喜的成绩。特别是在这方面的科学实验研究,已基本达到国际先进水平。例如,我国科技工作者针对高铝煤矸石的开发利用,在20世纪80年代后期至90年代,在先后开发出多种适合工业化生产的铝盐化工工艺之后,又开发出白炭黑、硅铝炭黑等多种提铝煤矸石残渣资源化产品,为此类煤矸石的资源利用系统化创造了技术条件。然而不可否认的是,我国煤矸石资源综合利用体系迄今没有全面形成,初步建立煤矸石资源利用体系的企业屈指可数。即使初步建立煤矸石资源综合利用体系的企业,其高层次煤矸石资源化产品所占比例甚微或基本没有。究其原因,除各种煤矸石开发利用技术推广宣传力度欠缺外,我国长期以来各种类型的煤矸石混杂堆放也是重要原因。

5)煤矸石资源开发利用适时化

不管其方式如何,煤矸石堆存总是要造成环境威胁。堆存量越大,煤矸石山规模越大,堆存时间越长,其环境危害越显著,开发利用工程难度也越大。因此,煤矸石资源利用适时化是及时彻底地消除煤矸石环境危害的必经之路。部分国家在加紧开发利用已堆存的煤矸石的同时,将煤炭开采加工时产生的煤矸石按照煤矸石资源类型进行及时分拣(选)处理后,直接进入煤矸石资源开发利用工序。从而,既没有因为煤矸石堆存而造成环境危害,也避免了因为具有不同资源性质和利用性能的煤矸石混杂堆存而造成降低开发利用层次或增加开发利用费用。德国早在20世纪80年代就已经基本实现了煤矸石利用适时化,俄罗斯和美国也在相同时期出现部分煤炭资源开采加工基地的煤矸石适时利用。日本虽然缺乏煤炭资源,但是其进口原煤消耗量巨大,在原煤深加工处理过程中所产生的大量煤矸石却很少有堆存现象,基本实现了适时利用,同时其利用层次较高,除获得建筑材料外,各种现有经济技术条件下可利用的有用组分都基本回收利用,如煤系高岭土、硫铁矿、镓、锗、钒等稀散金属,成为其资源的重要来源。

我国煤矸石资源适时利用还没有真正展开,迄今没有任何煤矸石资源适时利用基地。问题较为严重,原因也较为复杂。首先,我国已堆存的煤矸石总量巨大,其所产生的环境威胁最为明显,不得不优先考虑其开发利用;其次,我国现有的煤矸石资源开发利用企业少,规模小,处理能力有限;其三,因为受经济技术条件制约,煤矸石资源利用层次普遍较低,产品附加值低,企业经济效益低,加之,废弃物资源化优惠政策和激励措施不到位,难以刺激煤矸石资源利用企业有效增加;其四,环境保护政策执行阻力大,执法队伍素质良莠不齐,执法不严,使得部分煤炭开采加工企业没有环境保护紧迫感;其五,煤炭开采加工企业与煤矸石资源利用企业间缺乏有力技术连接,前者能真正根据所产煤矸石的资源性状和利用性能进行分拣分存的尚为罕见,也为煤矸石适时利用增加了难度。

1.3.3 煤矸石综合利用途径

纵观世界各国的发展现状与趋势,目前在煤矸石综合利用方面,技术上简单易行、经济上效益较好的途径主要有:煤矸石的能源利用、建材利用和化工利用等。

1)煤矸石的能源利用

以含碳量的高低,可将煤矸石能源利用的途径划分为四类,见表1.3。其中,含碳量≤10%时不具有能源利用条件,在10%~20%之间可作为水泥、制砖部门的混合能源;当含碳量≥20%(热值在6 270~12 550kJ/kg)时可作为能源利用,回收其中的煤炭制备煤气,或作为发电、供热等代替能源。

煤矸石能源利用含碳量分类 表1.3

煤矸石的含碳量	热值(kJ/kg)	利用途径
一类(≤4%)	≤2 090	可作为水泥的混合原材,混凝土集料
二类(5%~10%)		也可用于采煤塌陷区和矿井采空区回填石料
三类(11%~20%)	2 090~6 270	可用来生产水泥,制作矸石砖等建筑材料
四类(≥20%)	6 270~12 550	可作为发电、供热利用的替代燃料

(1)回收煤炭

回收混在煤矸石中的煤炭资源,是煤矸石能源利用和其他资源化再生利用必需的预处理工作。在煤矸石资源化再生利用之前,回收其中的部分煤炭既节约能源又增加经济效益,同时对保证煤矸石建材、化工利用的产品质量,稳定生产工艺和操作方法也十分重要。目前,回收煤炭的洗选工艺主要有水力旋流器分选和重力介质分选。水力旋流器分选,是将含碳量高的煤矸石经水箱旋流分离再脱水提取。其特点是机动灵活,可根据需要把全套设备搬运到适当地点。重力介质分选是依据浮力原理,将含煤矸石颗粒放进悬浮液中,按密度不同来分选,此方法可有效分选密度小(≥0.3g/cm^2)的矿物,其特点是费用小、分选粒度范围大、效率高、处理能力强。

(2)煤矸石发电和造气

含碳量高(≥20%,热值在6 270~12 550kJ/kg)的煤矸石,可以直接用作流化床锅炉的燃料发电。20世纪90年代以来,随着循环流化床(CFB)锅炉逐步取代鼓泡型流化床锅炉,以及消烟除尘技术的发展,利用煤矸石发电的技术日臻成熟,成为煤矸石能源利用的一种重要方式。利用煤矸石发电工艺较为简单。可将煤矸石和劣质煤的混合物破碎,筛分成粒径0~8mm的粉末状在循环流化床上进行燃烧。目前,煤矸石发电厂除尘多选用静电除尘器或袋式除尘器,除尘效率高达99%以上;如果在矸石燃料中掺入石灰,可在循环流化床锅炉内直接脱硫,脱硫率可达85%左右。经除尘和脱硫处理后,其烟尘和有害气体(SO_2、NO_x)的浓度可达到国家排放标准。煤矸石燃烧后的炉渣,约占燃烧前矸石质量的70%,可采用空气急冷、气流磨破碎等工艺处理,得到磨细炉渣,用于水泥砂浆及混凝土中,可提高制品密实度、抗渗性。

煤矸石煤气炉造气原理与一般煤气发生炉基本相同。原料可采用灰分达70%~80%,发热量为4 186.80 ~5 024.16J/kg的煤矸石,所得煤气的热值可达2 930.76 ~4 605.48J/m^3。煤矸石造气的特点是燃料不需破碎,能减少烟尘,改善环境,且构造简单、投资不大、制作容易,一次投煤,一次清渣。但存在的问题是结渣严重,气化效率低,不能连续、稳定地进行造气。

2)煤矸石作建筑材料的利用

(1)煤矸石制砖

利用煤矸石制砖,主要包括生产烧结砖和作烧砖混合燃料,所用的煤矸石含碳量较高,热值一般控制在2 090 ~4 180kJ/kg范围内。如果矸石含煤量过高,可在原料中掺少量黏土,避免烧砖过火。除对热值有一定要求外,利用煤矸石制砖对其化学成分也有规定,一般要求SiO_2含量为55% ~70%,Al_2O_3为15% ~25%,Fe_2O_3为2% ~8%,塑性指数为7 ~15。矸石烧结砖的生产工艺与黏土制砖相似。只需增加矸石的破碎工序,通常多选用颚式破碎机、锤式破碎机或球磨机,采用两段或三段破碎工艺制作粉料,然后将矸石粉料与黏土等加水混合搅拌,制作成码坯送入隧道窑烧结。矸石破碎过程会产生大量扬尘,可采用高效率除尘器加以控制。

(2)煤矸石制备水泥

煤矸石的化学成分与黏土相近,且含有一定的碳及热量,可替代黏土作为生产水泥的原材料或作为混合材料直接掺入熟料中增加水泥的产量。用矸石生产水泥其生产工艺和黏土相似,是将矸石、石灰石、铁粉(或铝粉)磨细配制成生料,在回转窑中煅烧生成水泥熟料,再掺入石膏等磨制。需要注意的是,要根据矸石中Al_2O_3的含量进行配料,其化学成分应满足生产高质量水泥的需要,如果Al_2O_3含量<25%,则可用煤矸石直接代替黏土;若Al_2O_3含量>25%,配料时需加入适量的石膏等高硅质配料,以防止水泥过快凝结。配料中还可加入一定量的铁粉、萤石等,用来改善水泥的烧结性。利用煤矸石作混合料,是将煤矸石、熟料和石膏按一定比例混合,破碎后进入水泥磨磨成产品。此种利用工艺简单,不需另外增加设备。选料时要选用过火或煅烧过的煤矸石,按照10% ~50%的比例掺入混合料中,生产不同种类和强度等级的水泥产品,这是水泥厂进行水泥降标、增加产量的一种重要方法,现已被广泛采用。

煤矸石还可用于配制速凝早强水泥。用煤矸石、石灰石、萤石、石膏和铁矿粉为原料,采用高铝和加复合矿化剂的配料方案,控制$C_{11}A_7$、CaF_2和C_4A_3S等速凝早强物质,生产出的速凝早强水泥已达到国家建材标准(JC 314—82)。符合"快凝快硬硅酸盐水泥"(双快-150)的技术指标。

(3)煤矸石配制混凝土

分析煤矸石的岩相和化学组成,研究煤矸石水泥的配制和用煤矸石水泥和煤矸石轻集料配制煤矸石混凝土的情况,试验结果表明,煤矸石混凝土的物理力学性能能够达到使用要求。研究发现,利用井下排出的煤矸石经堆积自燃氧化后形成的陶粒,加工井下喷射混凝土轻集料,替代原来的石灰岩碎石集料,可取得可观的经济效益。

(4)煤矸石制轻集料

含碳量不高(低于13%)的炭质页岩和选煤矸适宜烧制轻集料。轻集料是一种轻质和具有良好保温性能的新型建筑材料,发展前景非常广阔。用煤矸石烧制轻集料有成球法和非成球法。成球法是将煤矸石破碎、粉磨后制成球状颗粒,入窑焙烧;非成球法是将煤矸石破碎到一定粒度直接焙烧。

用煤矸石生产轻集料的工艺大致可分为两类:一类是用烧结剂生产烧结型的煤矸石多孔

烧结料,另一类是用回转窑生产膨胀型的煤矸石陶粒。目前国内生产煤矸石轻集料还处于试验阶段,多采用回转窑法。煤矸石陶粒的生产工艺包括破碎、磨细、加水搅拌、选粒成球、干燥、焙烧、冷却等。煤矸石陶粒所用原料为煤矸石和绿页岩。绿页岩是露天矿剥离出来的废石,磨细后塑性较大,煤矸石陶粒主要用它作为球胶结料。其原料配比是绿页岩: 煤矸石 =2:1。生料球在回转窑内焙烧,焙烧温度为1 200 ~1 300℃。用煤矸石生产的轻集料性能良好,所配制的轻质混凝土具有密度小、强度高、吸水率低的特点,适于制作各种建筑的预制件。煤矸石陶粒是大有发展前途的轻集料,它不仅为处理煤炭工业废料、减少环境污染找到了新途径,还为发展优质、轻质建筑材料提供了新资源,是煤矸石综合利用的一条重要途径。

(5)煤矸石制空心砌块

以自燃或煅烧煤矸石为集料,配以细磨生石灰、石膏作胶结料,经振动成型、蒸气养护可制得空心砌块。煤矸石空心砌块,特别是加气空心砌块,是一种生产工艺简单、技术成熟、产品性能和使用效果良好的新型墙体材料。

利用煤矸石生产烧结砖、制备水泥、配制混凝土等,技术要求低,工艺操作简单,经济效益高,是煤矸石建材利用的重要途径。此法既能减轻其对生态环境的污染,又可节约大量黏土、石灰石资源和煤炭资源。

3)煤矸石的化工利用

我国地质构造复杂,许多矿床多为复合性、伴生矿。煤矸石中常含有大量的有益矿物,因此,可通过对煤矸石中矿物的回收制备化工原料。利用煤矸石制取铝盐等化工原料,是近年来煤矸石化工利用的新途径。

(1)煤矸石制备铝盐及氢氧化铝

铝盐一般由铝土矿制备。利用煤矸石制备铝盐,对其矿物质成分有着较为严格的技术要求,高岭石含量应在80%以上,SiO_2 含量在30% ~50%,Al_2O_3 含量在25%以上,铝/硅比大于0.68,Al_2O_3 浸出率应大于75%,Fe_2O_3 含量小于1.5%,CaO和MgO含量小于0.5%。利用矸石制备的铝盐,产品有聚合氯化铝、硫酸铝、氢氧化铝及氧化铝等。聚合氯化铝可用于饮用水净化、工业废水处理等领域;硫酸铝主要用于水处理、造纸、印染、鞣革、石油除臭、油脂澄清等。利用矸石制备铝盐的工艺,首先是将矸石粉碎、焙烧和酸浸反应,生成三氯化铝或硫酸铝;然后,经过滤分离得到结晶氯化铝或硫酸铝产品;最后,对结晶氯化铝热解得到固体聚合氯化铝。将硫酸铝水溶液放在中和搅拌槽中,进行盐析反应可得到氢氧化铝晶体,经过滤、烘干后得到氢氧化铝。再将氢氧化铝焙烧,除去其中多余的水分后,可得到含铝量更高的氧化铝。在利用煤矸石制备铝盐的工艺中,过滤出来的大量残渣,其主要成分是二氧化硅,可用来生产某些含硅的化工产品,如水玻璃、白炭黑等。白炭黑是一种工业填料,可以作为塑料填充剂,具有广泛的市场用途。

(2)煤矸石生产肥料

在查明土壤的化学成分和性质,并在其中掺入一些有机肥料,利用煤矸石的酸碱性及其中含有的多种微量元素和营养成分,可将其用于改良土壤,调节土壤的酸碱度和疏松度,并可增加土壤的肥效。

利用煤矸石生产复合肥料已取得突破性进展。如重庆煤炭研究所利用煤矸石制取氨水,产品除氢氧化铵外,还含有亚硫酸铵、碳酸铵和磷、钾等,属于复合肥料。北京市地质勘察院与中国地质大学合作，利用煤矸石生产高浓度有机复合肥，具有速效和长效的特点，适用于各种农作物的土壤。

以煤矸石和廉价的磷矿粉为原料基质，外加添加剂等，可制成煤矸石微生物肥料，这种肥料可作为主施肥应用于种植业。煤矸石中的有机质含量越高越好，有机质含量在20%以上，pH值在6左右（微酸性）的炭质泥岩或粉砂岩，经粉碎并磨细后，按一定比例与过磷酸钙混合，同时加入适量添加剂，搅拌均匀并加入适量水，经充分活化反应并堆沤后，即成为一种新型实用肥料。

（3）其他化工利用

煤矸石的化学组成和矿物结构为其化工利用提供了多种可能。

近年来，国外许多大型煤矿，利用煤矸石生产岩棉、V_2O_5和含铁化工产品等；国内某些大型联合体煤矿，利用煤矸石生产烧结料、密封材料等。研究发现，利用煤矸石、玻璃粉为主要原料，添加适量发泡剂和稳定剂研制的吸声泡沫玻璃具有质轻、不燃、不腐、不易老化、吸水后不变形及加工方便等特点；用硅质煤矸石作原料，以Acheson工艺合成了SiC。工业Acheson法电热合成SiC时，以煤矸石代替石英砂和大部分价格较高或资源较匮乏、含硫挥发分较高的石油焦炭和无烟煤，可实现废弃物资源化和污染控制，并且有利于节能降耗和降低原料成本。以两种洗矸为主要原料制备超细煤矸石粉后，将其用作天然橡胶NR的补强填充剂，可以部分代替通用的软质炭黑作为橡胶补强填充剂。

4）煤矸石的其他利用

除了上述用途外，煤矸石还用于生产新型材料。

（1）烧制陶瓷

煤矸石经粉碎、预烧、集料分级后，以5%的聚乙烯醇溶液为黏合剂，将熟料塑化成型，经高温烧制出显气孔率在5.5%～51.0%、平均孔径在2.0～41.5μm、抗弯强度为3.0～23.2MPa的孔径分布狭窄的多孔陶瓷材料。

（2）制分子筛

利用富含高岭石的煤矸石生产分子筛，原料丰富，价格低廉，工艺流程简单，具有极强的市场竞争力。中国矿业大学刘大猛等及郑州大学廉先进等分别利用煤矸石合成了4A分子筛。

（3）制造型砂和造型粉

富含高岭石的煤矸石是高硅铝原料，极适合制造造型砂和造型粉。这种造型砂和造型粉性能优于传统石英砂、石英粉。这种造型砂和造型粉还可用作耐火材料、陶瓷制品原料。

（4）生产墙体材料

利用煤矸石生产墙体材料是煤矸石综合利用的主要途径之一。西南师范大学环境化学研究所与四川北碚陶瓷厂共同研制了煤矸石彩釉马赛克。牟国栋等研究了硅质煤矸石的物质成分和微观结构，揭示了其纳米结构的特点，用硅质煤矸石配料烧成了硅酸锌结晶釉。

1.3.4 煤矸石综合利用中存在的问题及发展方向

煤矸石的综合利用是节约土地、合理利用资源的重要途径，是煤炭企业结构调整、增强竞争力的必然选择，也是治理污染、改善环境、实现可持续发展的重要举措。尽管近几年我国煤矸石综合利用发展较为迅速，但利用量仍然不大，利用水平也不高，与建设资源节约型和环境友好型社会的要求相比还有很大的差距。

1)影响煤矸石综合利用的关键因素及解决措施

(1)原矿选择

一直以来,人们在高岭土加工的过程中忽视了对高岭土原矿的精选问题。通过大量的试验证明,要加工出符合造纸业和高档涂料行业的标准、可与国外进口产品相媲美的产品来,必须使用高品质的原矿。经反复研究,发现原矿的最佳成分应是 SiO_2 44% ±1%,Al_2O_3 37.5% ±1%,Fe_2O_3 <0.4%,TiO_2 <1%,烧失量16% ~18.5%,且 SiO_2 与 Al_2O_3 的比率应是0.85左右。这是由高岭土晶体的分子结构决定的,如果该比例不合适,说明高岭土中存在着游离的石英(SiO_2)或铝土矿(Al_2O_3),因其硬度偏高,难以磨碎,会导致造纸和涂料的最终产品报废。Fe_2O_3 与 TiO_2 主要赋存在煤矸石的杂质中,在煅烧过程中经氧化而形成 Fe_3O_4,呈红棕色,会使产品白度(国外通常使用亮度 Brightness)大大降低,同样会导致最终产品质量下降。

因此,原矿的精选是工艺成败的关键,应慎之又慎。由于煤层赋存的条件不一致,埋藏浅的煤层易于受地表径流的侵入,煤矸石中的 Fe_2O_3 成分相对较高,所以在加工前,尽可能对表面染色的煤矸石进行手拣剔除;在原矿粉碎后的输送皮带上专设电磁除铁,湿法磨矿前增加磁溜槽设施,对手拣过程中漏掉的含铁矿石进行除铁处理。

(2)产品与市场定位

在传统的煤矸石深加工行业中,由于观念和技术的局限,经营者将市场定位在日用陶瓷、橡胶、耐火材料等行业上,通常是将煤矸石破碎到325目左右,用倒烟窑或隧道窑煅烧后即行出售,导致产品档次偏低,在日趋激烈的市场角逐中逐渐退出了市场。随着国内造纸工业的发展,造纸用煅烧高岭土的需求量将进一步扩大。如将高岭土粉碎到325目后,采用剥片机连续磨矿的方式,将物料加工到 $-2\mu m$ 含量在97%左右,再经喷雾干燥成干物料后进行处理,可使产品粒度达到 $-2\mu m$ 含量90%以上,满足更高档次的用户要求。

(3)工艺路线

一直以来,国内高岭土行业的生产工艺主要以传统的先烧后磨工艺为主。有的企业为了提高产品粒度,使用气流磨将煅烧后的325目物料加工到 $-2\mu m$ 含量为80%左右。由于煅烧高岭土在煅烧前莫氏硬度只有2~3,而煅烧后则高达6~7,造成了磨矿成本很高,大大降低了生产效益,所以大部分企业最终不得不停产或转产原来的低档产品。

实践证明,先磨后烧的工艺可以保证产品满足最终客户的各种指标要求,而且大大降低生产成本。工艺流程为:原矿—粗磨—细磨—干燥—打散—煅烧—打散、分级—产品。

(4)煅烧技术和相关设备的选择

煅烧是煤矸石综合利用中最为关键的一个环节。由于需煅烧的物料是 $-2\mu m$ 含量在97%的物料,传统的直接燃烧式回转窑无法对其进行处理,所以要选择间接加热式回转煅烧窑炉,并在设计上根据煤矸石的煅烧曲线对窑炉烧嘴的排列进行专门设计。间接加热式回转窑的关键技术是对煅烧温度及煅烧状态控制实现自动化,使窑炉能实现规定的煅烧温度。为此,采用进口高速燃气烧嘴,以解决对窑内温度及状态的控制问题。为使煅烧窑的工作状态稳定在最优状态,采用先进的PLC控制技术,使整个窑炉系统工作温度、工作状态均处于自动控制状态,以保证产品的稳定性。

(5)分级压滤工序

以煤矸石为原料生产的高品质煅烧高岭土,与国外同类产品相比,具有粒度大、白度高、筛余物少等特点。但由于煤矸石在磨矿过程中采用了连续湿磨的方式,效率较低;且连续磨矿的方式很大程度上会破坏高岭土的片状结构。因此,通过连续磨矿生产出的高岭土粒度分布曲线及产品遮盖力与国外产品相比都偏低。由于高岭土粒径为 1 ~ 2μm 时,遮盖力最好,当粒径小于 0.5μm 时,会完全丧失遮盖力。

为改善产品的粒度分布,同时降低生产能耗,在工艺流程中增加湿法分级压滤工序是必要的。即在磨矿达到一定的粒度后,将粒度合格的物料及时分离出来,粗粒部分返回重磨。由于湿法分级过程中需加入大量水,使矿浆固体含量降低,如直接进行喷雾干燥,则能耗相当高。为了节能降耗,相应需要增加压滤工序,以降低矿浆含水率。

2)当前我国煤矸石综合利用面临的主要问题

(1)总体利用率和利用技术水平不高,地区发展不平衡。

(2)优惠政策落实难,严重挫伤了企业开展煤矸石综合利用的积极性。

(3)企业缺乏资金渠道,一些煤矸石发电、煤矸石建材项目难以落实。

(4)企业经营管理体制落后,煤矸石电厂或建材企业缺乏开展综合利用的积极性。

3)我国煤矸石综合利用发展方向

今后,我国煤矸石综合利用的发展方向为:将综合利用视为一个系统工程,加强煤矸组分与特性的基础研究,在提高综合利用率的同时,应考虑经济可行,更要防止二次污染。

积极完善附加值高、用量大的煤矸石消耗技术,如制备超白高岭土、无机复合肥、菌肥、化工产品、岩棉及其制品、特种硅铝铁合金、新型陶瓷、微晶玻璃等技术。同时,深入开展大型燃煤矸石循环流化床锅炉及成套发电技术、生态复垦及地面矸石山的综合处置利用等技术在实际工程中的应用。通过产学研联合攻关和开发,逐步建立技术引进、消化吸收、自主开发的技术创新机制,跟踪国际综合利用技术和装备的发展趋势,加大技术引进和国产化步伐,尽快缩短我国煤矸石综合利用技术装备水平与世界的差距。

1.4 煤矸石工程应用现状简述

1.4.1 国外工程应用现状

国外对煤矸石的初步利用可以追溯到第二次世界大战以前,但是直至 20 世纪 60 年代后期,这项工作才真正引起各国重视。煤矸石的工程利用技术发展比较成熟,利用率较高。除用于充填、填筑材料外,煤矸石的利用率一般在 40% 以上,高者可达 60% ~80%。

英国有已燃煤矸石约 16 亿 t,目前每年销售量约在 600 ~700 万 t 之间,其中大部分是已燃的煤矸石用作公路、堤坝和其他土建工程的普通充填物。多年来已燃矸石得到广泛的利用,被认为是一种优良和经济的材料。用 4:1的比例把已燃矸石与铝土矿物混合起来,可以制成满意的防滑路面。某些已燃矸石宜用作混凝土集料,特别是用于低强度等级混凝土,只需破碎和筛分。但不利的因素是矸石中含有硫酸盐,若含硫量合乎标准要求(如炭质页岩,尤其是已燃过的页岩),矸石可以代替砾石制造混凝土。法国对红色页岩(堆积场黑色页岩的自燃渣)进行破碎和分级获得准确的粒级,可用于空地和公共广场表面装饰、铺路,或用于停车场铺筑,每年用量达 40 ~50 万 t。

美国利用“红矸石”(燃烧过的煤矸石渣)作为筑路材料,是目前煤矸石用量最大的一种途径。在宾夕法尼亚州,燃过的矸石被用作未整修的道路面层。宾州采矿公司调查了烧过的无烟煤碎石作防滑材料的情况,随之又进行了几项试验,结果表明,用沥青混合物可制成特别坚固的混合料,这种混合料可用作修补路面及路面处理的材料,或机动车道的铺路材料。

前苏联顿巴斯矿区每年排出约6 000万t煤矸石,积存的矸石约8亿t。煤和硫在空气中因氧化而自燃,使矸石经受自燃煅烧变成烧岩,这种烧岩经常当作碎石用,铺在沥青混凝土路面下作双层垫层的底层,每平方米造价比利用高炉矿渣低一半。利用烧岩在区内建成500km的大、小街道和人行道。该区每年要用4 050万m^3烧岩作为回填材料和在工业建筑区内作为平整场地用。烧岩还可用作沥青混凝土石粉,这种石粉比惰性石粉便宜35%~40%,并且沥青混凝土质量不变,而路面的稳定性和耐久性提高。烧岩磨细后,可用来生产蒸压加气混凝土或泡沫混凝土制品,少量用作波特兰水泥的活性矿物掺料。用烧岩集料制成的混凝土,实践证明可以用于基础和其他地下结构,这种混凝土可大量用于低层建筑和工业建筑。烧岩砌块用作墙体自承结构的材料特别有效。

法国的煤矸石年产量约850万t,煤矸石的堆积总量已超过10亿t,煤矸石山500多座。主要是对煤矸石进行洗选用于发电。煤矸石利用最普遍的方法还是做建筑材料,在这方面,法国做得比较出色。近几年法国将自燃煤矸石进行破碎划分等级,用于空地和公共场所表面装饰、铺路或停车场,年用量已达40万~50万t。从20世纪70年代起,20年中他们共利用煤矸石1亿多吨,主要用来制砖、生产水泥和铺路。法国道路公路技术研究部和道路桥梁实验中心,在研究中发现,煤矸石是很好的建筑充填材料,很容易分层铺成30~40cm厚的路基,易于压实,干密度可达1.81g/cm^3,使路基具有良好的不透水性。近些年来,以煤矸石作建筑材料,从城市道路发展至乡村道路,从轻荷载汽车道路发展到重载荷公路、铁路路基,发展到人行道,甚至到公园小路和运动场地等。

在工程利用方面,煤矸石作为一种充填材料,除可用于回填塌陷区复田外,国外还将其广泛用于铁路、公路、构筑路堤、挡土墙、构筑堤坝以及工民建的地基垫层等众多的土木工程领域。目前,煤矸石作为充填材料的应用在国外已成为消耗煤矸石的主要途径。美国矿业局从20世纪70年代开始,对所有的煤矸石堆场进行了采样分析,作出了煤矸石综合利用的规划。前苏联煤炭部科技委员会于1987年召开了煤矸石的分类、性质和综合利用的专题会议,研究了综合利用过程中的相关技术、工艺和设备。在工程利用方面,许多国家(如德国、英国、荷兰及美国等)曾利用煤矸石铺筑公路、机场跑道和工厂地基,填筑水工大坝等(表1.4),并制定有相关技术标准。

国外煤矸石工程应用列表

表1.4

工程类型	用途	主要工程实例
公路	路基充填材料、路面	法国北部公路网、德国Ruhr地区公路网;英国Livepool干线公路、Gateshead高速公路等
铁路	路基充填材料	英国Gloucester、Croydon铁路编组站
水工建筑	坝体充填材料、护层	英国海岸护堤、水库大坝;拦河坝、潜坝(荷兰)
其他	地基垫层	英国拉姆斯盖特飞机场;停车场地基、软弱地基处理

1.4.2 国内工程应用现状

煤矸石的综合利用途径主要有资源回收利用与工程利用两种。作为资源的回收利用,研石需分类排放，若混合排放将增加复选工序，提高资源回收利用的成本，而我国大量的煤矸石是混合排放，考虑到复选的成本，进行资源回收利用已不可能，现存绝大多数煤矸石只适于作土工填料。煤矸石作为一种充填材料，除可用于回填塌陷区外，国外还将其广泛用于铁（公）路（构筑路堤、挡土墙）、水利（构筑堤坝）、工民建（地基垫层）等众多的土木工程领域。目前，煤矸石作为土工充填材料的应用已成为消耗煤矸石的主要途径。

1）水库坝体

将煤矸石用于水库坝体的填筑，不但解决了砾石料源紧张问题，同时也有效利用了煤矿废弃物，降低了施工成本。

在白龟山水库加固工程中，拦河坝下游煤矸石填筑，经施工、监理和质监等单位检测，完全符合设计和规范要求。拦河坝1999年6月主体工程竣工，经过4年多的运行，证明加固效果非常好。2003年水利厅指定质量监督站随机钻芯取样检测，煤矸石的密实度符合设计要求，煤矸石中有机碳含量为13%～21%，易溶盐总含量为0.4%，为此没有发生浸水溶蚀破坏现象。其中有毒物质含量经测试符合生活饮用水标准，不会对水库和下游水质造成污染。通过煤矸石在拦河坝下游填筑的成功使用，其应用范围扩展到顺河坝下游和坝顶路基的施工填筑中。

2）公路工程

将煤矸石作为道路基层材料用于筑路工程，有着明显优势。一是对煤矸石的种类和品质没有特殊的要求，对有害成分含量的限制不严，适用于多种类型煤矸石；二是煤矸石在道路工程中的应用具有耗渣量大、无需进行特殊处理及特殊技术手段的优点，用做路基材料是一种有效地利用煤炭工业废料和减少环境污染的有效途径。

随着我国高速公路的大规模兴建，煤矸石在土木工程中的利用具有广阔的前景，对于我国煤矿地区既能解决高速公路征地取土困难，又能大量消耗积存的煤矸石。刘春荣等通过煤矸石基本物理力学性质的研究，对其在路基填筑中应用的主要问题进行了探讨，提出了煤矸石作为筑路材料时压实度的检测方法。实践表明，道路建设中利用煤矸石在技术上是可行的，并且在道路工程中的应用将产生巨大的经济效益、环境效益和社会效益。如徐丰公路庞庄矿区段塌陷区12km长路段的路基，全部采用煤矸石填筑，使用性能良好。

我国在煤矸石的工程利用方面也进行了越来越多的尝试，取得了长足的进步。近10年来，我国公路、铁路工程相继开展了煤矸石的工程应用试验，取得了较好的成绩。我国从20世纪70年代起开展了煤矸石综合利用的研究工作，开辟了一系列煤矸石的利用途径。根据有关资料，其工程利用的主要实例如表1.5所示。

由表1.5可以看出，已有的工程中，更多的是积累的施工经验，对煤矸石的原材料特性和路用性能没有系统的研究。由于组成煤矸石的岩石性质的不同，煤矸石在工程应用中很可能存在水稳性、膨胀性及崩解性等不利因素。但在适当的工程措施配合下，煤矸石可以作为建筑材料广泛应用于土木工程。但是目前国内道路用煤矸石的过程中，并没有对煤矸石的路用特性进行深入细致的研究，对煤矸石的整体工程力学性质也没有统一的研究，导致煤矸石填筑路基的应用没有一个确定的标准。

在煤矸石的试验研究方面，姜振泉等对煤矸石的颗粒破碎和压密作用机制进行了试验研究。研究表明，煤矸石的压密性与一般工程用土的压密性有实质差异，压密过程和结果受矸石本身颗粒破碎特性的影响显著。刘松玉等对煤矸石的强度特征做了相对系统的试验研究，得出了其试验煤矸石的强度公式。刘松玉、童立元等对徐州北部地区路用煤矸石的基本粒度特性及其颗粒破碎细化规律进行了试验研究,综合分析了其对各种工程力学特性的影响,在此基础上提出了适合当地煤矸石的强度与变形本构模型。由于目前国内煤矸石的工程应用主要集中在路基填筑、地基回填等方面,所以对煤矸石的试验研究也主要针对路用材料的工程性质,以压密机制和强度特性的研究为主,缺乏针对其他工程的相对系统的试验研究。另外,上述提及的试验材料都是取自江苏徐州的煤矸石,对于我国北方地区,尤其是河北地区煤矸石的试验研究相对缺乏。由于受地质年代和成煤作用的影响,不同煤矿地区的煤矸石性质有较大的差异。

煤矸石工程应用实例 表1.5

序号	工程名称	工程概况
1	平顶山至临汝高速公路	平顶山至临汝高速公路是交通部"国家重点公路建设规划"中所确定的16条东西向干线之一的上(海)洛(阳)国家重点公路之重要段落,也是河南省干线公路网规划确定的"五纵、四横、四通道"中的一横。按双向四车道高速公路标准设计,路基总宽度28m。该项目的No.4合同起讫桩号为K18+000~K28+200,全长10.2km,路基填方2 150 274m^3,全部用煤矸石填筑,黏土包边。该标段于2003年12月开工,2005年7月完工,使用状况至今良好
2	京福高速公路曲张段	1998年9月,京福高速公路曲张段在K135+060~K136+600做了煤矸石筑路的试验,取得了成功,在后来的10多公里路段中推广应用
3	104国道枣庄段	1995年,山东省交通科研所、山东省枣庄市交通局、山东省枣庄市公路管理处联合成立课题小组对"104国道枣庄段使用煤矸石路堤"进行了研究与论证,修筑的煤矸石试验路堤,经过多年使用状况良好
4	205国道张博段	1997年,山东省205国道张博段全长40km,采用煤矸石作为筑路材料。试验表明,煤矸石底基层强度比12%石灰土底基层强度略高,完全满足公路整体强度要求,该段路至今运营情况良好。另外,在该路段附近兴隆庄洗煤矿厂进行了煤矸石作路基填料的试验路,试验表明煤矸石路基强度远高于土路基,煤矸石铺筑厚度在2m以上的路段,煤矸石的回弹模量可达100MPa以上,具有良好的力学性能
5	徐丰公路(S239)庞庄矿区段	徐丰公路(S239)庞庄矿区段1.2km塌陷区路段(行车道宽21m,重交通量,由徐州市公路管理处承建),路基全部采用煤矸石填筑,填筑高度为6~10m。原路面结构设计为25cm二灰煤矸石+6cm沥青贯入,为临时路面,后改为25cm二灰煤矸石+15cm二灰结石+6cm沥青贯入+2cm沥青表面处理,设计为永久路面,施工期3.5个月。该路段已于1995年3月施工完毕,现使用性能良好
6	山西介休汾西矿务局洗煤厂专用线	山西介休汾西矿务局洗煤厂专用线DK0+090~DK0+718.64段采用分层法填筑煤矸石路堤,共填筑煤矸石47 000m^3。工程于1996年12月竣工,经过4年多的运营与观察,路堤质量稳定
7	鹤伊(鹤岗至伊春)高速公路	1998年修建的鹤伊(鹤岗至伊春)高速公路,其K0+000~K13+650路段为平原微丘区,地表层为中液限黏土,含水率较大,地下水位高,属季节性冻融区。通过对煤矸石的理论和实践研究,确定采用鹤岗煤矿丰富的煤矸石作为此路段路基填料。现已完工投入营运,各项路用性能指标均满足要求
8	徐州市"时代大道"	1999年,徐州市政府建设的"时代大道",全长3.5km,路幅宽100m。道路的软地基处理和道路填筑需要大量土方和其他建筑材料。为了节省筑路土方、降低公路造价、保护环境,采用煤矸石作为路基填筑材料。现在道路基本完工,煤矸石路基处理取得了成功,效果良好

续上表

序号	工 程 名称	工 程 概 况
9	湖北省荆南公路	湖北省荆南公路 K19 + 500 ~ K59 + 500 段垫层(厚 15cm)直接采用煤矸石铺筑,材料同基层所用煤矸石,施工方法同碎石垫层,基层(厚 20cm)采用石灰土煤矸石。1996 年 1 月至 1997 年 7 月完成 250m 试验段及 K19 + 500 ~ K49 + 500 段基层,次年铺筑渣油表处路面,1998 年 3 月至 1999 年 7 月完成 K49 + 500 ~ K59 + 500 段基层,次年铺筑渣油表处路面
10	权台煤矿回填地基	1996 年,徐州矿务局权台煤矿利用煤矸石回填地基,在经强夯处理后的地基上完成建房 144 栋,现使用状况良好

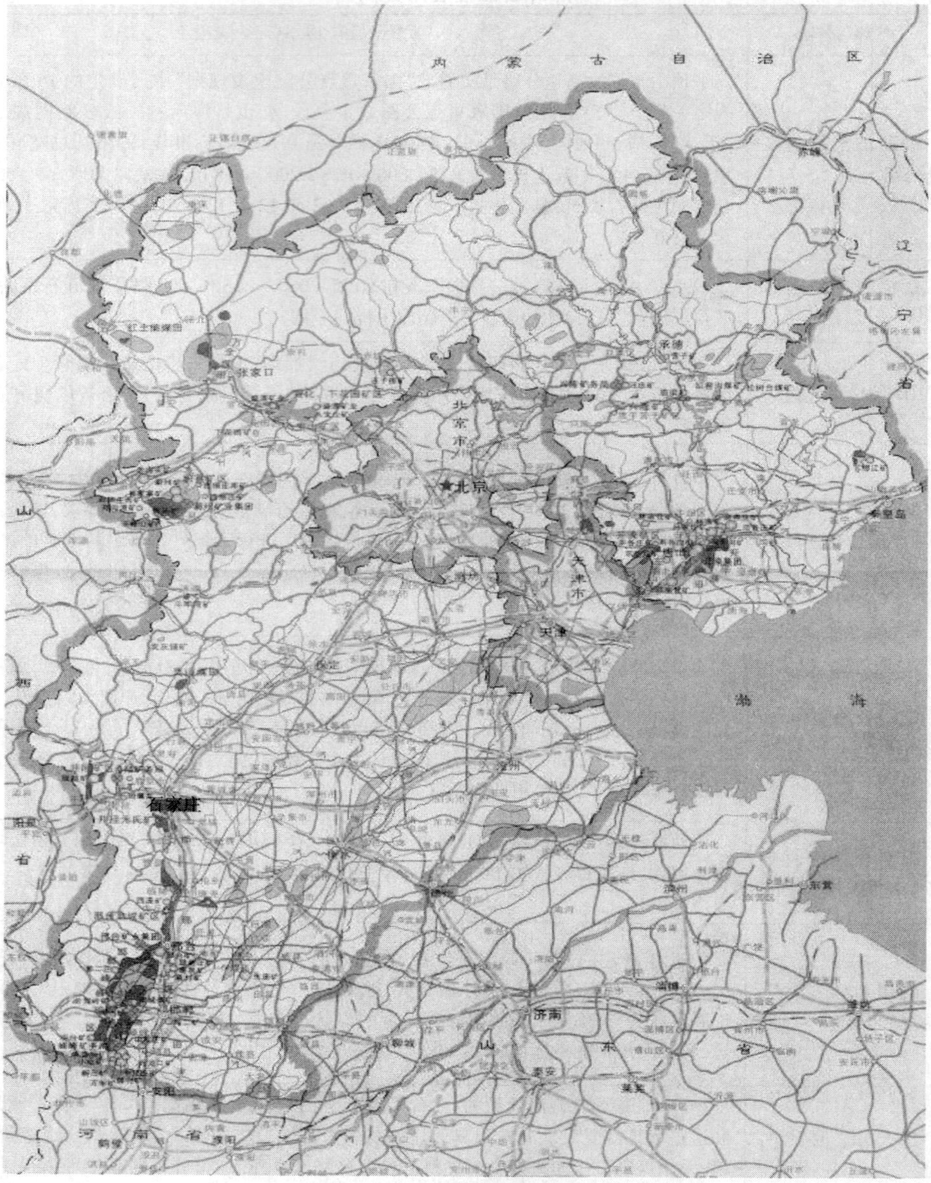

图 1.3　河北省煤炭资源分布示意图

河北省虽然有大量的煤矸石，但至今还没有高速公路使用煤矸石填筑路基的先例，本书的研究成果拟在指导河北省乃至全国的煤矸石填筑路基施工，具有较强的现实意义。从图1.3可以看出，河北省的煤炭资源大部分都集中在邯郸地区，邯郸蕴藏有种类繁多的矿产资源，是全国著名的煤和高品位的铁矿石产区，拥有丰富的“两黑”——煤、铁资源，煤炭和铁矿石储量分别达到40亿t和4.8亿t，被誉为现代“钢城”、“煤都”。其中煤炭储量丰富，煤种齐全，煤质较好；铁矿品位高、有害杂质少、可选性好。目前矿区库存煤矸石3亿多吨，严重污染了当地的环境，对当地的生产生活造成了较大的影响。

2 煤矸石原材料特性

煤矸石在岩性上属于“软质粗粒土”,是含多种软岩成分的混合体。煤矸石的岩性成分是由含煤岩系与煤层的开采方式决定的。对煤矸石进行综合利用,首先要分析煤矸石的材料性质,只有对材料性质有了清楚的认识,才能更好地指导煤矸石应用。本章主要对煤矸石的原材料矿物组成以及物理、化学特性进行分析,以期指导煤矸石综合应用。

2.1 煤矸石组成成分

2.1.1 煤矸石矿物组成

地质作用中,各种化学组分所形成的自然单质和化合物叫做矿物。矿物具有相对固定的化学成分。

1)煤矸石中矿物的来源与分类

存在于煤矸石中的矿物主要是由成矿母岩演变而来的。按成因类型可将其分为两类:一类是原生矿物,它们是各种岩石(主要是岩浆岩)受到程度不同的物理风化而未经化学风化的碎屑物,其原有的化学组分和结晶构造都没有改变;另一类是次生矿物,它们大多数是由原生矿物经风化后重新形成的新矿物,其化学组成和构造都有所改变而有别于原生矿物。

(1)原生矿物

最主要的原生矿物有4类:硅酸盐类、氧化物类、硫化物类和磷酸盐类矿物。

①硅酸盐类矿物。常见的有长石类、云母类、辉石类、角闪石类等矿物。它们大都不很稳定,比较容易风化而释放出钠、钾、钙、镁、铁等元素,同时形成新的次生矿物。

长石类矿物属钾、钠、钙、镁的无水铝酸盐类矿物,常见的有钾长石($KAlSi_3O_8$)和钙长石($CaAl_2Si_2O_8$),它们都不甚稳定,特别是在湿热的气候条件下风化很快。

云母类矿物属于铝硅酸盐类矿物,常见的有白云母[$KAl_2(AlSi_3O_{10})(OH,F)_2$]和黑云母[$K(Mg,Fe,Mn)_3AlSi_3O_{10}(OH)_2$]。黑云母较白云母易于风化,故云母碎片极易在黏土中的细砂粒中发现。

辉石类和角闪石类矿物属于偏硅酸盐类矿物,多呈绿色和黑色。其中普通辉石{$Ca(Mg,Fe,Al)[(Si,Al)_2O_6]$}和普通角闪石{$Ca_2Na(Mg,Fe)_4(Al,Fe^{3+})[(Si,Al)_4O_{11}](OH)_2$}常见。它们风化后往往形成大量的富铁、铝的次生矿物,如含水氧化铁、水铝矿等。

②氧化物类矿物。它包括石英(SiO_2)、赤铁矿(Fe_2O_3)、金红石(TiO_2)、蓝晶石(Al_2SiO_5)等。它们都相当稳定,不易风化。石英是在黏土中分布最广的一种非黏土矿物,是沙粒的主要成分。

③硫化物类矿物。通常只有铁的硫化矿物,即黄铁矿和白铁矿。二者是同质异构物,分子式均为FeS_2,极易风化。

④磷酸盐类矿物。分布最广的是磷灰石。

(2)次生矿物

次生矿物是矸石中最重要、最具活力、最有影响力的部分。许多重要的物理性质(如可塑性、膨胀收缩性)、化学性质(吸收性)和力学性质(湿强度、干强度)等都取决于次生矿物。

按次生矿物的构造和性质可分为3类:简单盐类、三氧化物类和次生铝硅酸岩盐类(黏土矿物)。

①简单盐类。如方解石($CaCO_3$)、白云石[$Ca,Mg(CO_3)_2$]、石膏($CaSO_4$)、泻盐($MgSO_4 \cdot 7H_2O$)、食盐($NaCl$)、芒硝($Na_2SO_4 \cdot H_2O$)、水氯镁石($NaCl_2 \cdot 6H_2O$)等,它们是硅酸盐类矿物彻底风化后的产物,结晶构造较简单。

②三氧化物类。如针铁矿($Fe_2O_3 \cdot H_2O$)、褐铁矿($2Fe_2O_3 \cdot 3H_2O$)、三水铝石($A1_2O_3 \cdot 3H_2O$)等。它们是硅酸盐类矿物彻底风化后的产物,结晶构造较简单。常以鳞片状及胶膜状态存在。

③次生铝硅酸盐类。它们是各种黏土的最重要的矿物成分,是由长石等原生硅酸盐矿物风化后形成的。它们的特点是:颗粒微小(粒径一般小于2μm),呈薄片层状结构,稳定性高,有胶体性质。

2)黏土矿物

黏土矿物可分为高岭石、水云母(亦称伊利石)和蒙脱石三大类。

(1)高岭石

高岭石为高岭石类的代表矿物。因最早在我国江西省景德镇附近的高岭山发现而得名。化学成分为$Al_4(Si_4O_{10})(OH)_8$。晶体呈极微细的鳞片或弯曲柱状,其颗粒直径较大,为1~2μm。常呈致密涂块状集合体,呈白、浅黄、浅蓝等色,光泽暗淡。硬度2(莫氏),密度2.6~2.68g/cm^3。干燥土状块体易用手指捏碎成粉,潮湿时可塑性良好。它是一种风化程度较高的矿物,由铝酸盐类矿物(长石、云母等)经风化或低时热液变化而成,酸性介质对其生成有利。珍珠陶土、地开石、多水高岭石是属于高岭石类的黏土矿物。

(2)蒙脱石

因1847年在法国蒙摩利龙处发现而得名,其化学成分大致为$(Si_4O_{10})(OH)_2 \cdot nH_2O$,属单斜晶系。蒙脱石纯矿呈片状或土块状体,色白,微带红或绿的色调,光泽暗淡,硬度1.5(莫氏),密度2.2~2.7g/cm^3,遇水后具有很大膨胀能力,很强的吸附力。黏土物料中的蒙脱石矿物颗粒极细,通常为1~0.1μm以下,比表面积大,可达100m^2/g以上。它常由火山灰转变而成,或者是在碱性热液影响下由云母风化而成。

拜来石、囊脱石、皂石等也属蒙脱石类黏土矿物。通常称为酸性白土、漂白土、膨润土有用的黏土质原料,都是以蒙脱石为主体的矿物原料。

(3)水云母(伊利石)

水云母是水黑云母、伊利石类的统称。曾有一些土壤学者建议用美国的伊利诺伊州的缩写来称呼他,因而也有称之为伊利石的。它是一种风化程度较低的矿物,一般黏土中多有分布,以温带干旱地区的黏土物料中为最多。硬度1~2(莫氏),密度2.6~2.9g/cm^3,化学组成为$K_2Al_2(Si,Al)_4(OH)_2 \cdot nH_2O$。在黏土物料中其粒径通常小于2μm,膨胀性较小。

各类黏土矿物性能的差异,除了化学成分不完全相同外,还在于它们结构上的区别。

3)非黏土矿物

(1)石英

化学成分为SiO_2,颜色不一,玻璃光泽,无解理,贝壳状断口,硬度7(莫氏),密度2.65~2.66g/cm^3。石英砂是黏土物料中重要的组成部分,石英颗粒的细度同它的工艺性能有关。石英有10种变化,其中最重要的晶型转变是:

$$\alpha\text{-石英(低温型)}\xrightarrow{573℃}\beta\text{-石英(高温型)}$$

随着$\alpha \rightarrow \beta$晶形转变,石英晶体也由正膨胀性变为负膨胀性(温度升高,体积收缩),这一种转变给原料的烧成性能以极大影响。

(2)长石

常呈白色、肉红色或灰色,玻璃光泽,硬度6~6.5(莫氏),是黏土物料中才含有的矿物成分。正长石,又叫钾长石($Na[AlSi_3O_8]$)和钙长石($Ca[Al_2Si_2O_8]$)之间的类质同象系列矿物,呈白色、灰白色,有时候染成其他颜色,玻璃光泽,硬度6(莫氏),密度2.61~2.76g/cm^3。

(3)碳酸盐

常见的有方解石、石灰石和白云石等。方解石,化学成分为$CaCO_3$的矿物,无色或乳白色,如含杂质可被染成各种颜色,玻璃光泽,硬度3(莫氏),密度2.8~2.76g/cm^3,分布广泛。

(4)铁的硫化物

黄铁矿,又称硫铁矿,化学成分为FeS_2,淡黄铜色,金属光泽,硬度6~6.5(莫氏),密度4.9~5.1g/cm^3。白铁矿是黄铁矿的同质多像变体,淡黄铜色,新鲜断口微具浅绿色,金属光泽,硬度5~6(莫氏),密度4.6~4.9g/cm^3。铁的硫化物是有害物质。

(5)石膏

石膏石化学成分为$CaSO_4 \cdot 2H_2O$的矿物,白色,玻璃光泽,硬度2(莫氏),密度2.3g/cm^3,主要是古代盐湖或泻湖的化学沉积物。

2.1.2 煤矸石化学组成

煤矸石的化学成分是评价矸石特性、决定利用途径、指导生产的重要指标。通常所指的化学成分是矸石煅烧以后分析灰渣的成分。化学成分的种类和含量大小随着岩石成分的不同而变化,因此,可以用氧化物含量的大小来判断矸石中的岩石成分和矸石类型。例如,化学成分和矸石类型的关系可按表2.1划分。

主要化学成分和煤矸石岩石类型　　表2.1

主要化学成分	矸石的岩石类型
SiO_2 40%~70%, $A1_2O_3$15%~30%	黏土岩矸石
SiO_2 >70%	砂岩矸石
$A1_2O_3$ >40%	铝质岩矸石
CaO >30%	钙质岩矸石

煤矸石是由无机质和少量有机质组成的混合物。无机质中主要包括矿物质和水。构成矿物质成分的元素多达数十种之多,如氧、硅、铝、铁、钙、镁、钾、钠、钦、钒、钴、镍、硫、磷等,一般以硅、铝为主要成分,另外还有数量不等的SiO_2、Fe_2O_3、CaO、MgO、SO_3、K_2O、Na_2O、P_2O_5等无机物,以及微量的稀有金属(如钦、钒、钴等)。其中,SiO_2和$A1_2O_3$的平均含量一般分别波动于40%~60%和15%~30%之间(砂岩煤矸石的SiO_2含量可达70%,铝质岩矸石$A1_2O_3$含量

可达40%以上)。CaO 和 Fe_2O_3 的含量波动,Fe_2O_3 在2% ~10%之间,CaO 在1% ~4%之间。所含碱金属中,一般钾的含量大于钠。

煤矸石中的有机质随含煤量的增高而增高,它主要包括碳、氢、氧、氮、硫等。碳是有机质的主要成分,也是燃烧时产生热量最重要的元素,每1kg 纯碳完全燃烧时放出 8 140kCal 的热量。氢也是有机质组成中的重要元素,燃烧时产生的热量约为碳的4.2倍,即每公斤氢完全燃烧能产生34 188kCal 的热量。加热时,煤中氢的有机质受热分解生成游离氢或氢的化合物,然后逸出,构成挥发性的主要成分。煤矸石中的硫分为有机硫和无机硫两部分,有机硫是成煤植物带来的硫,分布均匀,较难分离出;无机硫主要以硫化物(FeS_2)或硫酸盐($CaSO_4 \cdot 2H_2O$,$FeSO_4 \cdot 7H_2O$)的形式存在。

煤矸石由无机物和少量的有机物混合组成,其构成结构比较复杂。煤矸石含有的化学元素有几十种,主要含有 C、Si、Al、Fe、Ca、Mg,形成 Fe_2O_3、$A1_2O_3$、SiO_2、CaO、MgO 等化合物,国内主要煤矿的煤矸石主要化学成分见表2.2。

国内部分主要煤矿化学成分汇总表(%) 表2.2

成分	SiO_2	$A1_2O_3$	Fe_2O_3	CaO	MgO	K_2O	Na_2O	$SiO_3 + TiO_2$
陕西黄陵	50.33	21.69	5.90	0.57	0.57	1.94	0.91	1.25
山东枣庄	58.69	17.42	4.4	0.76	1.10	1.56	0.95	0.83
山西大同	43.83	36.21	3.93	0.20	0.25	0.16	0.07	0.83
安徽淮南	59.56	28.71	4.58	1.81	1.12	0.85	1.25	1.12
河北开滦	59.25	21.50	4.95	3.74	1.97	1.96	0.32	0.95

由表2.2可以看出,各矿区煤矸石的成分大致相同,SiO_2、$A1_2O_3$ 是煤矸石的主要成分,总含量占到80%以上,其次是 Fe_2O_3,含量在5%左右,国内主要煤矸石的成分如表2.3所示。

国内煤矸石主要化学成分表(%) 表2.3

SiO_2	$A1_2O_3$	Fe_2O_3	CaO	MgO	SiO_3	C
40 ~65	15 ~35	2 ~9	1 ~7	1 ~4	1 ~2.5	2 ~17

对邯郸矿区的煤矸石进行取样,通过化学成分试验测定其主要化学成分,试验结果如表2.4所示。

邯郸矿区煤矸石矿物成分试验结果(%) 表2.4

取样处	SiO_2	Al_2O_3	Fe_2O_3	CaO	MgO	C
陶一矿表层	61.7	25.8	2.9	1.4	0.9	4.5
陶一矿里层	62.4	25.9	2.7	0.9	1.1	3.2
陶二矿表层	59.6	25.2	5.0	0.9	1.0	5.0
陶二矿里层	59.3	24.9	5.8	0.9	1.4	3.3
平均值	60.75	25.45	4.10	1.01	1.10	4.00

通过对2个矿区煤矸石化学成分的比较,可以得出以下结论:

SiO_2 含量在59% ~63%之间,平均值为60.75%,两个矿区里表层相差不大;Al_2O_3 含量在24% ~26%之间,平均值为25.45%,两个矿区含量也非常接近,SiO_2 和 Al_2O_3 总含量在83% ~89%之间。总体来说,所采样品中 SiO_2 和 Al_2O_3 的总含量相差不大。Fe_2O_3 的含量比较低,一般在2%~6%之间,以陶二矿含量略为大些。CaO和MgO含量较低,一般在1%左右,C含量较低,在3%~5%之间。

通过以上的分析可以得出,邯郸矿区两个煤矸石堆的化学物质含量基本相同,都是以氧化物SiO_2、Fe_2O_3、Al_2O_3为主要组成,而MgO、CaO含量很低,具有火山灰活性。该矿区煤矸石中SiO_2、Al_2O_3、Fe_2O_3总含量均远远大于70%,性能比较稳定,且没有明显的不适用于路基填筑的组分。

图2.1为邯郸矿区与全国其他地区的煤矸石化学成分对比图。由图可见,邯郸矿区的煤矸石SiO_2含量较高,且矿物组成以炭质页岩为主,颗粒易粉碎,煤矸石呈黑色或灰黑色,性质区别于其他地区的煤矸石。对邯郸矿区的煤矸石进行细致的研究十分必要。

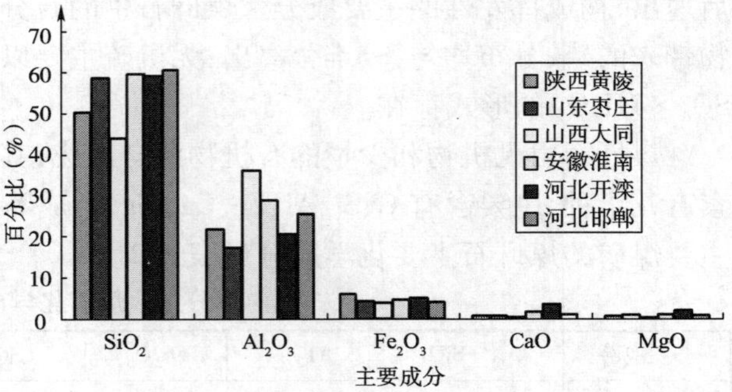

图2.1 邯郸矿区与全国其他地区煤矸石主要成分对比示意图

煤矸石含有硅、铝、铁、钙、镁、硫等氧化物,其活性物质(Fe_2O_3、$A1_2O_3$、SiO_2)含量一般在60%以上,煤矸石结构层强度形成原因主要有以下两方面:

(1)经压实后的煤矸石路基结构在适量的水分和温度下,产生火山灰反应,生成水化硅酸钙和水化铝酸钙,呈胶凝状态。

(2)颗粒间的嵌锁作用使颗粒之间的联结和黏结力加强。随着龄期的增长,煤矸石分子间的结构组成改变,煤矸石路基抵抗载荷作用的能力不断增强。

2.1.3 煤矸石元素组成

煤矸石的主要成分是无机矿物质,其元素组成为氧、硅、铝、铁、钙、镁、钾、钠、钦、钒、钴、镍、硫、磷等。前8种元素占矸石总重量的98%以上。碳、氢、氮、硫与氧,常形成矸石中的有机质。我国煤矸石中的含硫量,大部分比较低,小于1%。但也有少部分矸石,硫含量相当高,且以黄铁矿形式存在,因而是宝贵的硫黄资源。

另外,有些矿区的煤矸石,其钦、钒、镓等稀有元素含量较高,具有提取的价值。

2.2 煤矸石岩石学特性

2.2.1 煤矸石来源途径

煤矸石是赋存于煤层中的夹石,处在煤层的顶底板或夹层中,在采掘或洗选加工过程中分离排出,它主要是由无机物及少量有机物组成的混合物。可认为是一种岩石,而且绝大部分属于沉积岩。

煤矿出产的矸石,一般为岩巷或剥离排出的矸石和选煤厂排出的矸石混合存放在一起,混有杂物,质量不稳定,利用时要注意选择并采取适当措施。多年积存在矸石山上的矸石,经历长期风化后,颜色和性质发生变化,性能比较稳定。煤矸石综合利用中应尽可能选用保存时间较久的煤矸石,保证其可使用性。

根据煤矸石的来源可分三类:

(1)掘进煤矸石。即在煤矿建设时期,井筒、井下车场及大巷和煤矿生产阶段等掘进排出的岩石,约占煤矸石的60% ~70%。

(2)采煤煤矸石。即在煤矿开采期间排出的矸石,约占总量的10% ~30%。

(3)洗煤煤矸石。即在煤炭洗选过程中分离出来的残渣。约占总量的5%左右。通常不同来源的煤矸石往往混合堆放,形成杂乱的煤矸石山,如图2.2所示。

图2.2 混合堆放的煤矸石山

2.2.2 煤矸石主要岩石类型及形成环境

煤层夹矸常见的岩石有黏土岩、炭质泥岩、粉砂岩、砂岩等。

煤层顶板常见的岩石有泥岩、粉砂岩、砂岩及砂砾岩。煤层底板,多数为泥岩、页岩、黏土岩、粉砂岩。在岩浆岩发育的煤田中,有的煤层顶底板或煤层中间有岩浆岩侵入。

煤矸石中的硫含量与聚煤期的古地理环境有极密切的关系。华北地区中新代煤系地层大多数是在内陆环境或滨海三角洲平原环境形成的,所以含煤岩系及煤层中的硫含量在1%以下。华北地区石炭—二叠纪煤系地层大多数是在海陆交替环境形成的,因海水中硫酸盐含量高,所以含煤岩系及煤层中的硫含量比较高,一般硫含量在3% ~6%。

2.2.3 煤矸石岩石矿物组成

1)煤矸石的矿物岩石分类

煤矸石是成煤过程中与煤层伴生的一种含碳量较低,并具有一定强度的岩石。它的含碳量、化学成分、矿物组成随各地区煤层的生成年代和生成条件而有较大的波动。

如果以矿物组成为基础,结合岩石的结构、构造等特点,煤矸石一般可分为黏土岩矸石、砂岩矸石—粉砂岩矸石、钙质岩矸石和铝质岩矸石等,而每一大类又可分为若干亚类。

(1)黏土岩矸石:组成以黏土矿物为主的矸石为黏土岩矸石,又可分为炭质页岩、泥质页岩、粉砂质岩、炭质泥岩、泥岩、粉砂质页岩等。黏土岩矸石在煤矸石中占有相当大的比重,尤以炭质页岩、泥质页岩、粉砂质页岩最为常见。炭质页岩和炭质泥岩中,一般均含有较多的炭粒。

(2)砂岩矸石—粉砂岩矸石:一般在岩巷矸和剥离矸中较多。主要由碎屑矿物和胶结物两部分组成,以石英屑为主,其次是长石、云母矿物;胶结物一般为被炭质浸染的黏土矿物或含碳酸盐的黏土矿物以及其他化学沉积物。按颗粒大小又可分为粗砂岩、细砂岩、粉砂岩等。

(3)钙质岩矸石:主要矿物以方解石、白云石为主的矸石为钙质岩矸石。以方解石矿物为主的称为灰岩,以白云石为主的称为白云岩。在钙质岩中常常含有菱铁矿,并混有较多的黏土矿物或少量石英、长石等碎屑矿物。

(4)铝质岩矸石:是一种富含 Al_2O_3 的矸石,主要由黏土矿物和富铝矿物(如一水硬铝石)组成,往往混有石英、玉髓、方解石、白云石等矿物。

上述煤矸石岩石类型和矿物组成,基本上概括了所有煤矸石,初步反映了煤矸石特征,大致标志出工业利用分类途径。

2)煤矸石岩石特性

煤矸石是由炭质页岩、炭质砂岩、砂岩、页岩、黏土等岩石组成的混合物,结构致密,呈黑色,自燃后结构疏松,呈浅红色。由于组成煤矸石的岩石种类不同,且煤矸石经过多年的地质作用和风化作用,矿物组成较复杂,主要包括黏土矿物(高岭石、伊利石、蒙脱石)、石英、方解石、硫铁矿及炭质等。

煤矸石的岩石组成变化范围大,成分复杂,主要由页岩(炭质页岩、泥质页岩、粉砂质页岩)、泥岩类(泥岩、炭质泥岩、粉砂质泥岩)、砂质岩(泥质粉砂岩、砂岩)、碳酸盐岩类(泥灰岩、石灰岩)及煤粒、硫结核组成。其中,泥质页岩、炭质页岩、砂质页岩、砂岩和石灰岩的主要特点和基本性质如下。

(1)外观特性

泥质页岩:深灰色或灰黄色,片状结构,质软易风化、易崩解,加工时易粉碎。

炭质页岩:黑色或黑灰色,片状结构,易风化,易粉碎,风化程度仅次于泥质页岩。

砂质页岩:深灰色或灰白色,含泥质、炭质、石灰粉砂岩,结构较泥质页岩和炭质页岩粗糙、坚硬,硬度大,不易风化,较难粉碎。

砂岩:黑灰色和深灰色,含砂质、泥质、石灰粉砂岩,结构粗糙,多呈块状椭圆形,不易风化,难粉碎。

石灰岩:灰色,结构粗糙坚硬,较砂岩脆,不易风化,难粉碎。

自燃煤矸石,除了还保留少量原矿物以外,出现了大量非晶相的玻璃质和无定形物,带来了较高的火山灰活性,并产生了少量新的高温矿物相——莫来石。

图 2.3 为邯郸矿区的典型炭质页岩煤矸石块,代表了邯郸矿区煤矸石的主体特征,呈黑色或者灰黑色片状结构,易粉碎。在受到足够的外力碾压时,易形成致密结构。

图 2.3　邯郸矿区典型炭质页岩煤矸石块

我国部分主要煤矿煤矸石堆的外观特征如图 2.4 所示。

a) 黑龙江富力矿

b) 山东枣庄

c) 安徽淮南

d) 河北开滦

e) 山西大同

f) 陕西黄陵

图 2.4　全国部分主要煤矿煤矸石堆外景图

由图 2.4 可以看出，年代近，风化未完全的煤矸石多呈黑色或灰黑色，如图 2.4b）、c）、e）所示的山东枣庄、安徽淮南、山西大同矿区的煤矸石堆，通常颗粒较大。大颗粒的炭质和泥质煤矸石较易风化，煤矸石堆内部容易发生自燃。年代久、发生自燃后的煤矸石往往呈红褐色或者灰白色等浅颜色，这种煤矸石颗粒通常较细，大粒径颗粒含量较少，具有良好的级配和使用性。

(2) 显微特性

炭质页岩：以不透明黑色矿物为主，有少量石英和黏土矿。

泥质页岩：以石英为主，有一定量的不透明黑色矿物和少量云母。

砂质页岩:主要是石英和云母,还有一定量的不透明矿与碳酸盐矿物,石英颗粒较粗。

炭质页岩和泥质页岩在出煤井时含有较多的炭质,往往还含有胶质有机物、树脂、孢子以及其他植物残体,随着含量的增加,岩石颜色加深,经长期堆积,内部发热自燃,大部分已起一定煅烧作用,使表面形成一层很厚的硫酸铝或其他复盐。砂质岩出井煤时,块度较其他页岩大,难粉碎,不自燃,难风化。

2.3 煤矸石分类

2.3.1 煤矸石分类意义

随着煤炭产量的日益增多,矸石的排放量也越来越大。由于煤矸石占用了大量的土地,严重地污染了环境,因此世界上许多国家都很重视煤矸石的利用。其中以西欧、东欧各国尤为重视,美国、日本、澳大利亚次之。现在人们已普遍不把煤矸石作为一种废料,而是把它看作一种可再生的资源而加以利用。随着煤矸石利用途径越来越广阔,对煤矸石岩石类型、矿物、化学组成及质量要求也有所不同。研究矸石的组成和特征,从加工利用方面对矸石进行科学分类显得十分必要。

煤矸石资源化分类的理论基础在于,煤矸石主要由黏土矿物(高岭石、蒙脱石、伊利石)、长石、石英、方解石、沸石等组成,煤矸石的资源化分类实际上是对上述矿物及矿物组合的合理利用。

对煤矸石进行科学分类的意义在于:

(1)充分合理地利用煤矸石。对煤矸石进行科学分类,根据矸石的物理化学特性、化学组成以及矸石中有用成分的品位确定其加工利用方向,能最大限度地利用煤矸石中有用成分,做到物尽其用。

(2)根据煤矸石的科学分类,不需预先进行工艺试验就可初步提出煤矸石的加工利用方向,节省时间和费用。

(3)对煤矸石进行科学分类,可以比较精确地研究各类矸石的质和量,消除人为堆积矸石造成的矸石质量和成分的混杂现象,从而有利于对煤矸石的归类,恢复煤矸石的本来面目。

(4)对煤矸石进行科学分类,有利于指导开发煤矸石的新的利用途径。

2.3.2 煤矸石分类研究现状

对于煤矸石的分类和命名,不仅是综合利用煤矸石的基础性工作,而且也是一项综合性较强的工作。关于煤矸石的分类和命名,国内外至今尚未有一个完整和统一的方案。其主要原因是各地煤矸石成分复杂,物理化学特性各异;另外,煤矸石各加工利用方向对煤矸石的化学成分及物理化学特性要求不一样,也使得煤矸石的分类和命名难以达成共识和统一。在煤矸石分类问题上,应尽量多地保留别的分类方案中的合理成分或分类原则,在别人工作的基础上进行改进或补充,使煤矸石的分类和命名趋于完善和统一,从而更好地综合利用煤矸石。

目前,我国煤炭生产部门习惯上用颜色来分类命名,如黑矸、灰矸、白矸、红矸等;也有人用煤矸石产出层位来分类命名,如顶板矸、夹矸等;在有些著作中用岩石名称来分类命名,如黏土岩矸石、砂岩矸石等。上述三种分类命名方案都存在不当之处,以颜色为基础的分类命名并不能反映出矸石的成分,而矸石的矿物成分、化学成分才是矸石利用的依据。以矸石产出层位来分类,对于堆积于地面、混杂在一起的矸石,根本不能说明问题。以岩石名称作为分类基础,煤矸石分类太复杂,不便于实际应用。这些分类方案既不能反映矸石自身的化学成分和物理化学特征,也不能根据这些分类方案提出煤矸石加工利用方向,因而它们均是不可取的。

鉴于上述情况,国内外学者都不同程度地对煤矸石分类进行了阐述。煤炭科学研究院重庆分院的王长根同志提出了煤矸石的三级分类命名法。首先按产出方式将矸石分为洗矸、煤巷矸、手选矸、剥离矸等类;然后根据矸石 Al_2O_3/SiO_2、Fe_2O_3、TiO_2 及 CaO 等几项化学指标划分矸族,最后按矸石矿物和岩石组成划分矸岩。另外,还把某些稀散、贵重元素含量达工业品位,或具有某些特征性能的矸石划分为两个亚族。这一分类方案,首次将矸石化学成分指标与矸石产出方式和矸石矿物组成及岩石组成结合起来,提出了矸石的三级命名法。但也存在着分类指标过宽、过细,分类指标重复等问题。

1986 年,中国矿业学院曾对华东地区煤矸石进行分类研究。他们将矸石分为岩石类型、含铝量、含铁量、含钙量四个指标,按笔画顺序或含量多少排成等级,然后,依据建材方面不同用途排成一组四位数。每组四位数表示某种建材利用质量要求。这种分类虽然简明,但仅限于矸石在建材方面的利用,分类过于简单,矸石利用范围划得过窄。另外,分类指标中岩石类型术语用得欠妥,如把泥岩、黏土岩作为不同的岩石类型。

焦作矿业学院葛宝勋、刘大锰对平顶山煤矸石进行了二级分类。他们把平顶山矿区矸石按矸石类型分为五个大类,按矸石类型、岩石类型、有机碳含量、全硫、铝硅比、Fe_2O_3 含量及 CaO + MgO 含量七项指标分为十九个亚类(包括一个特种矸石亚类,即高镓矸石亚类和高钛矸石亚类)。他们较详细合理地提出了矸石的分类方案,但有的亚类分类指标不太合理,如 CaO + MgO 含量;且仅是针对平顶山矿区矸石而言,也未包括剥离矸石。

在国外,也有对煤矸石分类的报道。前苏联曾对煤矸石分类作过研究,他们将煤矸石的来源、特征、成分等不同指标分等级列出分类符号。然后根据矸石在工业利用方面的质量要求,填入所需要的分类符号。根据分类符号所规定的质量要求,就可以选择矸石的加工工艺。此外,前西德柏林工业大学花了 10 年时间约 50 人对矸石进行了研究,国外有些资料报道了对煤矸石作过简单分类工作,如将煤矸石分为未燃矸和燃矸等。

2.3.3 煤矸石分类

随着煤炭工业的不断发展,煤矸石的排出量也越来越多,其综合利用应用的范围也越加广泛。通过深度加工,综合利用煤矸石中有用的矿物,以供建筑、化工、冶金、医药等工业的发展需求,充分做到物尽其用。因此,根据煤矸石不同的性质和工艺性能,有必要划分类别,以作为规划和使用的基准。

1)矸石大类的划分

在实际运用中,有四种分类方法。

(1)以排出的地点进行分类

①全岩掘进矸石

煤矿井下掘进巷道时,工作面的岩种大多数是砂岩、砾岩、砂砾岩、页岩、砂质页岩等,岩石硬度较大,无热值,粒度为 0 ~ 300mm。

②半煤岩掘进矸石

掘进巷道工作面的岩种，除了有砂岩、页岩等外还有部分炭质页岩和少量的煤炭、泥质页岩，此种煤矸石具有可燃物，其热值为 1 256 ~ 5 023kJ/kg 不等，硬度较小，粒度为 0 ~ 300mm。

③露天煤矿剥离矸石

在露天煤矿的采掘过程中，用电铲所排出的煤矸石，其岩石种类以页岩、砂岩、炭质页岩为主，另外，还夹杂少量的煤炭，粒度为 0 ~ 1 000mm。

④手选矸石

矿井所采出的毛煤，经提升设备运送至选煤厂后，通过预先筛分，用人工拣除筛上物中的煤矸石，叫手选矸石；其主要的岩种为砂岩、砂砾岩、页岩及炭质岩等，粒度为 80 ~ 20mm。

⑤洗选矸石

为了尽量除掉原煤中的灰分、硫等有害杂质，一般均采用洗选加工。通过洗选所排出的混合物，称为洗选矸石。其岩种以炭质页岩为主，其中还有页岩、砂岩等，热值为 1 256 ~ 4 604kJ/kg。

⑥浮选矸石

经洗选后的煤泥水，再通过浮游选煤处理，所排出的尾矿水，经过沉淀后，得到的泥状矿物，粒度以 35 ~ 45 居多数，热值在 1 256 ~ 4 604kJ/kg 之间。

(2) 以外观的颜色分类

①灰矸：主要是页岩、炭质页岩，以及泥质页岩，外观呈灰色。

②红矸：矸石本身含铁，经自燃后，矸石中的铁形成了红色的二氧化铁，红色的深浅，视含铁量而异。

③黑矸：以炭质页岩为主，含有一定热量，外观呈黑色。

④白矸：白色的矸石有两种：一种是砂岩和砾砂岩；另一种是煤矸石经过自燃后，因矸石中三氧化二铁含量较少，而硅和铝的氧化物或碱性金属氧化物含量较多，这时，外观也呈白色。

(3) 以自燃程度分类

①自燃矸石：煤矸石经过自燃后，已形成无热值、无可塑性指数的瘦化料。

②未自燃矸石：煤矿排出的煤矸石，没有达到自燃的程度，它具有可塑性和热值。

③干馏矸石：外观呈黑色，是自燃矸石边缘的研石。这种矸石受热后，处于空气稀少的状态下，发生了一系列的变化，首先是脱掉外在水分，继而放出内在水分和吸附的气体，而后开始热分解，约在 300℃ 左右析出煤气、焦油及分解水或裂解水。在有条件燃烧的情况下，将会继续往上部或侧部延续。这类矸石，具有很少的挥发分，与原矸石的固定炭数值相比，有所提高，因此，它具有热值，但无可塑性指数。

(4) 按矸石排出的时间分类

①新矸石：一般讲，排出三个月左右的矸石，因风化过程较短，筛分组成没有发生较大的变化。也就是说，没有因水分的溢出，而产生使矸石裂成碎块的内应力。

②陈矸石：又称老矸，风化矸。矸石经风化作用后，小颗粒数量有所增加。这种矸石可以减少破碎费用，同时可塑性指数有所提高。

上述的四种分类方法，应用较为普遍，但是它只能表示煤矸石排出的地点、外观颜色、自然燃烧程度、风化状态等方面的差异，不能完全反映煤矸石的成分，以此作为分类的依据，还不具备合理性，考虑到实际应用方面，我们以煤矸石的物理性质、化学性质等不同的数值进行分类。

另外,根据我国煤矸石来源的实际情况,矸石类型的划分是以矸石产出方式作为划分依据,并采用生产中一些习惯叫法命名,将煤矸石分为煤巷矸、岩巷矸、自燃矸、洗矸(即洗选矸,如前述)、手选矸和剥离矸六大类。

①煤巷矸:煤矿在井巷掘进过程中,凡是沿煤层掘进工程所排出的矸石,统称煤巷矸,煤巷矸的特点是排量大,且常有一定的含碳量及热值。

②岩巷矸:煤矿在井巷掘进过程中所排出的矸石,统称岩巷矸,这类矸石的特点是岩种杂,排量集中,含碳量低,有的根本不含碳。

③自燃矸:凡是堆积在矸石山经过自燃的矸石统称为自燃矸。这类矸石一般呈红褐色、灰黄色及灰色,以粉砂质泥岩及泥岩居多,其烧失量低,且有一定的活性,因其性能特殊且用途亦与其他矸类不同,故单独划为一类,与其他四类并列。

④手选矸:此类矸石是混在原煤中产出,在井口或选煤厂由人工拣出的矸石。手选矸具有一定的粒度,排量小,热值变化较大。此外,在手选矸石的同时,一些与煤共生、伴生的矿产资源往往亦同时选出。

⑤剥离矸:煤矿在露天开采或基建初期,煤系上覆岩层因剥离而排出的矸石,称为剥离矸石。其特点是岩种杂,一般无热值,目前多用来填沟造地,有些剥离矸石中还有大量共生矿产。

2)矸石亚类的划分

矸石亚类的划分是根据矸石的化学成分、矿物成分及其物理化学特性来确定的。其目的是确定各矸石的利用途径,使煤矸石物尽其用。根据全国的煤矸石资料,采用矸石类型、岩石类型、有机碳含量、全硫、Al_2O_3/SiO_2 的比值、Fe_2O_3 的含量、灰熔点等项指标作为亚类划分的依据,并用不同的代号表示,同时将此七项指标用阿拉伯数字表示等级次序,然后根据煤矸石的综合利用方向选择合适的数值列为一个亚类,这样共划分 20 个矸石亚类(包括一个特种矸石亚类,即提取达到工业品位的稀有元素,如镓、钒、钛、锗等),分类方法见表 2.5 及表 2.6。

煤矸石分类大类 表 2.5

矸石类型	岩石类型	有机碳(%)	全硫(%)	Al_2O_3/SiO_2	Fe_2O_3(%)	灰熔点(℃)
A	B	C	D	E	F	G
1	2	3	4	5	6	7
A1 煤巷矸	B1 高岭石泥岩	C1 少碳(<4)	D1 少硫(<0.5)	E1 低铝(<0.3)	F1 少铁(<0.1)	低灰熔点(<1 100)
A2 岩巷矸	B2 伊利石泥岩	C2 低碳(4~6)	D2 低硫(0.5~3)	E2 中铝(0.3~0.5)	F2 低铁(0.1~1.0)	中灰熔点(1 100~1 250)
A3 过火矸	B3 砂质泥岩	C3 中碳(6~20)	D3 中硫(3~5)	E3 高铝(>0.5)	F3 中铁(1.0~3.5)	高灰熔点(1 250~1 500)
A4 洗矸	B4 砂岩	C4 高碳(>20)	D4 高硫(>5)		F4 次高铁(3.5~8)	特高灰熔点(>1 500)
A5 手选矸	B5 灰岩				F5 高铁(8~18)	
A6 剥离矸					F6 特高铁(>18)	

表 2.6

煤矸石分类亚类

分类号	建材								燃料		化工			复垦	耐火材料	铝硅钛铁合金	农用肥料	细瓷	分选黄铁矿	特种矸石
	轻集料	建筑陶瓷	空心砌砖	烧结砖瓦	免烧砖瓦	水泥	回填巷道	岩棉	沸腾炉燃料	矿物燃料掺和	聚合铝	4A分子筛	工业填料SAC							
A	1,2 4,5	1,2	1,2 4,5	1,2 4,5	3	—	—	1,2	4	4	1,2 4	1,2 4	4	—	1,2 4	1,2 4,6	1,4	1,2	1,4 5	1,6
B	1,2	1		1,2 3	1,2 3	1,2	—	1,2 3	1,2	1,2	1	1	1,2	—	1	1,2	1,2	1	1,2	TiO_2 > 1.5% 或 Ca > 300ppm 或锗钒等
C	2,3	1	—	1	1	—	1,2	1,2 3,4	4	3,4	—	—	4	1,2 3	1,2 3	1,2 3	3,4	1	—	
D	1,2	1	—	1,2 3	—	—	1,2	1,2	1,2 3	1,2 3	1,2	1	1	—	1	1	—	1	4	
E	1,2 3	2,3	—	—	—	2,3	—	—	—	—	2,3	3	—	—	3	2,3	—	2,3	—	
F	—	1,2 3	—	—	—	—	—	1,2	—	—	1,2	1	1	—	1,2 3	—	—	1	3,4 5,6	
G	1,2	1	1,2	1,2	1,2	1,2	—	3,4	—	—	1	1	1	—	1	1	—	1	—	

注:"—"表明该项指标无严格要求。

下面就矸石质量指标划分的等级界线分别予以说明。

(1)一般的分类指标是矸石的岩石学特性及化学矿特征。按此标志矸石分为:高岭石泥岩(高岭石含量大于50%)、伊利石泥岩(伊利石含量大于50%)、砂质泥岩(或粉砂岩)、砂岩及灰岩。

(2)与传统矿物原料类型不同的是,煤的开采及洗选矸石最重要的特征是存在有机质。按有机质碳含量可分为四类:一类碳含量4%,二类为4%~6%,三类为6%~20%,四类为20%。有机质碳含量决定了矸石工业利用方向的选择,在碳含量高时(大于20%),废渣由于其具有很大的能源潜力(大于8.36MJ/kg)而完全适合于作燃料,随后利用废渣。而当有机碳含量在6%~20%时,则其发热量介于3.34~8.36MJ/kg之间,可以作为矿物燃料掺和料。因为煤矸石热值在8.36MJ/kg以上的不多,因此,3.34MJ/kg应作为一条辅助界线。据近年来利用煤矸石作为沸腾炉燃料的实际经验表明,这一界线是切实可行的。

(3)在矸石的化学成分中,全硫的含量决定了热加工的工艺方式及工业利用范围。据矸石亚类的划分要求,高硫煤矸石在综合利用过程中,有两条界线是需要研究的:一是硫资源回收的最低界线;另一是煤矸石在利用过程中,多数制品对矸石硫含量的最高允许值。基于这两点,我们可将硫含量分为:小于0.5%;0.5%~3%;3%~5%;大于5%。

近几年来,有些高硫矿区采用重力分选工艺,从洗矸中回收硫铁矿获得成功。据回收实际经验,认为全硫含量达5%的洗矸就可建厂。

(4)与含硫量一样,铁含量也决定和影响矸石的热加工工艺方式和工业利用范围。按铁化合物含量分为:①少铁的大于0.1%;②低铁的0.1%~1.0%;③中铁的1.0%~3.5%;④次高铁的3.5%~8%;⑤高铁的8%~18%;⑥特高铁的大于18%。

(5)煤矸石无机成分中,铝硅比(Al_2O_3/SiO_2)既反映了大多数煤矸石无机成分特征,也大体上决定着一般煤矸石的综合利用途径。因此,铝硅比值可以作为划分矸石亚类的主要依据。

以铝硅比为基础,考察一般煤矸石的成分特征及其利用途径,大体上可划分为三个区段。

①铝硅比大于0.5。这段矸石主要特点是含铝量高,含硅量相对较低。矸石矿物成分以高岭石为主,有少量伊利石、石英。矸石质点粒径小,可塑性好,具有膨胀现象。此时矸石可考虑作为制高级陶瓷、4A分子筛的原料。

②铝硅比在0.5~0.3之间。其特点是铝、硅含量都适中。矿物成分以高岭石、伊利石为主,具有一定的石英、长石、方解石等。选择以0.3为下界,是因为在此分界线以上的煤矸石可作为生产聚合铝的原料。

③铝硅比小于0.3。矸石特点是硅含量比铝含量相对高得多,其矿物成分主要是石英、长石、方解石、菱铁矿等,含少量黏土矿物。质点粒径大,可塑性差。

此外,煤矸石的灰熔点是煤矸石中钙、镁化合物的含量多少和铝、硅含量多少的综合反映,也影响着矸石的利用途径。在烧结砖瓦时要求使用中、低灰熔点的矸石,矸石中的CaO+MgO含量小于5%;在制造耐火制品时应选择灰熔点高的煤矸石,如在岩棉制品中则要求CaO+MgO含量越高越好,特别是MgO含量。对于细瓷制品则要求矸石中CaO+MgO尽可能低。

综上所述,煤矸石可分为4大矸石类型、19个矸石亚类。矸石在产出过程中可以用大类来命名,而在具体综合利用时以亚类为基础进行分类应用。

应用此分类对煤矸石进行分类命名时,先要查明煤矸石的成分(化学及矿物成分)和性质,并用参数代号表示,从而确定煤矸石的利用方向(亚类)。

2.4 煤矸石在土分类中的位置

2.4.1 国内外土分类对比

国内外各标准粒组划分界限对比如表2.7所示。从表中可见,国内外各标准粒组分类方法各不相同。

国内外各种标准粒组划分界限对比　表2.7

各国规范	粒径(mm)			
	巨粒	砾粒	砂粒	粉粒
国际标准化组织	60	2.0	0.06	
美国"统一分类法"	63	4.75	0.075	
美国公路工作者协会标准		2.0	0.06	
法国道路、堤坝压实规范	50	2.0	0.06	
日本统一土分类法	75	2.0	0.075	
中国《土的分类标准》	60	2.0	0.075	
中国《地基基础规范》		2.0	0.075	
中国《公路土工试验规程》	60	2.0	0.074	
中国《土工试验规程》	60	2.0	0.05	

在土与砂的分界粒径上,各规范中分界粒径在0.05~0.075mm之间,主要有0.05mm、0.06mm和0.075mm三种,但本质上无大的差别;但在我国《土工试验规程》(SD 128—84)(已废止)中,细粒组的分界粒径为0.1mm,0.05~0.1mm颗粒称为极细砂,归为细粒组。因为研究表明:在渗流时,由于小于0.1mm颗粒易变为半流体状态,形成流沙;在粗粒土中,小于0.1mm颗粒含量的增加,会引起粗粒土强度降低,渗透性减小。在《水利水电工程天然建筑材料勘察规程》(SDJ 17—78)(已废止)中,对反滤料和混凝土料粗、细集料,$d<0.1$mm颗粒含量称为含泥量;而在《公路工程集料试验规程》(JTJ 058—2000)(已废止)中,$d<0.075$mm颗粒含量称为含泥量;《建筑用卵石、碎石、砂》(GB/T 14685—93)(已废止)中,$d<0.08$mm颗粒含量称为含泥量。

在砂和砾的分界粒径上,各规范比较统一,除美国"统一分类法"(USCS)使用4.75mm外,其他都使用2mm作为分界粒径;但有学者认为:为与各行业中粗、细集料分界粒径一致,建议用5mm作为分界粒径,这与美国的标准大致相当;并且研究也表明:粗粒土的工程性质与大于5mm颗粒含量之间有良好的关系;因此,目前在研究粗粒土时,通常用5mm作为粗、细料粒径的分界限,而粒组划分粒径中,粗、细组的划分粒径经常作为含泥量的粒径。在砾与巨粒的分界限上,一般在50~75mm之间,主要有50mm、60mm和75mm三种,但以

60mm 最常用。

2.4.2　土工程分类

按照《公路土工试验规程》(JTG E40—2007)，土的工程分类是按粒径大小、含量多少、级配特征和塑性指数等指标进行分类，分类采用界限是根据我国长期工程经验，并参考国内外主要标准确定的。土的工程分类如图 2.5 所示。

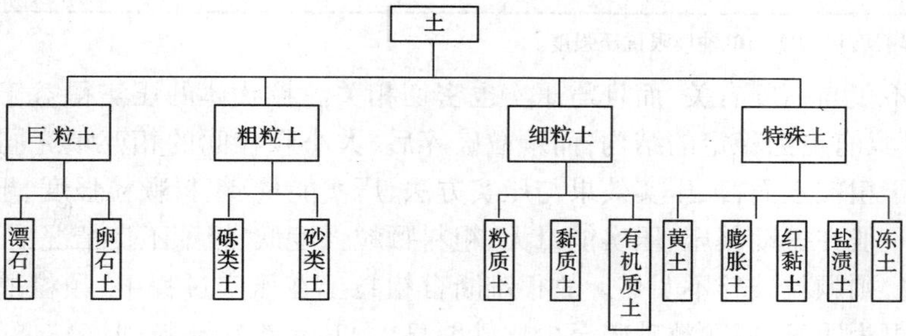

图 2.5　土的工程分类

2.4.3　软质粗粒土基本特征

粗粒土是各种粒径颗粒的混合物，其颗粒粒径分布的范围较大，可以是大于 60mm 的巨粒，也可以是小于 0.075mm 的细粒。其颗粒的级配、形状、颗粒的性质等对粗粒土的工程性质都会有不同程度的影响。但粗粒土与一般细粒土最根本的区别在于颗粒的粒径及破碎。

1)粒径区别

首先，粗粒土的典型粒径明显要比细粒土的大很多。这就给粗粒土的研究带来一个问题，用常规的土工试验仪器无法对粗粒土的力学性质进行研究，需加大仪器尺寸。目前，对粗粒土的强度、变形特性，一般采用三轴压缩试验来进行研究，其用于粗粒上的又以直径 30cm、高 60cm 的圆柱形试样最常见。为使试验成果不受试样尺寸的影响，试料的最大粒径需控制在试样直径的 1/5 以下，即常规大三轴试样的粒径需控制在 60mm 以下。而工程中所用粗粒土的粒径远远大于 60mm，为解决此问题，研究者一般按允许的最大粒径，将实际材料的级配缩制成力学试验所要求的级配来进行试验，并在此基础上确定参数。最常用的级配缩制方法有“等量替代法”、“相似级配法”；另外，当超粒径含量不大于 10% 时，也可以用“剔除法”。采用级配缩制来研究粗粒土的力学性质，存在两个问题：其一，必须了解超粒径颗粒对于粗粒土强度与变形特性究竟如何影响；其二，通过级配缩制不能保证缩制后粗粒土的材质与原型相同。这一问题不仅在室内试验中存在，在实际施工中，质量控制也有困难。由于颗粒粒径的大小、颗粒分布的均匀性、常用密实度检测方法的不同，试验精度很难保证。

2)破碎性区别

粗粒土另一个显著的特征就是粗颗粒易破碎。砂在较高围压下也会出现颗粒破碎，所以颗粒破碎并非粗粒土独有的现象。但由于粗粒土的粗颗粒中含有许多肉眼无法看到的潜在缺陷，因此与砂相比，粗颗粒在围压并不高的情况下就会出现颗粒破碎现象。事实上，颗粒破碎与粗粒土的抗剪强度有密切的关系，故颗粒破碎是粗粒土具有的重要特征之一。加上软质粗粒土中的软岩成分强度较低(表 2.8)，软质粗粒土的颗粒破碎程度就更为可观。

岩石按强度分类　　表2.8

类　别	亚　类	强度(MPa)	代表性岩石
硬质岩石	极硬岩石	>60	花岗岩、花岗片麻岩、闪长岩、玄武岩、石灰岩、石英砂岩、石英岩、大理岩、硅质砾岩等
	次硬岩石	30~60	
软质岩石	次软岩石	5~30	黏土岩、页岩、千枚岩、绿泥石片岩、云母片岩等
	极软岩石	<5	

注:强度指新鲜岩石块的饱和单轴极限抗压强度。

颗粒破碎不仅与强度有关,而且与压实也密切相关。粒状体的压实得益于颗粒的重新排列,其结果使其具有更为稳定的结构;而颗粒破碎后,大小颗粒间的相互填充同样会引起孔隙比的减小。对于粗粒土而言,压实效果与压实方法、压实能量、粗料颗粒强度、粗粒土级配等诸多因素有关。一般在振动碾压、压实能量大、粗料颗粒强度低、级配不良情况下,颗粒的破碎将比较明显;反之,则颗粒破碎不明显。故很难断言粗粒土在压实过程中,颗粒重新排列和颗粒破碎哪种效果更为明显,但颗粒破碎至少比砂明显,尤其是粗料颗粒强度较低的软岩粗粒土。一般来说,粗粒土经过压实,其强度和刚度会有所增加,但颗粒破碎严重的粗粒土,随压实而出现的颗粒破碎现象有可能会对其力学性能产生不良影响,这一点必须引起注意。颗粒的破碎会促进颗粒的重新排列,其结果是孔隙比减小,结构更趋紧密,所以粗粒料填筑体在力学上更为稳定。但若过度压实,将使颗粒破碎持续增加,由于材料不断细化,从而使粗粒料所具备的"粗颗粒间的咬合"作用减弱。但在通常的能量水平下,主要以正面效果,即孔隙比减小引起的强度增长占优,故实际上强度不会因压实而降低。

2.4.4 煤矸石在粗粒土分类体系中的位置

东南大学"软质粗粒土的工程力学特性与路基工程应用研究"中,根据徐州北部5个煤矿及相关文献中煤矸石的筛分试验结果,对煤矸石软质粗粒土在粗粒土分类体系中的位置进行了分析研究,得出如下结论:由于各煤系地层的成因、开采方式、开采部位、风化程度等原因,煤矸石的粒度成分差异较大,在粗粒土的分类体系中涵盖砾、含细粒土砾、细粒土质砾、细粒土质砂等类型。如果煤矸石中软岩成分经长期风化,也可能成为细粒土;如果开采出的主要为硬质岩矸石,也可能为巨粒土。也就是说,煤矸石在土的分类体系中,可能涵盖从巨粒土到粗粒土,甚至细粒土相当广泛的范围。但从大多数来看,还是属于砾类土。

2.5 煤矸石物理性质

煤矸石是在成煤过程中与煤层伴生的一种含碳量低、相对比较坚硬的黑色岩石,在开采和洗选过程中被分离出来,成为废弃物。煤矸石的物理性质包括颜色、密度、含水率和吸水性等,具体指标如表2.9所示。

不同颜色的煤矸石物理性质及选用条件　　表2.9

物理指标	红色	黄色	灰色	褐色	黑色
存储时间(年)	40年以上	40年以上	40年左右	30~40年	不足30年
烧失量(%)	3~5	4~8	6~10	11~18	20以上

续上表

物理指标	红色	黄色	灰色	褐色	黑色
最大干密度(g/m^{-3})	1.95～1.98	1.95～1.98	1.96～1.99	1.60～2.05	1.95～2.05
最佳含水率(%)	13～17	12～16	12～15	10～15	9～12
施工含水率(%)	17～26	16～23	15～20	15～20	14～18
级配状况	良好	良好	合格	基本符合	一般
选用条件	优先	优先	可用	慎用	否

2.5.1 煤矸石密度

1)堆积密度

依据《公路工程集料试验规程》(JTG E42—2005)所列粗集料取样法来进行。试验主要仪器:烘箱、天平、容量瓶、10L 桶等。取已在 105℃烘干 6h 以上的煤矸石试样共 60kg 左右,分三份自然装满 10L 试验桶中,分别称量桶 + 料重和桶重,计算可得每个试样的堆积密度,取 3 次试验平均值作为该材料的堆积密度,见表 2.10。

堆积密度试验统计表 表 2.10

组号	1	2	3
容量筒体积(L)	15.65		
容量筒重量(kg)	3.26		
容量筒 + 试样总重(kg)	28.33	28.93	28.66
堆积密度(t/m^3)	1.602	1.640	1.623
平均值(t/m^3)	1.622		

2)表观密度

依据《公路工程集料试验规程》(JTG E42—2005)T 0305—2005 所列粗集料取样法来进行。试验主要仪器:烘箱、天平、容量瓶、10L 桶等。

取三份已烘干煤矸石试样 3kg 左右,用容量瓶法测表观密度。计算可得每个试样的表观密度,取 3 次试验平均值作为该材料的表观密度,见表 2.11。

表观密度试验统计表 表 2.11

组号	1	2	3
煤矸石(g)	970	910	815
水 + 瓶总重(g)	1 515	1 515	1 515
排水后总重(g)	2 115	2 085	2 015
表观密度(g/cm^3)	2.622	2.676	2.587
平均值(g/cm^3)	2.628		

2.5.2 煤矸石吸水性

结构致密的煤矸石吸水性低,且具有较好的透水性,自身保水性较低,可作为回填材料或路基填方;结构较松散的泥质、砂质岩煤矸石,吸水性较强,吸水后体积发生膨胀(一般在4%以下)并破碎成较小粉状煤矸石,用作路基表面时,遇雨水冲刷易流失,影响路基边坡的稳定安全,所以煤矸石不宜填筑在路基边坡的表面上。

依据《公路工程集料试验规程》(JTG E42—2005)T 0307—2005,对备选煤矸石的吸水率进行测定,取两次平行试验结果平均值作为最终结果。主要试验仪器:烘箱、天平、标准筛、容器、浅盘等。试验所选煤矸石属结构致密的钙质煤矸石,外观呈灰黑色,新鲜的破碎断面与普通岩石很相似,可经受325次冻融循环试验,按《公路工程岩石试验规程》(JTG E41—2005)对煤矸石试件进行吸水率试验。

取煤矸石试样8kg左右浸泡于水中24h后用湿布擦干表面附着水,进行烘干称量,计算可得吸水率,具体试验数据见表2.12。

吸水率试验统计表 表2.12

浅盘质量(g)	浸泡后盘石总重(g)	烘干后盘石总重(g)	吸水率(%)
860	9 560	9 295	3.05

2.5.3 煤矸石天然含水率

依据《公路工程集料试验规程》(JTG E42—2005)T 0305—2005,对备选煤矸石的含水率进行测定,取两次平行试验结果平均值作为最终结果。主要试验仪器:烘箱、天平、浅盘等。

取两份天然煤矸石试样各6kg分别放入浅盘中,在烘箱里烘6h以上进行试验,测得烘干前后的土重,可计算得到各个试样的含水率,取平均值作为该土料的天然含水率,见表2.13。

天然含水率试验统计表 表2.13

组号	1	2
浅盘重(g)	840	985
烘干前总重(g)	5 640	5 650
烘干后总重(g)	5 450	5 358
含水率(%)	4.12	6.02
平均值(%)	5.07	

2.5.4 煤矸石工艺物理性质

1)可塑性

煤矸石的可塑性是指把磨细的矸石粉与适当比例的水混合均匀制成泥团,当钙泥团受到高于某一数值剪切应力的作用后,泥团可以塑成各种各样的形状,除去应力后,泥团能永远保持其形状。矸石可塑泥团和矸石泥浆的区别在于固液之间比例不同。由此而引起矸石泥团颗粒之间、颗粒与介质之间作用力的变化。据分析,泥团颗粒之间存在两种力。

(1)吸力

主要有范德华力、局部边一面静电引力和毛细管力。吸力作用范围约离表面2×10^{-3}μm。

毛细管力是塑性泥团中颗粒之间的主要吸力,在塑性泥团含水时,颗粒表面形成一层水膜,在水的表面张力作用下紧紧吸引。

(2)斥力

是由带电颗粒表面的粒子间引起的静电斥力。在水介质中这种力的作用范围约距颗粒表

面 $2\times10^{-2}\mu m$。

由于矸石泥团颗粒之间存在这两种力，当水含率高时，形成的水膜较厚，颗粒相距远，表现出颗粒间的斥力为主，即呈流动状态的泥浆；若水含率过少，不能保持颗粒间水膜的连续性，水膜中断了，则毛细管力下降，颗粒间靠范德华力而聚集在一起，很小的外力就可以使泥团断裂，则无塑性。

毛细管力 P 的数值与介质表面张力 σ 成正比，而与毛细管半径 r 成反比。矸石颗粒越细，比表面积越大，颗粒间形成的毛细管半径越小，毛细管力越大，塑性也越大。

矸石矿物组成不同，颗粒间相互作用力也不相同。高岭石的层与层之间是靠氢键结合，比层间为范德华力的蒙脱石结合得更牢固，故高岭石遇水不膨胀。但是蒙脱石的比表面积约为 $100m^2/g$，而高岭石为 $10\sim20m^2/g$，由于比表面积相差悬殊，故毛细管力相差甚大，一般说来，可塑性的大小顺序是：蒙脱石 > 高岭石 > 水云母。

煤矸石必须经粉碎后才有塑性，矸石中砂岩塑性较页岩差。混合矸石经粉碎至 250 目筛筛余 >2% 时，其可塑指标可达 2.8 ~3，相应含水率为 23% ~25%，如果进一步细碎至 300 目筛筛余 <2%，则塑性会更大。

2）黏度

随矸石颗粒的比表面增大，矸石泥团基本可以塑性成型时，泥浆黏度在 1.1 左右，可用于注浆成型。

3）真比重和硬度

煤矸石中砂岩的真比重和硬度较页岩的大，所以，各地矸石硬度差异很大，含页岩多的矸石硬度在 2 ~3 之间，含砂岩多的矸石硬度在 4 ~5 之间，混合矸石的真比重一般在 2.6 左右，其安息角在 40° ~50°之间。

4）收缩性

煤矸石塑性低，收缩也就较小，一般线收缩在 2.5% ~3%。烧结后的线收缩在 2.2% ~2.4%，相应吸水率在 17% ~19%。

5）烧结温度范围

煤矸石的烧结温度一般在 1 050℃左右。900℃左右为一次膨胀，1 120 ~1 160℃时收缩最小，温度继续上升至 1 160℃以上时产生二次膨胀，由固相转为固液相或完全融熔。

6）脱碳温度

煤矸石的脱碳温度一般总是低于最佳烧结温度，最佳脱碳温度常发生在 1 000℃左右，最低脱碳时间为 200 ~250min。在整个脱碳过程中，应保持氧化状态。

7）耐火度

煤矸石属于中低耐火材料，一般耐火度为 1 300 ~1 350℃，这主要取决于化学组成。从相图角度看，含碱金属和碱土金属高，则熔点就低。

8）工业组成

煤矸石的自然含水率一般在 4%，最低的在 1% 以下，最高的可达 20%。结晶程度差、分散程度大的含水率要高些，如以高岭石为主的煤矸石较以伊利石为主的煤矸石自然含水率就略高。

煤矸石无机矿物质燃烧后的固体残渣，是以硅铝为主的类似硅酸盐材料，具有与石灰化合成新的水化物的能力。

含量为80%的煤矸石中的有机化合物，燃烧时放出热量呈气态逸出，一般含量大于10%，洗矸较选矸高。

大部分固定碳是浸透在煤矸石结构中的，这对硅酸盐等矿物的受热溶解和形成将起到有利作用，表现为表面能高，而物质的烧结是向表面积减少和表面能低的方向完成的。

煤矸石燃烧时产生的热卡，其含量一般在400～500Cal/kg，但有的也可达2 500～3 000Cal/kg，尤其是洗矸。

了解煤矸石的工业组成及其变化规律，对制订工艺参数有实际意义。

2.6 煤矸石化学特性

2.6.1 煤矸石活性分析

近年来，国内外越来越广泛地利用煤矸石生产建筑材料。由于煤矸石中含有大量的黏土类矿物，煅烧后可产生一定的活性。因此，可作为活性火山灰材质加入水泥中，这样不仅可以解决煤矸石的环境污染问题，而且还能替代部分水泥熟料，降低水泥成本。通过激发煤矸石的活性并将其用作水泥混合材料，是处理这种废弃物的一种有效途径。

1)煤矸石活性来源分析

煤矸石在长期的空气、水和温度作用下，经过自燃或煅烧，矿物相发生变化，是产生活性的根本原因。煤矸石中的黏土矿物和云母类成分，经过适当温度煅烧，发生脱水、分解。高岭石分解为偏高岭石和无定形的 SiO_2 及 Al_2O_3，具有与石灰化合成新的水化物并产生强度的能力，所以，煤矸石又可视为一种火山灰活性混合材料，其活性大小的衡量标准是黏土矿物含量。活性变化过程如下。

(1)高岭石的变化

高岭石在550～700℃时脱水，晶格破坏，形成无定形偏高岭土，当温度在800～900℃时，分解成无定形的 Al_2O_3 和 SiO_2，具有火山灰活性。

$$\underset{\text{(高岭土)}}{Al_2O_3 \cdot 2SiO_2 \cdot 2H_2O} \xrightarrow{800\sim900℃} \underset{\text{(偏高岭土)}}{Al_2O_3 \cdot 2SiO_2} + 2H_2O$$

$$\underset{\text{(偏高岭土)}}{Al_2O_3 \cdot 2SiO_2} \xrightarrow{550\sim700℃} \underset{\text{(无定形)}}{Al_2O_3 \cdot 2SiO_2} + 2H_2O$$

(2)莫来石的生成

当温度在1 000℃左右时，无定形的 SiO_2 及 $A1_2O_3$ 又重新结合成莫来石晶体($3A1_2O \cdot SiO_2$)，形成非活性物质。当温度到1 200℃以上时，莫来石的生成量显著增加，大大降低了煤矸石的活性。

$$3Al_2O_3 + 2SiO_2 \xrightarrow{>1\ 000℃} 3Al_2O_3 \cdot 2SiO_2$$

(3)黄铁矿的变化

黄铁矿是可燃物质，随煤矸石一起燃烧，晶体相应地发生变化，生成 α 赤铁矿，对提高煤矸石活性没有帮助。

$$4FeS_2 + 11O_2 \xrightarrow{600℃} 2Fe_2O_3 + 8SiO_2$$

2)影响煤矸石活性形成的因素

(1)化学组分对煤矸石活性的影响

煤矸石中含有大量的化学组分,各种成分的含量不同以及各成分之间的比例不同都对矸石的活性产生了不同程度的影响。

氧化硅(SiO_2):是煤矸石中的主要组分之一,它对煤矸石玻璃体结构的形成有很大的作用。但在矸石中 SiO_2 的含量一般偏高,得不到足够的 MgO、CaO 来与之化合,所以含量偏多时往往影响了煤矸石的活性。特别当 SiO_2 存在于结晶矿物中时,更影响了煤矸石的活性。

氧化铝(Al_2O_3):也是决定矸石活性的主要因素,Al_2O_3 含量相对较低时,活性最好。

氧化钙(CaO):矸石的主要成分之一,其含量越高,矸石活性越大,因为 CaO 易与 SiO_2 在遇水时反应生成 $CaSiO_3$ 等矿物组分,提高系统的反应能力,所以要求 CaO 含量适当高一些。

氧化铁(Fe_2O_3):矸石中含有一定量的 Fe_2O_3,它能在矸石冷却过程中形成大量铁酸盐矿物和中间相,提高矸石活性,所以要求 Fe_2O_3 含量高一些。

氧化镁(MgO):在矸石中大多数的镁呈稳定的化合状态存在。MgO 能促使矸石玻璃化,有助于形成显微不均匀结构,但 MgO 若含量偏高且以方镁石状态存在,则会因水化而使体积膨胀,导致制品安定性不良,所以,MgO 含量不宜太高。

(2)煤矸石内部结构与活性关系

①新鲜矸石(风化矸石)

新鲜矸石和风化矸石具有稳定的结晶结构,其原子、离子、分子等质点都按一定的规律排列有序,即使其化学成分适当,活性也很低或基本上没有活性。X 射线衍射发现:此种矸石中主要矿物为高岭石、蒙脱石和伊利石,没有见到活性 SiO_2 和 Al_2O_3 的衍射峰,所以说,此类矸石不具有活性。

②自燃矸石

煤矸石在空气中自燃以后缓慢冷却,部分晶体来不及缓慢析晶而以玻璃体状态存在或结晶成细小晶粒,致使晶体缺陷很多,属热力学不稳定结构,应该具有潜在活性。X 射线衍射也证实了少量活性 SiO_2 和 Al_2O_3 的存在,所以此种矸石具有活性。

③煅烧矸石

矸石经过煅烧以后吹风急冷,在急冷过程中液相黏度很快加大,晶核来不及形成,即使有少量晶体,其成长也受到阻碍,故质点就不能按一定的次序排列,形成了玻璃体结构,它处于不均衡状态,是热力学不稳定结构,这是煅烧矸石具有活性的根本原因。矸石玻璃体具有连续的网络结构,形成空间网络的是 SiO_2 和 Al_2O 等氧化物,而 Ca^{2+}、Mg^{2+} 等金属阳离子则嵌布在网络的空隙里。硅氧四面体和铝氧三角体被看着是某种不变的结构单元,它们之间相互地由桥氧离子通过 Si—O 键在顶角结合成空间的网络。这种网络逐渐向三维空间发展,先由硅氧链进而发展成空间网架。网络中间的 Ca^{2+}、Mg^{2+} 金属离子主要以离子键与有自由顶点的硅氧四面体或铝氧三角体相结合。因此,矸石玻璃体的结构主要是由硅氧四面体和铝氧三角体组成的无规则网络结构。在矸石的熔融阶段,由于处于高温下的微粒产生剧烈的热运动,硅氧四面体和铝氧三角体不可能充分地聚合成长链而只能形成短链,使熔体中的短硅氧链和铝氧链具有较多的断裂点,相当于具有较多的自由端,致使煅烧矸石活性很高。

(3)煅烧温度

煅烧温度对黏土类矿物的火山灰活性有很大影响,温度过低时,煤矸石中的炭燃烧不完全,使水泥标准稠度用水量增大,同时,高岭土组分分解不彻底,活性组分比重相对减少,从而导致活性不高。但也并非温度越高活性越高,当温度过高时,SiO_2 及 Al_2O_3 又重新结合成莫来石晶体,使活性降低。根据黏土矿物加热时的相应变化得出,燃料灰渣产生活性有两个温度区域:中温(600~950℃)和高温(1 200~1 700℃)活性区。出于经济性考虑,应在低温活性区对煤矸石进行热激活工艺处理,寻找最佳的活性激发温度点。由于煤矸石成分的复杂性导致煅烧煤矸石的最佳温度不能形成统一定论。以高岭石为主的煤矸石,最佳煅烧温度在650~950℃;以云母类矿物为主的煤矸石,最佳煅烧温度为1 000~1 100℃。

(4)煅烧时间

煅烧时间对煤矸石的活性也有影响,并非时间越长越好。时间太短则煤矸石中的炭燃烧不完全,同时,煤矸石中的高岭石组分也会不完全分解,减少了活性组分的产生;当煅烧时间过长时,会使本来已产生的活性 SiO_2 及 Al_2O_3 又重新生成莫来石而失去活性。目前大量试验表明:一般煤矸石适宜煅烧时间为1~2h,但由于煤矸石成分的多变性,目前还没有统一的煅烧时间标准,因此,实际煅烧时间应根据具体煤矸石来确定。

(5)冷却条件

在煅烧煤矸石后,冷却方式不同,对煤矸石的活性影响较大。

高温下的煤矸石遇到急冷时,使煤矸石中的晶格扭曲变形,来不及形成规则的晶体,而使其中大量热能转化为蕴涵在以玻璃体形式存在的煤矸石中的化学能,这些玻璃体在与水泥水化时,其中的能量就释放出来,与水泥中的部分水化物进行二次水化反应,从而表现出宏观的活性。而且温度越高,冷却速度越快,活性提高越大。一般采取的冷却方法有两种:一种为自然环境中冷却;另一种采取水淬的方法急冷。水淬的方法对煤矸石混合材料的3d和28d强度都比在自然冷却方式下所得的强度高,尤其对28d的抗压强度提高较显著。因此,在有条件的情况下,应尽量使用水淬的方法进行冷却,以提高煤矸石的活性。

(6)养护条件

煤矸石制品根据养护方式可分为:常温养护制品、蒸养制品和蒸压制品。

自然常温养护下煤矸石制品的强度活性偏低,且需要很长的养护时间;而蒸养制品是将试件置于1 000℃恒温箱内养护6h,胶凝系统水化产物形成速度在高温下大为提高,试件强度要高于常温养护;蒸压制品是将试件置于压蒸釜中,以水蒸气为介质,在1 000℃,8.1×10^5MPa下蒸压6h,试件强度大幅度提高,是常温养护的2倍以上。因此在不同养护条件下,制品强度活性的关系为:蒸压制品>蒸养制品>常温养护制品。

(7)细度影响

煤矸石经过煅烧冷却后,需在球磨机中进行碾磨达到一定细度方可使用,而不同颗粒组成对煤矸石的强度有着一定的影响。同济大学的赵鸿胜等人采用灰色理论的方法分析了煤矸石粒径分布对活性的影响,根据分析可得出以下结论:

①物理激活煤矸石的方法对煤矸石后期强度的影响大于对早期强度的影响,对煤矸石抗

压强度的影响大于对抗折强度的影响。

②细颗粒对煤矸石活性影响比粗颗粒影响更大，特别是粒径分布在 1 ~ 10μm 范围内的颗粒对活性的贡献较大，而粒径分布在 10 ~ 40μm 范围内的颗粒对活性有一定不利影响。

3）激活煤矸石活性的方法

磨细的煤矸石单独与水的反应极慢，仅有较弱的胶凝作用。但在 $Ca(OH)_2$ 饱和溶液中有显著的水化作用，且速度极快，表现为较强的胶凝性能。所以矸石的活性是潜在的，这种潜在活性的发挥必须以石灰、石膏等物料的存在为必要条件。

碱性激发剂石灰或硅酸盐水泥熟料在水化时形成 $Ca(OH)_2$ 碱性溶液，造成矸石玻璃体的溶解条件。OH^- 浓度增加，比较容易进入玻璃体内部空穴，激烈地与活性阳离子作用，促进矸石分散与溶解。$Ca(OH)_2$ 与矸石中的 SiO_2 和 Al_2O_3 结合成 CSH 和 CAH，呈现出交强的胶凝性能。作为硫酸盐激发剂石膏，一方面在碱性环境中促使矸石的分解，形成水化物；另一方面，石膏还与煤矸石中的 Al_2O_3 结合，使矸石活性得以充分发挥。

煤矸石中的多数矿物，其晶格质点常以离子键或共价键结合。当煤矸石磨细或煅烧后，严整的晶面受到破坏，在颗粒尖角、棱边外，键力不饱和程度的点数增加，自由能未被迭补，从而提高了矸石的活性。

矸石在一定温度下煅烧，原来的结晶相大部分分解为无定形物质，结晶相居次要地位，因此，煅烧后的矸石具有较高的活性。细化颗粒和无定形物质具有高活性的表现是多方面的，如高化学反应性、高吸附能力、高凝聚性等。

（1）物理激活

物理激活也称机械激活，这种方法用在粉煤灰、矿渣处理方面具有很好的效果。方法是通过超细粉磨混合材，使其颗粒变得很小，不仅可填充水泥颗粒的空隙，同时还能增加混合材的比表面积，促进混合材与水泥水化产物的二次反应，从而提高活性。煤矸石激活也可以采用这种方法。不过煤矸石颗粒分布特征及其与水泥颗粒分布组合的搭配，是影响煤矸石活性的一个重要条件。

（2）化学激活

煤矸石化学激活，是通过引入少量激发剂，使其参与并加速煤矸石与水泥水化产物的二次反应。煤矸石水泥拌水后，水泥熟料水化产生的在激发剂存在下与煤矸石中活性和发生二次反应，形成稳定的不溶于水的水化硅酸钙和水化铝酸钙凝胶。二次水化产物交叉、联生并相互充填，使水化产物的孔隙率减少，后期强度不断增加。

（3）热激活

目前，国内外用于激活煤矸石活性的方法主要是煅烧，通过煅烧煤矸石有两方面作用：一是使黏土类矿物发生脱水和分解，产生活性；二是通过煅烧除去煤矸石中的碳，减小碳对水泥强度、需水量、耐久性的影响。由于煤矸石中的 CaO 含量很低，在高温煅烧过程中补充 CaO 也是提高煤矸石活性的有效方法。采用增钙煅烧方法，除加入石灰石外，还可加入石膏、矿化剂等，以期在低温下合成硅酸盐水泥熟料矿物，有利于提高煤矸石的活性。在煅烧的基础上进行进一步的物理激活也是一种比较有效的手段，将煅烧并冷却后的煤矸石在球磨机中进行碾磨，使其达到一定的细度，增加其细度对煤矸石的抗压强度（特别是后期强度）有明显的改善，特别是细颗粒比粗颗粒更能促进强度的增长。

2.6.2 煤矸石风化特性

除以白色矸石(硅质砂岩、石灰岩、砾岩等)组成为主的矸石山,因其结构致密、块大、不易风化外,其他以黑色矸石(炭质泥岩、炭质页岩)组成为主的矸石山表面都有风化现象,其中炭质泥岩、炭质页岩风化很快,一般半年内即可风化成碎屑。泥质和钙质的粉砂岩也较易风化。煤矸石的风化主要有物理风化和化学风化。

1)物理风化

物理风化主要有以下几种形式。

(1)温度变化:温度的变化是引起物理风化的主要因素。由于煤矸石呈黑褐色,层状结构,吸热能力极强,当温度变化时,大块煤矸石受热或冷却,使不同的矿物颗粒间的联结力遭到破坏产生裂隙,崩解分离,且煤矸石组成多是泥岩、页岩,在温差作用下很容易风化成松散矿物颗粒。

(2)盐类结晶的胀裂作用:煤矸石中溶于水的盐分也产生一定的破坏作用,有些盐类具有很强的吸湿性,能从空气中吸收大量的水分而热潮解。当温度升高、水分蒸发、盐分又结晶析出时,其体积增大促使煤矸石胀裂,使大块的煤矸石分解成小块。

(3)冻裂作用:在寒季,雨水或者融雪水侵入煤矸石孔隙或者裂缝后,当温度低于0℃时,水变成冰,其体积膨胀约9%,这时对裂缝会产生很大的膨胀力,使煤矸石逐渐崩解成碎块。

在物理风化作用下,煤矸石从宏观上由大粒径逐渐分解为较小的粒径。这种变化,一方面有利于煤矸石的综合应用,另一方面也有利于煤矸石的性能趋于稳定。

2)化学风化

化学风化主要是指煤矸石与水、氧、二氧化碳及各种酸类起化学反应所引起的破坏作用,引起煤矸石的化学分解,使煤矸石的化学成分发生改变,并产生新的次生矿物。

(1)溶解作用:水能直接溶解煤矸石中的矿物,当水中含 CO_2 及其他化学成分时,可增强水的溶解能力。

(2)水化作用:水分与煤矸石中的矿物成分相结合成为含水化合物,如煤矸石中的赤铁矿(Fe_2O_3)经水化作用变成褐铁矿($Fe_2O_3 \cdot nH_2O$)。水化产生含水矿物,同时由于在水化过程中结合了一定数量的水分子进入物质的成分之中,改变了矿物的原有结构,引起体积膨胀。

(3)碳酸化作用:硅酸盐矿物与水及 CO_2 发生化学反应,生成新的碳酸盐,分解破坏煤矸石,如 CaO 经水化作用变成 $Ca(OH)_2$,$Ca(OH)_2$ 与 CO_2 作用变成 $CaCO_3$。

煤矸石中不稳定的化学成分在化学风化中发生化学反应,生成相对稳定的物质。化学风化改变了煤矸石的微观结构,产生了新的物质,使得煤矸石的化学性质趋于稳定。

煤矸石在风化过程中,若水热条件丰富,则以化学风化为主、物理风化为辅;若水热条件差,则以物理风化为主、化学风化为辅;前种风化较彻底,形成的盐基被淋失,风化物呈酸性和强酸性;后种风化不彻底,形成的盐基被保留下来,风化物呈中性或微碱性,风化物颗粒较粗。风化不彻底的风化物对大多数植物生长较为有利;风化较彻底的风化物虽成土过程快,但却呈酸性,并会形成透水透气性很差的黏盘,对植物生长不利。

总之,煤矸石风化是一个复杂的过程,是许多因素综合作用的结果,不仅煤矸石所处的自然环境对风化作用有影响,而且煤矸石的性质也影响风化作用。煤矸石风化程度的大小可以通过抗压强度来判断。抗压强度高的煤矸石风化能力弱;抗压强度低的矸石到地面后易于风化,特别是遇水后,从大块逐渐分裂成几厘米至几毫米大小不等的有棱角的颗粒。根据煤矸石的综合利用途径,须慎重选择不同性质的煤矸石。

2.6.3 煤矸石自燃分析

1)煤矸石自燃原因

煤矸石自燃的原因,主要有硫铁矿氧化学说和煤氧复合自燃学说。硫铁矿氧化学说是目前解释煤矸石自燃的主要理论。该理论认为,煤矸石中的硫铁矿在低温下发生氧化,产生热量并不断聚积,使煤矸石内部温度聚集,引起煤矸石中的煤和可燃有机物燃烧起来,从而导致煤矸石自燃。而煤氧复合自燃学说则认为,煤矸石中通常夹带着10% ~25%的炭质可燃物,在常温下,煤矸石中的煤会发生缓慢的氧化反应,同时放出热量,当热量聚积到一定程度时,便引起可燃物的自燃,从而导致矸石山自燃。

2)煤矸石自燃必须具备的条件

煤矸石的自燃是一个极其复杂的物理化学变化过程,其发生有内在、外在原因,归纳起来,主要有以下三个条件。

(1)煤矸石中含有可低温氧化的物质或可燃物:煤矸石中通常含有硫铁矿和煤,有的还有腐烂的废坑木、破布、油脂等。硫铁矿在一定条件下极易氧化,并在氧化过程中放出巨大热量,这是煤矸石自燃的内因,其中硫铁矿的含量是引起煤矸石自燃的决定因素。

(2)煤矸石中存在氧气和水分:这是煤矸石自燃的外因。煤矸石在堆积的过程中,无论是平地起堆,还是顺坡堆放,都会发生粒度偏析,使矸石山内部形成空气通道,结果使矸石山产生"烟囱效应"。矸石山下部的矸石粒度较中部及上部的大,因而空气通道也较大,通过的空气量也多,同时带出的热量也多,所以矸石山下部不易积累热量。矸石山的中腰部,粒度适中,通风较好,热量又不易散失,所以中腰部的温度最高。当某一局部温度达350℃左右即煤的燃点时,便会自燃。同时,人为注水或降雨都会使煤矸石堆中含有一定的水分,会使煤矸石越烧越旺,并向四周蔓延。

(3)矸石山中有热量积聚的环境:通常自然堆放的煤矸石堆上部粒径较小,热量不易逸出,中、下部粒径逐渐变大,空气容易进入,导致局部热量聚积,引起煤矸石自燃。

3)煤矸石山自燃的特征

矸石山是由大量颗粒状煤矸石堆积形成的,根据矸石山堆积形状、矸石粒级等特点,矸石山自燃具有如下特点:

(1)燃烧时间长,燃烧面积大、分布广,安息角大。

(2)我国各矿区矸石山煤矸石大多数是根据矿区的地理情况自然堆积而成,从而造成矸石山结构疏松,并且由于长期雨水的浸泡、淋溶和自燃造成矸石山表面下层结构疏松,因此造成表面大片的矸石山下沉和边坡的坍塌、滑坡,从而形成许多大的自然裂缝,透气性好。

(3)矸石中硫化铁的含量很高,大量的硫化铁氧化燃烧并蓄热造成燃烧中心温度很高等特点。

(4)矸石山具有一般大体积多孔床燃烧的特点:床内存在燃烧区、燃尽区、预热区和非燃区,最高温度位于燃烧区,燃尽区不断扩大,燃烧带不断转移和扩展放出更多的热量,燃烧强度不断增强;整个燃烧过程不是由化学反应控制,而是由供氧速度控制,许多情况下处于阴燃状态;燃烧带在多孔床的位置取决于产热和散热速率之间的平衡,只有产热速率等于或大于散热速率时,燃烧才可能维持并蔓延;燃烧区总是向新鲜空气进入方向发展;多孔床深部氧气的供应,或靠分子扩散,或靠空气对流。

(5)矸石山燃烧又具有不同于多孔床的一些特点:燃烧发展过程十分缓慢,燃烧厚度比多孔床大,燃烧区域初期具有不连续性;燃烧火区的转移和扩大,主要靠火焰或阴燃传播以及热气流传播等。

4)煤矸石自燃影响因素

影响煤矸石自燃的主要因素有:硫铁矿含量、水分、矸石的粒径和温度等。

(1)硫铁矿在常温下,煤矸石中的硫铁矿被空气氧化并放出能量。如果硫铁矿在煤中呈星状分布,其颗粒与炭物质联结在一起,就更易氧化自燃,因而硫铁矿集中的区域,往往是自燃的中心区。但是,有的煤矸石中,硫铁矿含量很高却不自燃,有的含硫量很低却又非常敏感,这与煤矸石的堆存方式、气候环境、水分的高低等有很大的关系,同时也说明硫铁矿的存在是煤矸石自燃的重要因素,但不是唯一的因素。

(2)水分的影响主要表现在两个方面:其一,水分能促进煤的氧化。雨水、空气中的水分,被煤和含炭有机质表面吸附后产生吸附热,会促进煤和含炭有机质的氧化,这是煤矸石自燃的外因和必要条件。试验证明,当空气中湿度低于15%时,煤矸石的吸氧量随湿度的增加而增加,当煤的湿度增加到10% ~15%时,吸氧量达到最大值。其二,水分能降低煤的着火温度。在一定含水率范围内,随含水率的增加,煤的着火温度下降。当煤的含水率达20%时,其着火温度比干燥时降低80%以上。另外,水分还能加速煤矸石自燃的燃烧速度。因此,当用注水法灭火时,如果注水不充分,反而会加剧矸石山的自燃。

(3)粒径组成在一定程度上决定了煤矸石的透气性。粒径太小,渗入的氧气在矸石堆表面就消耗掉了,难以渗入煤矸石堆深部;粒径太大,氧化产生的热量容易散发,不易引起自燃。研究认为,煤矸石的颗粒平均有效直径在6 ~13mm时,矸石山具有最好的氧化升温及蓄热的条件,产生自燃的可能性最大。

(4)温度。煤矸石的自燃一般经过缓慢反应—自动加速反应—燃烧三个过程。在初始阶段,煤矸石中的硫铁矿和有机质在常温下缓慢反应,放出热量,使煤矸石逐渐升温。当煤矸石达到临界温度时,若燃料和氧气供应充足,燃烧就会稳定地进行。煤矸石自燃的临界温度约为350℃,这对于灭火有着重要的指导意义。

5)防止矸石山自燃的基本途径

要防止煤矸石自燃,就必须破坏他的自燃条件。根据现场实际情况,要通过采取某种措施来改变矸石堆的蓄热条件不太现实,只能通过改变矸石自燃的前两个条件来防止自燃。煤矸石是多种岩石的混合物,其中的可燃物是主要吸氧物质。因此,可从两方面采取措施:尽量减少矸石中的可燃物,如煤、硫铁矿及炭质岩等;设法隔氧,使矸石的氧化反应不能进行。前者主要通过人工挑拣或机械洗选来实现,后者则主要通过改变矸石的堆积条件来实现。

3 煤矸石力学特性

煤矸石是一种特殊的类似于碎石土的粒状体材料。粒状体材料的力学特性受到很多因素的影响,如材料自身的物理性质、应力条件、试验条件等。在试验过程中,任何条件的改变,都可能引起粒状材料力学特性的变化。粒状材料的力学特性是由多种因素综合影响的结果。天然煤矸石存在着明显的颗粒级配缺陷,其粗大颗粒含量较大,细小颗粒比例过低,级配曲线变化比较明显,煤矸石天然堆积呈松散状态,空隙很大。但是煤矸石与一般碎石土不同的是,煤矸石中粗大软岩颗粒在碾压过程中会发生破碎,细粒料含量增加,级配条件不断得到改善,从而有效地提高压实度。煤矸石的颗粒破碎特性对煤矸石的工程性质有很大影响,研究煤矸石颗粒含量与煤矸石工程力学特性之间的关系,对煤矸石的路基施工质量控制指标有着重大的影响。

3.1 剪切强度特征

3.1.1 煤矸石抗剪强度

国内曾模拟现场的直剪试验条件和不同含水条件,对煤矸石进行了室内模拟直剪试验,在相同含水率条件下,煤矸石的内摩擦角 φ 随密实程度的增大而增大,而内聚力 c 却基本不变。

国内外学者提出了多种土的抗剪强度公式,主要有库仑公式、De. Mello 公式、Duncan 公式等,针对煤矸石的本构模型研究甚少。在三轴剪切强度试验的基础上,提出适合煤矸石材料的本构模型与模型参数,是对煤矸石路基进行沉降、边坡稳定数值分析的基础。东南大学所做固结排水三轴剪切强度试验试模的尺寸为 ϕ101mm×200mm,粗料粒径范围 5~20mm。

图 3.1 为东南大学试验得出的粗细混合料不同粗料含量下的应力圆及强度包线。由图 3.1 可见,即使是含有 30%~60% 粗料的煤矸石其强度包线仍呈线性性质。不同围压下的破坏剪应力分别用库仑方程、De. Mello 公式、Duncan 公式进行参数拟合,拟合结果见表 3.1。

粗细混合料煤矸石强度参数拟合表 表 3.1

密度(g/cm³)	粗粒含量(%)	库仑公式	
		参数	相关系数
2.01	30	$\tau = 40.0 + \sigma\tan 33.1°$	0.998 2
2.02	40	$\tau = 37.0 + \sigma\tan 34.0°$	0.997 9
2.03	50	$\tau = 29.0 + \sigma\tan 35.2°$	0.999 1
2.01	60	$\tau = 20.0 + \sigma\tan 36.0°$	0.998 9
密度(g/cm³)	粗粒含量(%)	De. Mello 公式	
		参数	相关系数
2.01	30	$\tau = 1.310\,0\sigma^{0.875\,0}$	0.998 0
2.02	40	$\tau = 1.112\,0\sigma^{0.910\,3}$	0.999 1
2.03	50	$\tau = 1.013\,2\sigma^{0.923\,0}$	0.999 8
2.01	60	$\tau = 1.385\,0\sigma^{0.914\,0}$	0.999 4

续上表

密度(g/cm^3)	粗粒含量(%)	Duncan 公式	
		参数	相关系数
2.01	30	$\tau = 43.0 - 11.2\lg(\sigma_3)$	0.931 1
2.02	40	$\tau = 40.0 - 10.1\lg(\sigma_3)$	0.939 2
2.03	50	$\tau = 39.4 - 7.5\lg(\sigma_3)$	0.987 6
2.01	60	$\tau = 42.3 - 10.9\lg(\sigma_3)$	0.761 1

注:Duncan 公式中,σ_3 的单位是 Pa。

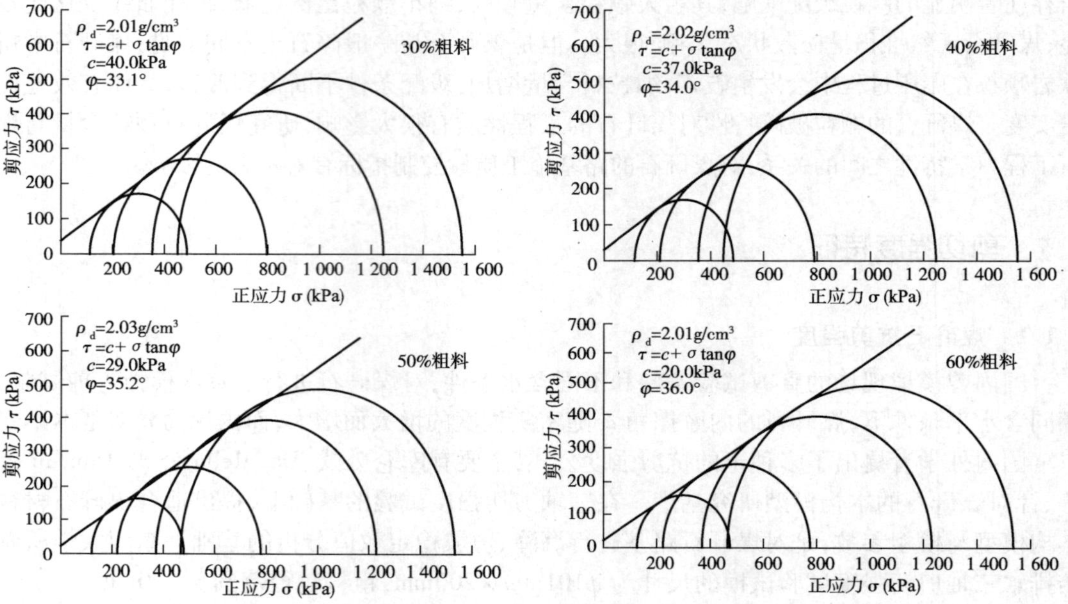

图 3.1 粗细混合料不同粗料含量下的应力圆及强度包线

由表 3.1 可见:库仑公式与 De. Mello 公式拟合,其相关系数均在 0.998 0 以上;Duncan 公式拟合,其相关系数相对较低,但也在 0.900 0 以上。考虑到煤矸石中可能含有一定量的细颗粒,且颗粒间存在黏聚力,De. Mello 公式虽然拟合性较好,但其公式中不能反映出粒间黏聚力。因此,对于围压小于 500kPa 的情况,煤矸石的强度包线用直线近似,强度公式采用库仑公式。

$$\tau_f = c + \sigma\tan\varphi \tag{3.1}$$

式中:c——凝聚力;

φ——内摩擦角。

3.1.2 煤矸石抗剪强度随粗粒含量的变化

煤矸石的强度特性是由细料、粗料特性以及粗细料比例所决定的。在粗料含量小于 30% 时,煤矸石的强度特性主要由细料的特性所决定;在粗料含量大于 60% 后,煤矸石的强度特性主要由粗料的特性所决定;当粗料含量为 30% ~60% 时,煤矸石的强度特性受细料、粗料特性共同影响。

图 3.2 为东南大学所做的煤矸石强度参数随粗料含量变化情况相关试验。由图 3.2 可见,在粗料含量小于 30% 时,其强度参数基本与细料的强度参数相当;随着粗料含量的增加,煤矸石黏聚力开始降低,而摩擦角开始增加;当粗料含量增加到 60% 后,细料不能填充粗料孔隙,粗料开始形成架空结构,若要达到一定的密度,必有一定的粗料破碎以形成密实、稳定的结构,粗料越多,颗粒破碎量越大,故黏聚力与摩擦角基本不再变化。

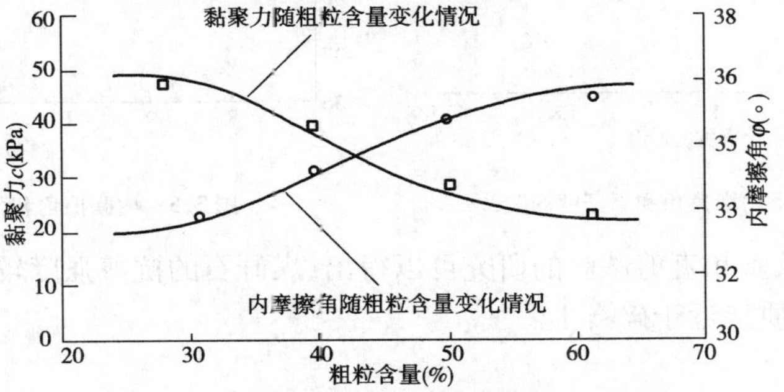

图 3.2 煤矸石强度参数随粗料含量变化情况图

3.1.3 抗剪强度随干密度和含水率的变化情况

1)干密度对抗剪强度指标的影响

已有研究结果表明,煤矸石的岩性、颗粒级配、干密度和含水率都可能对抗剪强度产生影响。当粗粒含量小于 30% 时,其强度参数基本与细粒料的强度参数相当。在粗粒含量增加的条件下,内摩擦角随粗粒含量呈比例增长,黏聚力随粗粒含量呈比例减小。煤矸石的三轴不排水剪切试验表明:在含水率一定的条件下,随着干密度的增大,煤矸石的黏聚力和内摩擦角均有不同程度的增加。干密度从 1.48g/cm^3 变化到 1.80g/cm^3,内摩擦角 φ 由 37.2°提高到 42.1°,详见图 3.3。

除三轴剪切试验以外,国内专家还专门研究了粒径在 2mm 以下的细颗粒煤矸石的抗剪强度特性,在室内进行了不同干密度下煤矸石的直剪试验。试验采用应变控制式直剪仪,试验方法为固结快剪,垂直压力分别取 100kPa、200kPa 和 300kPa。

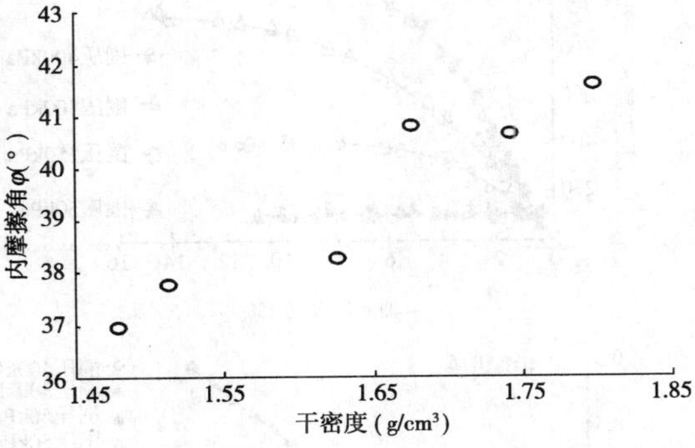

图 3.3 内摩擦角和干密度的关系

根据煤矸石的固结快剪结果,不同干密度下煤矸石的内摩擦角的变化趋势见图 3.4 所示。试验结果表明,在含水率和垂直有效应力一定的条件下,随着干密度的增大,煤矸石的抗剪强度也逐渐增加,其内摩擦角 φ 随干密度近似呈线性增长。因此,为提高煤矸石路基的稳定性,应保证压实过程中的密度要求。

2)含水率对抗剪强度指标的影响

根据煤矸石的不固结不排水剪切试验结果,在干密度一定的条件下,煤矸石的抗剪强度指标有随含水率增加而降低的趋势。对应 1.62g/cm^3 的干密度,当煤矸石的含水率由 7% 增加到 13.5% 时,其内摩擦角 φ 由 42°降低到 37.5°,降低近 11%(图 3.5)。

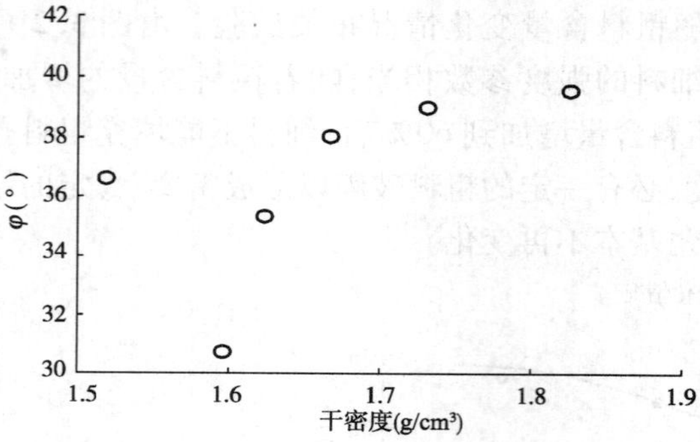

图 3.4　直剪条件下内摩擦角和干密度的关系

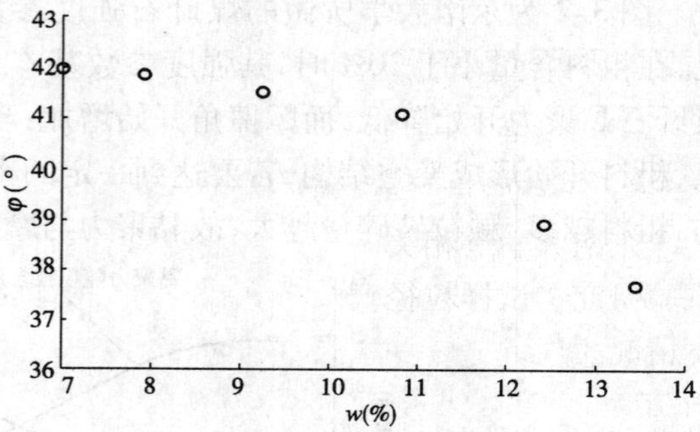

图 3.5　内摩擦角和含水率的关系

根据以上三轴试验和直剪试验的研究可以得出，煤矸石的抗剪强度较高，可以满足路基工程的要求，其工程性质接近于碎石土。

3.1.4　变形特征

图 3.6 为不同粗料含量试样的应力应变曲线。各曲线呈现双曲线的形态。应力应变曲线主要为硬化型，只有高密度、低围压下，粗颗粒多，才出现应变软化形态。由于粗颗粒较软，容易破碎，且一般含有一定细颗粒，所以即使有剪胀现象，主应力差的峰值强度与峰值后的残余强度相差也较小。应力应变曲线在 $\xi_a/(\sigma_1-\sigma_3)$—$\xi_a$ 坐标中与直线很接近（图 3.6），故此，对于煤矸石其应力应变曲线可以用双曲线来拟合，如下式所示：

$$\frac{\xi_a}{\sigma_1-\sigma_3}=a+b\xi_a \tag{3.2}$$

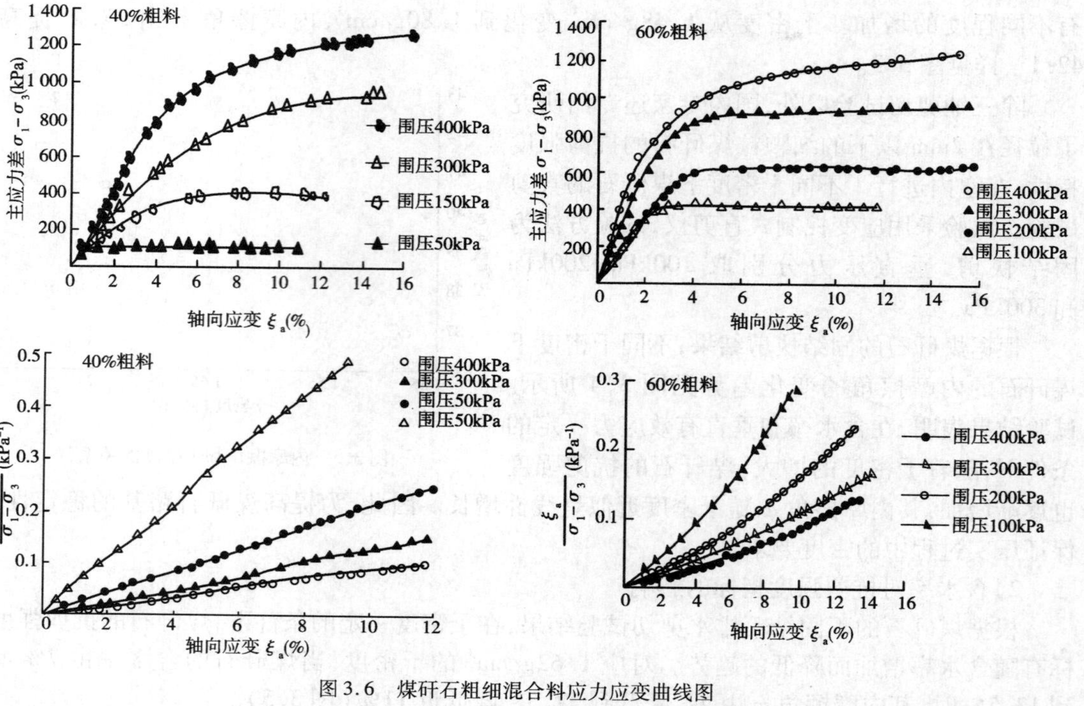

图 3.6　煤矸石粗细混合料应力应变曲线图

3.2 动强度特征

3.2.1 试样制备和试验仪器

东南大学等相关研究人员采用固结不排水中型动三轴试验，对煤矸石的动力特性等进行试验研究。试样粒径范围为 $0.5\text{mm} < d < 5\text{mm}$，制样密度 ρ_d 为 1.75g/cm^3，与常规三轴的中密度情况相当；试样尺寸为 $\phi 39.1\text{mm} \times 80\text{mm}$；试样在周围压力 σ_3、轴向压力 σ_1 下固结，试验时固结应力比 $k_c(\sigma_1/\sigma_3)$ 分别为 1.0、1.5、2.0，然后在不排水条件下施加轴向激振力。激振力的频率为 1Hz，累积轴向应变达到 5% 作为破坏标准，各向等压固结情况下，采用孔隙水压力达到周围压力作为破坏标准。试验仪器采用 DCJ-78N 型动三轴仪。

3.2.2 试验结果及分析

1）轴向累计应变与振次关系

图 3.7 为煤矸石在动荷载作用下累计轴向应变与振次的关系。由图 3.7 可见，轴向应变的累积可分为 3 个阶段：

(1) 初始阶段，该阶段累积轴向应变随振次的增加而增加较快；

(2) 稳定阶段，该阶段累积轴向应变随振次的增加而增加放缓，逐渐稳定；

(3) 加速阶段，该阶段累积轴向应变随振次的增加而增加率急剧增大，一直达到破坏。

一般动应力越大，稳定阶段越短。累积轴向应变随振次增加而增大。

由图 3.7 还可见，在加速阶段以前，累计轴向应变与振次对数之间有较好的线性关系，即累计轴向应变可表示成 $\varepsilon_L = a + b \cdot \lg N$（其中 N 为振次）的形式。

2）动强度特征

根据轴向累积应变达到 5% 作为破坏标准（或孔隙水压力达到周围压力 $k_c = 1.0$），可以得到动剪应力（$\tau_d = \sigma_d/2$）与振次的关系，如图 3.8 所示。由图 3.8 可见，随动剪应力的降低，破坏振次增加；并且随固结比的增加，相同破坏振次的动剪应力也增加。

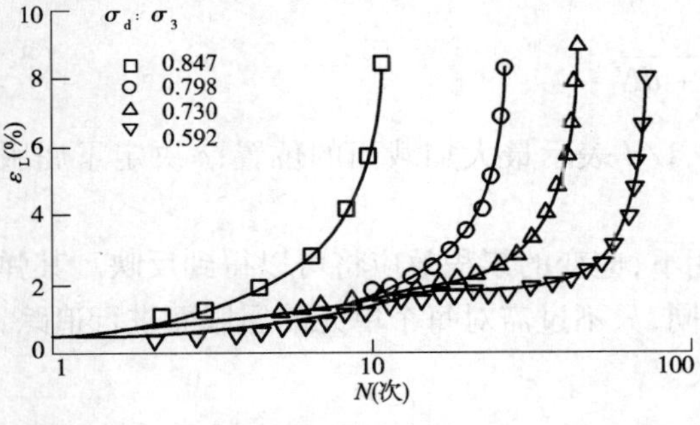

图 3.7 累计轴向应变与振次的对数关系（$k_c = 1.5$）

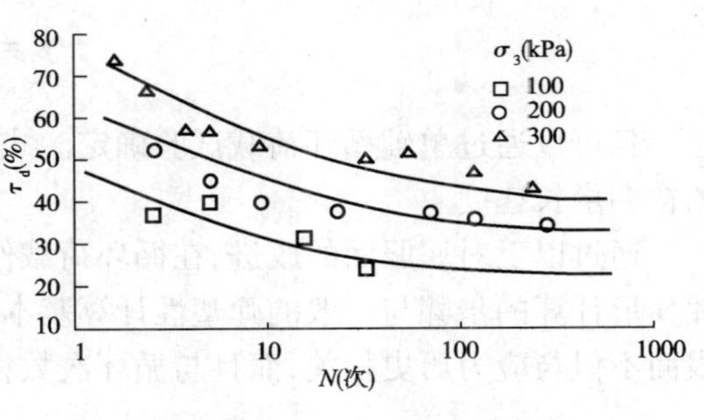

图 3.8 动剪应力与振次对数关系（$k_c = 1.0$）

不同破坏振次下的强度包线差别不大，但对于不同的固结应力比，强度包线差别较大，随固结应力比的增加，动强度 φ_d 增加较快，但 c_d 减小。另外，动强度较静强度低。

3.2.3 煤矸石在循环荷载下的变形特点及弹塑性本构关系

双曲线模型在土体动力分析中应用广泛，但它没有考虑塑性变形的积累。而实际中，土体的塑性变形积累是土体的重要特性,土体在往复荷载的作用下这一点表现得尤为明显。东南大学相关专家根据循环荷载下煤矸石的变形特点,建立了其在循环荷载作用下的弹塑性模型。

研究结果表明,土样随振动次数的增加,轴向应变逐渐累计。在加速变形阶段以前,土样的变形表现出以下情形:随振动次数增加,累计轴向应变与振动次数对数之间可用公式 $\varepsilon_L = a + b\lg N$ 来描述。

国内外相关文献中,其他类土体在循环荷载作用下,应变累积具有和煤矸石相似的规律,但由于其他类土体强度、孔压增长的不同,单次累积应变的大小存在区别。在相同大小的循环荷载下,土体的强度越低,单次累计的应变越大,在应力应变曲线上反映为卸载后再加载模量相对较小。

对于经典的塑性理论模型,由于定义了一个屈服面,在屈服面内完全弹性。对于单一屈服面的模型,无法模拟周期性荷载所引起的振陷变形。

考察常规三轴的加卸载曲线与动三轴曲线,循环荷载下的确存在着应变的累积现象,并且随循环次数的增加,单次的累积量在逐渐减少。荷载循环下应变的累积主要原因是:应力所达到的最大面,即最大的加载面要大于屈服面。若没有应力历史的材料,其屈服面在应力空间趋近于零点;在首次加载过程中,随着塑性应变的增加,加载面要带动屈服面扩大,加载面一般要大于屈服面,两面并不重合,应力点始终在加载面上;应力达到最大后,加载面达到最大;卸载过程中由于没有新的塑性应变产生,屈服面不变,加载面缩小;全部卸载后,加载面缩至零点;再加载过程中,加载面扩大,若加载面小于屈服面,不出现新的塑性变形,屈服面不动,当加载面大于屈服面后,将出现新的塑性变形,屈服面将扩大。如此往复,屈服面向最大加载面靠近。

根据循环荷载下软黏土的室内动三轴变形特性,采用屈服面不变,而弹塑性模量随循环次数的对数逐渐向弹性模量靠近的方法来描述该特性。

屈服面的位置变化可以近似用双曲线来描述,即:

$$\gamma = \frac{N}{c + dN} \tag{3.3}$$

且可以通过单轴循环荷载试验确定。式中,$1/d$ 表示最大加载面的位置;c 决定了屈服面的初期增长速度。

通过以上对屈服面的改进,在循环荷载作用下,应变的累积效应将可以得到反映。其弹塑性变形计算的步骤与一般的弹塑性计算基本相同,只不过需对每个单元的屈服面进行追踪,屈服面不但与应力历史相关,而且与循环次数相关。

3.3 抗压强度特征

国内有关专家为查明煤矸石块体的抗压强度,在 YE-200A 液压式压力试验机上完成了 10 组抗压强度试验。试样尺寸为 ϕ50mm × 100mm。煤矸石块体的抗压强度试验结果(表 3.2)表明,煤矸石的抗压强度变化范围较大,这主要和岩石的风化程度和结构有关。

煤矸石的抗压强度　　表3.2

状态	统计个数	变化范围(MPa)	平均值(MPa)	标准差(MPa)	变异系数(%)
干	30	30.0~147.5	88.3	34.13	0.38
饱和	30	20.1~120.3	67.5	28.99	0.42

从饱和单轴抗压强度的数值分析,以粗砂岩的强度最低,变化于20.1~45.5MPa,平均值30.2MPa,饱和单轴抗压强度标准值21.4MPa,其坚硬程度属较软岩和较硬岩范围。

相比之下,粉砂岩和细砂岩的饱和单轴抗压强度变化于38.2~120.3MPa,平均值为76.8MPa,其坚硬程度属较硬岩和坚硬岩范围。各组岩石饱和单轴抗压强度的分布情况见图3.9。取置信概率为95%,煤矸石块体饱和单轴抗压强度分布如图3.9所示。

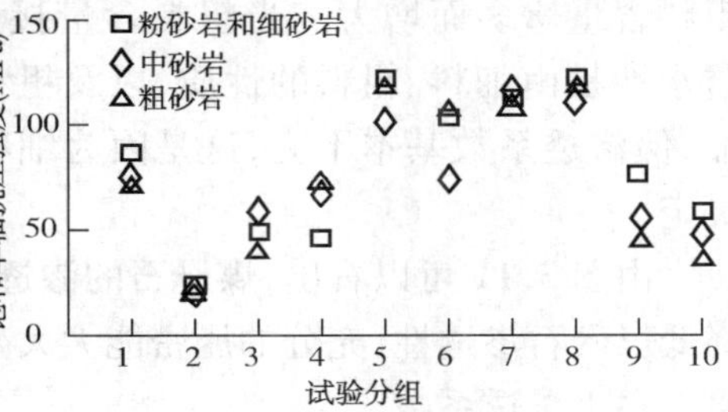

图3.9　饱和单轴抗压强度的分布

统计修正系数　　$\psi = 1 - \left(\frac{1.704}{\sqrt{n}} + \frac{4.678}{n^2}\right)\delta = 0.867$

饱和单轴抗压强度标准值　　$f_{rk} = \psi f_{rm} = 0.867 \times 67.5 = 58.5$(MPa)

总体分析,煤矸石的饱和单轴抗压强度均不小于20MPa,除少数较软岩石外,多数为较硬岩石,适宜路基的填筑。

3.4 渗透性

渗流是水流流过土体颗粒间空隙的一种现象。一般用渗透系数反映土体的渗透能力。材料的渗透性质指标和水利、土木工程关系密切,对于工作在露天环境的道路工程,煤矸石材料的渗透性是工程应用必须考虑的问题。

3.4.1 煤矸石的野外渗透试验

辽宁工程技术大学专家采用单环法测定煤矸石在自然堆积条件下的渗透系数。单环为直径50cm,高30cm的铁环,圈定的面积为2 000cm^2。试验过程中始终保持环内水柱高度为10cm。由于煤矸石的渗透系数较大,试验采用固定流量、观测渗透时间的方法求得渗透速度,用最终稳定流量计算渗透系数K。试验结果见表3.3。

煤矸石天然渗透试验结果　　表3.3

试验编号	1	2	3	4	5	6	7
渗透系数(10^{-2}cm/s)	6.83	13.67	2.64	1.46	1.67	15.32	14.80

由试验数据可知,自然堆积条件下,煤矸石的渗透系数较大,变化于10^{-2}~10^{-1}cm/s量级,透水性能良好,自然堆积条件下的煤矸石属于强透水材料。

3.4.2 煤矸石的室内渗透试验

1)粗料含量对渗透系数的影响

东南大学有关专家利用长水头试验仪,进行煤矸石的长水头渗透试验。试验结果表明:煤矸石的渗透性随粗细料含量的不同而变化,即与颗粒的击实破碎及冻融破碎特性有关,见图3.10。从图可见,在粗料含量少于30%时,渗透系数基本不变,此时渗透系数主要由细料性质所决定。由于软岩成分多为泥岩、泥质页岩、泥质砂岩,分解的细颗粒较细,渗透系数接近 10^{-6}cm/s,属于弱透水性。粗料含量在30%~60%之间,粗粒土的渗透系数随粗料含量增多而增大。当粗料含量接近60%时,渗透系数接近 10^{-3}cm/s,透水性良好,其透水性是由细料、粗料的性质,以及粗料含量决定的。粗料含量大于60%后,粗料的含量增加,但渗透系数基本不变,这是因为细料不能充填粗料的空隙,渗透系数主要由粗料的性质决定。

由图3.11可以看出,煤矸石的渗透性与压密程度有关,通过击实提高干密度可以有效地降低煤矸石渗透性,充分的压密能大大减小煤矸石的渗透性,干重度大于2.0时,其渗透系数接近黏土渗透系数。

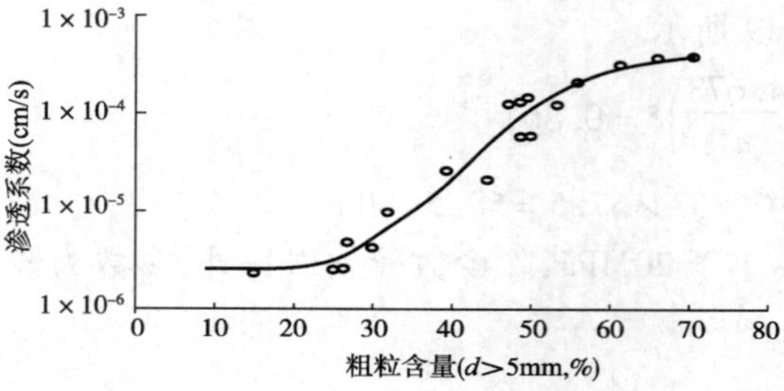

图3.10 煤矸石渗透系数与粗粒含量关系

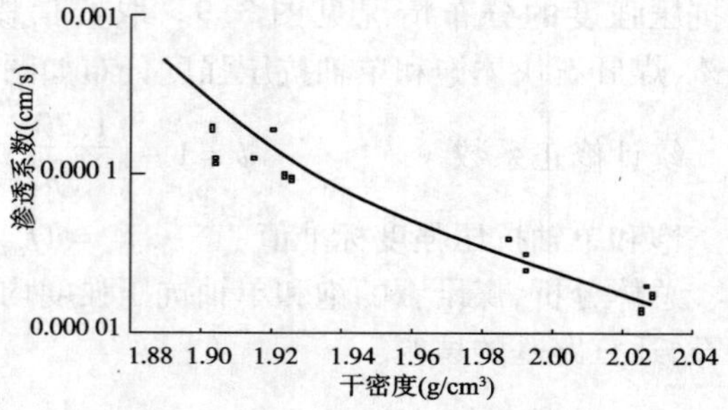

图3.11 50%粗料渗透系数与粗粒含量关系

姜振泉等人的研究表明:在煤矸石中添加一定比例的细颗粒含量,有助于煤矸石压密性的改善与渗透性的降低。表3.4为自然矸石、添加20%黏土煤矸石、添加20%粉煤灰煤矸石在相近密实度情况下,多次试验平均渗透系数情况,3种试样结果的差异更明显。对于粗粒含量过大的煤矸石,确实很难达到压实质量标准的,可适当掺加黏土或者粉煤灰等细料。

不同煤矸石试样与渗透系数关系 表3.4

试样种类	干密度(g/cm^3)	渗透系数(cm/s)
天然煤矸石	1.78	7.433×10^{-2}
添加20%黏土	1.83	1.253×10^{-3}
添加20%粉煤灰	1.80	8.163×10^{-3}

2)加压渗透试验

煤矸石的渗透性与压密程度、细小颗粒的含量有关,充分的压密能大大减小煤矸石的渗透性。为模拟现场条件下煤矸石所处的应力状态,根据煤矸石的天然级配特征,国内相关专家专门加工制作了可完成加压渗透的试验装置。渗透容器直径101mm,高度70mm,可直接放置在固结仪上完成相关试验。试验前,将允许粒径以下的煤矸石分层装入容器,每层厚2~3cm,用木锤轻轻击实到一定厚度,以控制试样的孔隙比。试验垂直压力分别取100kPa、200kPa、300kPa和400kPa。各试样对应的装样干密度见表3.5。

加压渗透试样的干密度 表 3.5

土样编号	YS1-1	YS2-1	YS3-1	S1-1	S2-1	S3-1
干密度(g/cm^3)	1.57	1.63	1.69	1.66	1.60	1.68
初始孔隙比(%)	0.707	0.599	0.584	0.563	0.627	0.546

试样的颗粒级配组成见图 3.12。

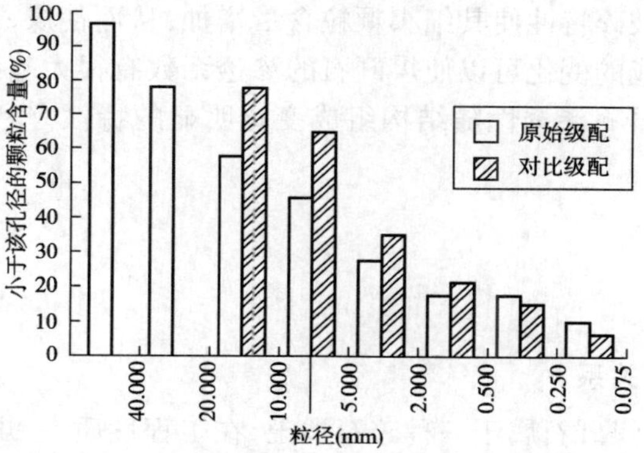

图 3.12 加压渗透试验中试样的两种级配组成

对应表 3.5 中 6 种不同的干密度,煤矸石的加压渗透试验结果见表 3.6。

标准水温时煤矸石的渗透系数($\times 10^{-4}$cm/s) 表 3.6

试验编号	垂直有效应力(kPa)					备注
	0	100	200	300	400	
YS1-1	450.0	340.0	300.0	273.0	260.0	原始级配
YS2-1	320.0	260.0	240.0	223.0	210.0	
YS3-1	201.0	180.0	180.0	168.0	160.0	
S1-1	18.2	13.0	7.8	7.3	5.9	对比级配
S2-1	38.0	24.0	12.0	8.5	7.2	
S3-1	21.0	11.0	6.8	5.7	4.6	

煤矸石的加压渗透试验表明:煤矸石的渗透系数随固结应力的增加而降低,随孔隙比的增加又表现为逐渐增大的趋势。保持煤矸石的原始颗粒级配条件,在各级压力作用下,煤矸石的渗透系数均在 10^{-2}cm/s 量级,渗透性能良好。随着粗大颗粒含量的减小(粒径小于 5mm 颗粒的含量由 40% 提高到 60%),煤矸石的渗透系数明显降低,渗透系数变化于 $10^{-4} \sim 10^{-3}$ cm/s 量级。因此,煤矸石中细小颗粒的含量对其渗透性影响较大。煤矸石的渗透系数和孔隙比之间存在比较明显的指数关系。

专家结合现场和室内渗透试验对影响煤矸石渗透性的因素进行分析。鉴于矸石块度大小、级配的无规律性,自然堆积形成的矸石块与块之间的接触方式、充填物、孔隙率等结构特征是影响渗透系数大小的主要因素,而和密度无相关性。孔隙率高的渗透系数大,反之则小。

对于粗大颗粒含量比较高(60% 以上)的煤矸石,密度主要受控于粗大颗粒之间的排列方式,压密过程只是导致了粗大颗粒的接触由松散趋于紧密,不会引起颗粒之间联结性质的改变。由于粗大颗粒的支撑作用，充填其间隙的细颗粒得不到有效压实，在渗水作用下易发生渗透变形。因此，在粗大颗粒不破碎的条件下，煤矸石即便得到充分压实，仍会保持良好的渗透性。如淮南矿区新庄孜煤矿煤矸石隔离堤的顶部，经过来往车辆的长期碾压，堤面以下60cm深度范围煤矸石的干密度在2.03～2.05g/cm^{3}的密实程度下，仍保持良好的渗透条件，实测的平均渗透系数保持在(3.6～4.1)×10^{-2}cm/s的较高水平。

总之，煤矸石的结构组成，尤其是细小颗粒的含量，对煤矸石的渗透性有显著的影响。压实作用下煤矸石的颗粒破碎特性使其细小颗粒含量增加，从而使煤矸石在强度增大的同时渗透性显著减小。结构组成的变化可以使煤矸石的渗透系数有很大范围的变化（从强透水材料变化至不透水材料），煤矸石渗透性随结构组成变化明显的特性有利于其作为建筑材料为路基工程所用。

3.5 水稳性

3.5.1 强度和含水率的关系

根据粒度分布特点，煤矸石属于一种碎石类土，在工程性质上，煤矸石比一般的碎石类土相对较差，存在水稳性较差的特点，主要反映在其强度条件和变形性对于含水率的变化有较强的敏感性。煤矸石的这种特性与其物质成分和岩性构成特点有关，煤矸石中的软岩、残留煤、有机质、有机硫等物质的分解或氧化都会影响煤矸石的密度和结构状态，从而导致过量的压缩变形和强度的降低。

东南大学曾对级配良好的($C_u>20$)煤矸石进行压缩试验，浸水饱和后，煤矸石的压缩性增大，由低压缩性变为中压缩性；但随着上部压力的增大，其抗压缩的能力在逐渐提高，当上部压力达一定值后基本上又为低压缩性土。

图3.13为三轴试验所得的煤矸石强度参数与含水率关系。由图可见，煤矸石强度参数随含水率的增加，强度参数c、φ显著减小。可见煤矸石的强度对水比较敏感，但随煤矸石中细颗粒含量的减少，煤矸石对水的敏感性将降低，而在压实作用下，随颗粒破碎，水敏性将增大。所以对于煤矸石的路基，防止水进入及有效的排水措施非常重要。

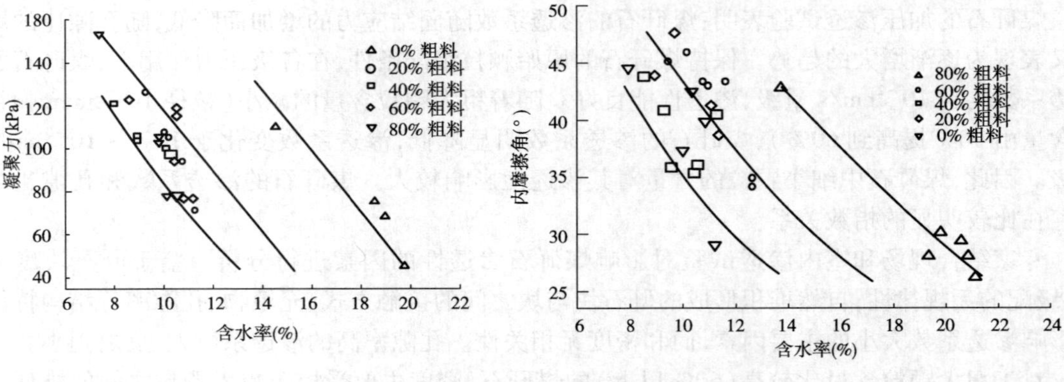

图3.13 强度参数和含水率关系

3.5.2 煤矸石块体的软化系数

软化系数反映煤矸石耐风化、耐水浸能力。煤矸石块体的软化系数试验结果见表3.7。

煤矸石的软化系数 表3.7

统计个数	变化范围	平均值	标准差	变异系数
30	0.55～0.91	0.76	0.101	0.13

从试验结果可知,煤矸石块体受岩性和结构组成特征的影响,软化系数变化于0.55～0.91,以其平均值评价,煤矸石块体应属非软化岩石。其中,黑色、浅颜色的粉砂岩和细砂岩煤矸石为非软化岩石,而中砂岩、粗砂岩矸石为软化矸石。易软化岩石占试验总量的43%,软化系数变化于0.55～0.73MPa之间,平均值为0.66MPa。各类岩石的软化系数分布情况见图3.14。

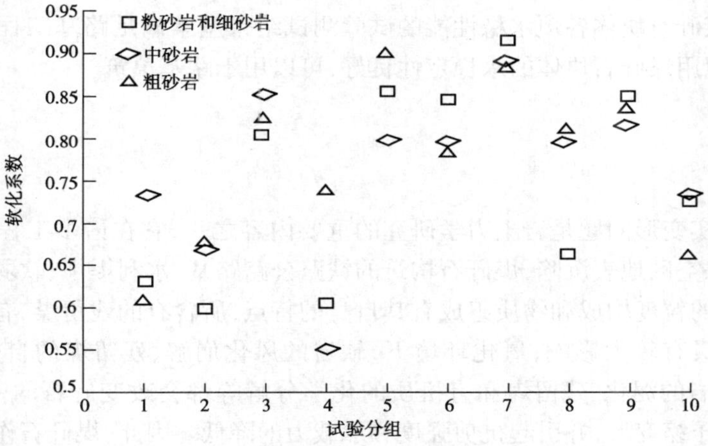

图3.14 煤矸石的软化系数

3.5.3 煤矸石块体的耐冻性

煤矸石的普通饱和吸水率 w_a 在0.03%～3.5%之间,饱和吸水率 w_{sa} 在0.10%～3.95%之间,变化范围较大。煤矸石的饱和系数统计结果见表3.8。

煤矸石的饱和系数 表3.8

统计个数	变化范围	平均值	标准差	变异系数
30	0.30～0.91	0.59	0.223	0.38

如果以饱和系数 K_w 判定岩石的耐冻性,对于孔隙均匀的岩石,则浅颜色的煤矸石块体均属于不耐冻岩石($K_w \geq 0.8$),而黑颜色的煤矸石属于耐冻岩石($K_w < 0.8$)

3.5.4 煤矸石的耐崩解性

根据煤矸石的耐崩解性指数将其耐崩解能力分为很低(<30%)、低(30%～60%)、中等(60%～85%)、中高(85%～95%)、高(95%～98%)和很高(>98%)6个级别。

为分析煤矸石的耐崩解性质,室内采用干燥和浸水两个标准循环测定煤矸石的耐崩解性指数,试验结果见表3.9。

煤矸石的耐崩解性指数　表3.9

岩性	耐崩解性指数(%)	耐崩解性评价结果
灰黑色粉砂岩	96	高
灰黑色细砂岩	89	中高
灰褐色细砂岩	94	中高
黄白色粗砂岩	83	中等

试验结果表明,除黄白色粗砂岩的耐崩解性相对较差外,其余各深颜色砂岩、粉砂岩的耐崩解性指数均较大,水稳性较好。相比之下,页岩煤矸石大多数已经风化成0.075mm以下的细颗粒,含量不大,对煤矸石路基的水稳性非常有利。

综上所述,煤矸石块体各项水稳性能的试验测试结果基本满足路基工程材料的水稳定性要求,表明本次拟用煤矸石块体的水稳定性良好,可以用于路基填筑。

3.6 压缩性

煤矸石的压实变形问题是岩土力学研究的重要内容之一,它在诸多工程领域有着重要的意义。例如:老采空区地表沉陷,煤矸石构筑的铁路公路路基、水利堤坝、软弱地基垫层变形量估计等。煤矸石的粒度构成和物质组成有其自身的特点,所含有的残留煤、有机质及软岩等成分对其工程性能具有较大影响,氧化环境下,软岩的风化崩解、残留煤的自燃、有机质的"灰化",或浸水后软岩的泥化、残留煤和有机质的化学分解等都会改变矸石的密度和结构状态,从而导致过量的压缩变形,并引起抗剪强度和承载力的降低。因此,煤矸石作为路基充填材料利用,对防风化和防渗处理有较高的要求,这需要通过充分的压密来解决。良好的压密状态能够有效防止煤矸石中不稳定成分发生物理或化学作用,使煤矸石的工程性质保持稳定。所以,压密处理是煤矸石工程利用的重要技术环节。

根据土力学的基本原理,土的颗粒级配是制约其压密性的内在要素。天然煤矸石在粒度构成上属于碎石类土,其颗粒级配具有粗大矸块含量比例过高和细小颗粒含量比例过低的特点,这种颗粒级配是影响煤矸石固结压密性的主要物质缺陷。然而,煤矸石的岩性特征使其在压密性上与一般的碎石土表现有实质性差异,国外煤矸石现场压密试验和实际工程利用方面的相关资料表明,天然煤矸石的颗粒级配缺陷能够在压密过程中得到有效改善,有学者将煤矸石的这种压密性称之为"破碎压密"。破碎压密的重要作用在于对煤矸石原有级配缺陷进行改良,煤矸石在压密过程中,矸块经过破碎—压密—再破碎—再压密的渐进压密作用,粗矸块比例降低,细小颗粒比例提高,从而使煤矸石的颗粒级配逐步得到改善。

压密固结程度对煤矸石工程性质的稳定性有直接影响,煤矸石的水稳性可通过充分的压密得到改善。所以,煤矸石工程应用对压密程度要求相对较高,不但要求结构性的压实,而且对防渗、防风化有一定要求。德国、英国、荷兰及美国等一些煤矸石工程利用程度较高的国家在这方面大都制定有相应的技术标准。

粒度成分是影响煤矸石压密性的重要因素。根据国外一些学者用不同类型煤矸石所做的现场模拟压密试验结果，得知煤矸石可压密程度与粒度分布特点密切相关。Michalski 对比分析了不同压密条件下煤矸石的粒度分布特点与压密程度之间的关系后发现，煤矸石的可压密度与矸石粒度分布特征参数 C_u（不均匀系数）之间在量值上表现有很强的关联性，C_u 越大，矸石可压密的程度就越高。

在 Michalski 等人的研究基础上，姜振泉等人用不同粒度级配的矸石进行了压密和渗透试验。试验结果表明，影响煤矸石固结性的主要级配缺陷不是粒度分布的均匀程度，而在于细小颗粒的含量，如果适当提高矸石中的细小颗粒的含量比例，其固结特性就可以得到明显改善。

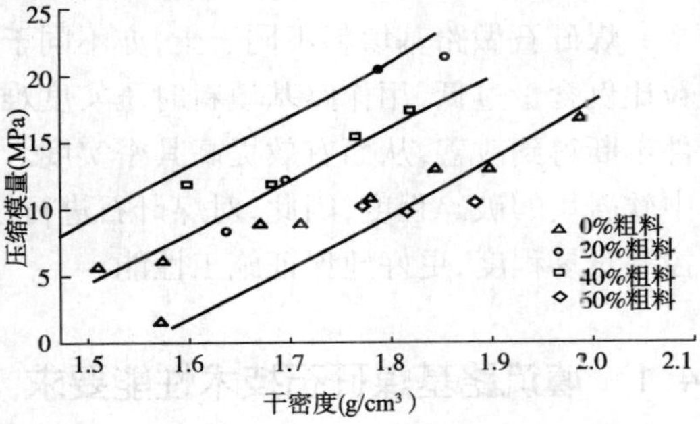

图 3.15 煤矸石压缩性与干密度关系曲线图

压缩模量是物体在受单向或单轴压缩时应力与应变的比值。实验上可由应力—应变曲线起始段的斜率确定。图 3.15 为饱和情况下细料煤矸石（$d<5$mm）压缩模量与干密度的关系。由图可见，随着煤矸石密度的增加，煤矸石的压缩模量增加。当煤矸石密度较大时（相当于压实度在 93% 以上），饱和状态下的压缩模量可达 15MPa 以上，属于低压缩性。

4 煤矸石填筑路基技术指标与路用性能

煤矸石做路基填料不同于土，亦不同于碎石土，天然煤矸石的粗大矸块比例过高，细小颗粒比例含量过低，用作路基填料时压实度难以控制，但是在压实过程中，岩块会破碎，使级配条件不断得到改善，从而有效提高其密实度。煤矸石的压实效果从很大程度上取决于压实过程中软岩块的破碎程度，因此，对煤矸石进行技术指标和性能试验研究，可以改善煤矸石的施工控制难易程度，更好地保证施工性能。

4.1 填筑路基煤矸石技术性能要求

根据《公路路基施工技术规范》(JTG F10—2006)和《公路路基设计规范》(JTG D30—2004)对路基填料的要求，结合对煤矸石的调研工作，作为填方路基材料的煤矸石应该从级配、力学指标、稳定性上满足以下要求。

4.1.1 煤矸石路基级配要求

路基填筑对填料级配要求不是十分严格，但一定要保证填料密实。对煤矸石来说，有以下几点要求：

(1)修建公路，稳定和沉降是技术上的两大难题，其中，稳定性问题又是最基本的问题，关系着工程的安全、施工进度、工程质量等。因此，从承载力和稳定性上来讲，煤矸石填筑路基必须具有好的承载力以及高的稳定性。这就要求采用硬质煤矸石，对煤矸石来说，存放5年以上的才能满足要求，且严禁使用泥结煤矸石；泥结煤矸石遇水后强度迅速下降，导致路基承载能力下降，在荷载的作用下，容易发生失稳事故，直接影响道路使用性能。

(2)一般矿区的煤矸石是由各种粒径的颗粒组成，各粒径所占数量由于各地区、年代的差异没有固定的比例关系。而采用具有一定厚度和严格级配要求的优质级配碎石作为基层，一方面在很大程度上能够防止和减少裂缝的产生，另一方面级配碎石基层还能起到排水基层的作用。

自然级配较好的煤矸石经过碾压后能形成致密结构，适用于路基填方；注意碾压要达到要求的密实度；自然级配差、大颗粒所占比例较大的煤矸石不宜直接用作路基填料，但可经过破碎处理或掺拌粉性土改良后使用。

(3)路基压实度质量的控制至关重要。压实度不达标是造成路面破损、使用状况差、通行能力差、交通事故多的主要原因。只有对路基结构层充分压实，才能保证路基强度、刚度及平整度，保证及延长路基、路面的使用寿命。

对于压实度为96%的煤矸石路基，填筑最大粒径不得大于100mm，对于压实度为94%的煤矸石路基,填筑最大粒径不得大于层厚的2/3,不宜超过200mm;路基含水率控制在最佳含水率的±2%。

4.1.2 煤矸石路基力学指标

煤矸石力学指标主要有压碎值、塑性指数、单轴抗压强度、承载比CBR。煤矸石的物理化学变化十分复杂,对路基的稳定性存在潜在危害,在煤矸石路基施工中对原材料外观变化明显的地方,宜通过以上几个重要的试验指标对煤矸石原材料进行质量控制。

依据路基规范中对填石路基压碎值的要求,煤矸石作高速公路路基填料时的压碎值宜不大于30%;承载比CBR值不小于8%;石料单轴抗压强度不应小于15MPa。路床填料应均匀、密实,并符合表4.1和表4.2的规定。

路床土最小强度和压实度要求 表4.1

项目分类	路面底面以下深度(m)	填料最小强度(CBR)(%)			压实度(%)		
		高速公路、一级公路	二级公路	三、四级公路	高速公路、一级公路	二级公路	三、四级公路
填方路基	0~0.3	8	6	5	≥96	≥95	≥94
	0.3~0.8	5	4	3	≥96	≥95	≥94

注:①表列压实度系按《公路土工试验规程》(JTG E40—2007)重型击实试验法求得的最大干密度的压实度。

②当三、四级公路铺筑沥青混凝土和水泥混凝土路面时,其压实度应采用二级公路的规定值。

路堤填料最小强度要求 表4.2

项目分类	路面底面以下深度(m)	填料最小强度(CBR)(%)		
		高速公路、一级公路	二级公路	三、四级公路
上路堤	0.8~1.5	4	3	3
下路堤	1.5以下	3	2	2

注:①当路基填料CBR值达不到表列要求时,可掺石灰或其他稳定材料处理。

②当三、四级公路铺筑沥青混凝土和水泥混凝土路面时,应采用二级公路的规定。

4.1.3 煤矸石路基稳定性要求

(1)煤矸石具有潜在的不稳定性,具有膨胀性的煤矸石用于路基填筑时,在道路使用期内煤矸石路基会发生膨胀,导致面层开裂。所以根据路基填料中对膨胀土的使用规定,煤矸石用于路基填筑时,颗粒自由膨胀率应小于40%,且有膨胀性的煤矸石占混合填料的比例不得大于50%。若无条件掺用粉煤灰,可用黏土来代替。黏土塑性指数以7~15为宜,不含腐殖质和杂物,黏土使用前用0.15mm筛过筛,必要时应使用黏土掺填,路基包边土不得使用膨胀土。

(2)煤矸石化学组分决定了煤矸石的长期稳定性能,为了保证路基填料的稳定性,煤矸石矿物中SiO_2、Al_2O_3、Fe_2O_3等氧化物总含量要大于70%;烧失量不超过20%,小于15%时最佳;为防止路基塌陷,煤矸石填料中有机质含量不超过10%;煤矸石路基中不得使用强崩解性的填料,煤矸石崩解量不得超过30%(表4.3)。

煤矸石填筑路基技术要求汇总表　　表4.3

最大粒径		96区≤10mm,94区≤压实厚度的2/3
CBR(%)	上路床	≥8
	下路床	≥5
	上路堤	≥4
	下路堤	≥3
单轴抗压强度(MPa)		≥15
压碎值(%)		≤30
塑性指数		≤26
烧失量		≤20%,<15%时最佳
自由膨胀率		≤40%
耐崩解性指数		≤30%

4.2 路用性能室内试验

煤矸石的组成和性质较为复杂,化学成分随产地变化而有所不同,力学性质也会有差异。公路建设规范要求较高,煤矸石作为路基填筑材料的基本性能、各项检测指标、检测方法及施工要求都没有相应的标准依据,现行规范及资料查不到设计所必需的数据和做法。因此,本项试验研究参考《公路土工试验规程》(JTG E40—2007),《公路工程集料试验规程》(JTG E42—2005)等试验操作规程对邯郸矿区煤矸石材料力学性能进行分析,对其作为高速公路路基填料的路用性能进行研究。

试验取样要具有针对性、代表性。针对煤矸石堆的不均匀性,试样取样时为使取样更具有代表性,我们在河北邯郸陶一、陶二矿各个不同运输口处(暂定为1号和2号)的料堆表层和里层约2m深度处分别选取具有代表性的样品(图4.1)。

图4.1　煤矸石现场取样

4.2.1 煤矸石级配试验

1)天然级配

一般的煤矸石在开挖、运输和堆放过程中受到风化的作用,颗粒大小不一,具有一定的级配。所以首先对未经过碾压的天然煤矸石样品进行粒度分析,试验采用圆孔筛筛分法进行

(图4.2),计算各筛的通过百分率(表4.4),得出煤矸石的颗粒级配,对煤矸石筛分可以看出其级配是否连续,填料能否压实。每一种料进行平行试验2次,取平均值作为每号筛筛余量的试验结果。计算煤矸石级配组成通过百分率及级配曲线。

图4.2 煤矸石筛分试验

煤矸石天然样品筛分通过率(%) 表4.4

孔径 取样处	60	40	20	10	5	2	1	0.5	0.25	0.074
1号表层	93.6	88.3	78.6	58.0	27.3	6.7	5.8	2.7	1.6	0.0
1号2m处	94.0	87.7	75.0	54.6	29.7	5.5	4.3	0.2	0.2	0.2
2号表层	91.7	82.4	65.8	47.3	30.6	15.6	14.6	8.0	5.2	0.2
2号2m处	100.0	87.2	62.6	44.0	29.0	14.6	13.5	6.5	3.5	0.0

由图4.3取样筛分的结果分析,煤矸石粒度分布范围较大,从几厘米的块石至0.1mm以

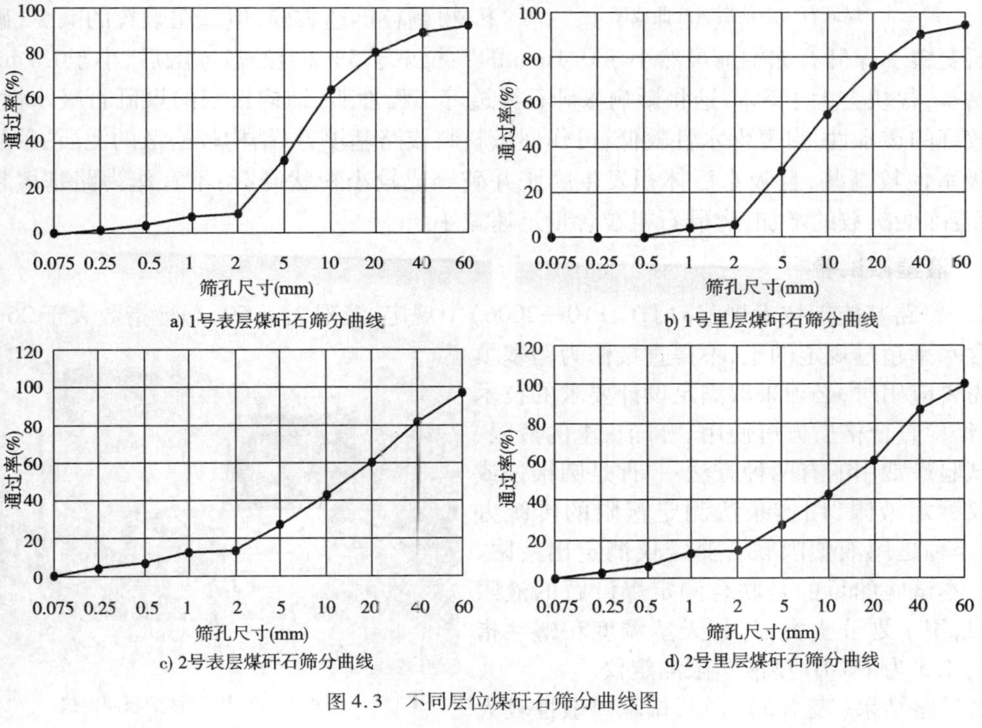

图4.3 不同层位煤矸石筛分曲线图

下的细小颗粒，具有粗粒土与细粒土的双重特性，比如易与水发生作用，颗粒间存在一定的凝聚力，摩擦角接近粗粒土的摩擦角；另外，由于粗颗粒的强度低，易于破碎，所以对煤矸石的研究，既要从粗粒土出发，又要考虑其自身的特殊性。

煤矸石粒度分布的级配一般较差，大粒径的矸石块占有相当高的比例，存在以下级配缺陷：

（1）巨大颗粒含量过高而细小颗粒含量过低，粒径大于5mm的颗粒含量在60%以上，粒径小于0.1mm的颗粒含量在5%以下，粒度分布极为不均匀；

（2）不同程度存在某些粒组的分布不连续问题，其中0～5mm范围的粒组分布不连续比较明显。

影响天然煤矸石固结压密性的主要级配缺陷是细小颗粒含量比例过低，通过适当提高矸石中细小颗粒含量的级配改良，不但可以有效提高煤矸石的固结性，使其在较低的压密能量下取得较高的固结压密程度，并且能够使煤矸石的水稳性得到明显改善。

2）冻融破碎后级配

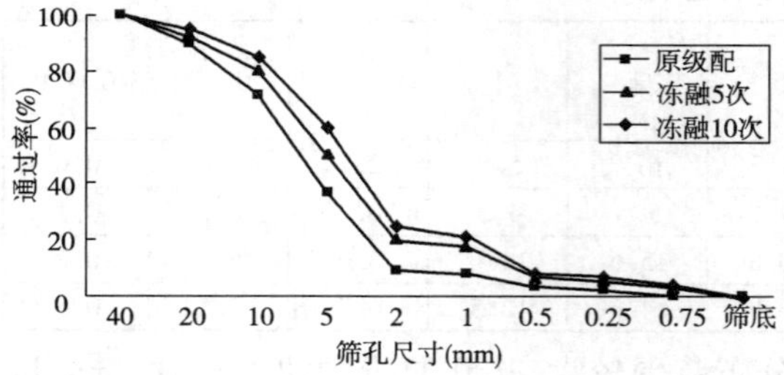

图4.4　煤矸石冻融前后级配曲线图

由于现行规范尚无路基填料抗冻性试验方法，本试验采用直接冻融法，将粒径小于20mm的煤矸石进行浸水—冻融—浸水循环试验，浸水24h，然后置于－15℃的冰箱中冻结12h后在常温条件下融解12h，如此为一次冻融循环。试验前，冻融5次循环后、冻融10次循环后的级配曲线如图4.4所示。煤矸石在反复浸水、冻融条件下，粗颗粒迅速破碎，但随粗颗粒的减少，破碎速率有所变缓。煤矸石冻融前虽然小于0.1mm的颗粒小于5%，但经过冻融后，小于0.1mm的颗粒会增多，很快会大于5%，这将影响煤矸石渗透等工程性质，结构致密的煤矸石吸水性低，且具有较好的透水性，自身保水性较低，可作回填材料或路基填方；结构较松散的泥质、砂质岩煤矸石吸水性较高些，且吸水后体积发生膨胀并破碎成较小粉状矸石，不宜作为路基填料。此外，随着冻融次数的增加，煤矸石粗粒含量迅速减小。

4.2.2　液塑限试验

《公路路基施工技术规范》（JTG F10—2006）中规定：液限大于50、塑性指数大于26的土，以及含水率超过规定的土，不得直接作为路基填料。需要应用时，必须采取满足设计要求的技术措施，经检查合格后方可使用。目前，土的液限、塑限试验最常用的有两种方法：一种是圆锥仪或碟式仪测定液限，用搓条法测定塑限的传统方法；另一种是用液塑限联合测定仪测定出液限、塑限。本试验的目的是联合测定煤矸石的液限和塑限，用于划分土类，计算天然稠度和塑性指数。图4.5为FG-III型液塑限测定仪。

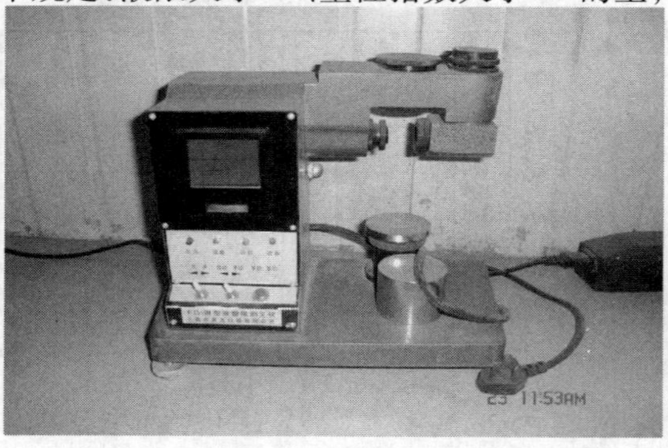

图4.5　FG-III型液塑限测定仪

由试验结果（表4.5）可知，排除离散性较大的“1 号表层”,该矿区煤矸石液限大概在 20 ~ 25 之间,远小于 50;塑性指数在 10 左右,可以直接用来填筑路基。

煤矸石液塑限试验结果　　表 4.5

取样处	天然含水率(%)	液限	塑限	塑性指数
1 号表层	3.3	33.8	22.3	11.5
1 号 2m 处	5.2	21.7	16.8	4.9
2 号表层	6.8	23	19.9	3.1
2 号 2m 处	5.7	22.8	20.6	2.2

4.2.3 煤矸石击实特性

击实试验是研究土的压实性能的室内试验方法,所用的主要仪器设备是击实仪。目前,我国通用的击实仪有两种,即轻型击实仪和重型击实仪,并根据击实土的最大粒径,分别采用两种不同规格的击实筒。

由于煤矸石中大颗粒含量较多,所以击实试验采用标准试验方法中的重型 II. 1 和重型 II. 2击实试验方法。有关仪器参数见表 4.6。

重型击实仪主要参数　　表 4.6

类别	锤底直径(mm)	击锤质量(kg)	落高(mm)	内径(mm)	击实筒筒高(mm)	容积(cm^3)	每层击数	击实功(kJ/m^3)
1	50	4.5	450	100	127	997	27	2 687.0
2	50	4.5	450	152	120	2 177	98	2 677.2

试验时,每组分 3 ~ 5 层分别进行击实,允许最大粒径 38mm。试验前,将试样中大于 38mm 颗粒取出,并求得其百分率,把小于 38mm 部分选出做击实试验。对试验所得的最大干密度和最优含水率进行校正。最大干密度和最优含水率的校正公式为:

$$\rho' = \frac{1}{\dfrac{(1-0.01\rho)}{\rho_{dm}} + \dfrac{0.01\rho}{G'_s}} \tag{4.1}$$

$$w'_0 = w_0(1-0.01\rho) - 0.01\rho w_2 \tag{4.2}$$

式中:ρ'——校正后的最大干密度,g/cm^3;

ρ——试验得到的最大干密度,g/cm^3;

ρ_{dm}——用粒径小于 38mm 的煤矸石试验所得的最大干密度,g/cm^3;

G'_s——粒径大于 38mm 颗粒的毛体积相对密度;

w'_0——校正后的最优含水率,%;

w_0——用粒径小于 38mm 的煤矸石样试验所得的最优含水率,%;

w_2——粒径大于 38mm 颗粒的吸水量,%。

1)天然级配下的击实试验

在煤矸石的取样中,选取了具有代表性的样品,陶一、陶二矿取样品最大干密度试验结果如表 4.7 和图 4.6 所示。

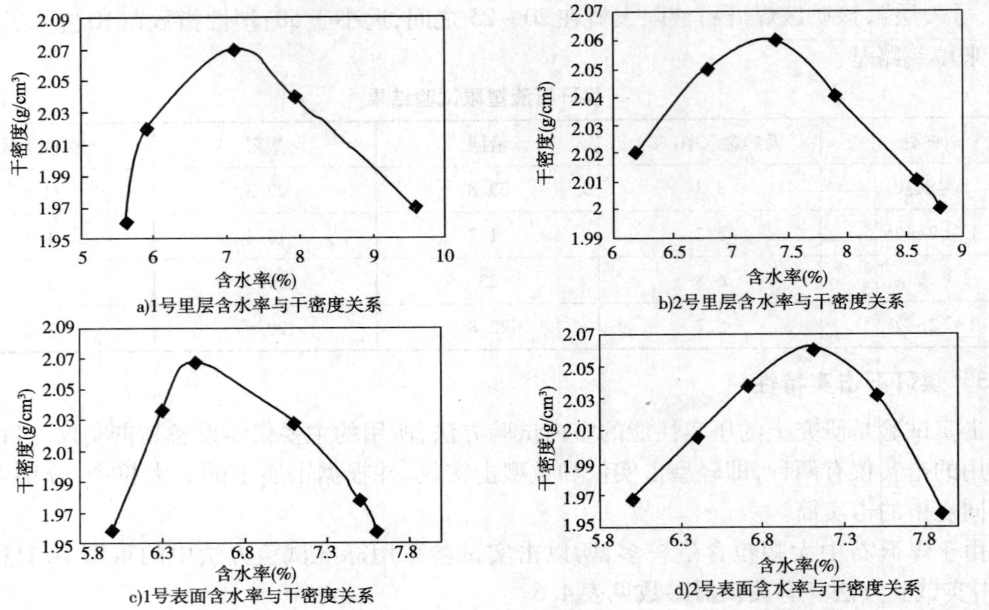

图 4.6 击实试验结果

煤矸石击实最大干密度和最佳含水率试验结果 表 4.7

取样处	最大干密度(g/cm^3)	最佳含水率(%)
1 号里层	2.075	6.8
2 号里层	2.061	7.3
1 号表面	2.070	6.5
2 号表面	2.063	7.1
平均值	2.067	6.9

2)不同粗粒含量下的击实试验

煤矸石中粗粒含量较多,且不均匀,粗粒含量的多少对最大干密度和最佳含水率影响较大,为进一步研究材料的击实特性,在不同粗粒含量的情况下进行击实试验。粗粒含量即为 5~40mm的颗粒含量,击实后进行筛分,确定击实后的粗粒含量,指导压实度检测,试验结果如图 4.7、图 4.8 和表 4.8 所示。

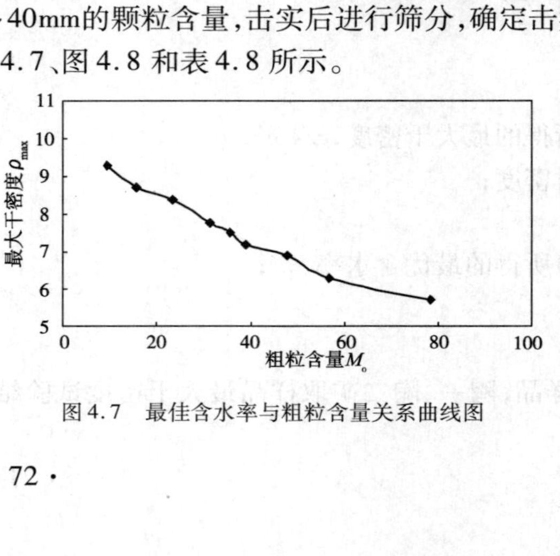

图 4.7 最佳含水率与粗粒含量关系曲线图

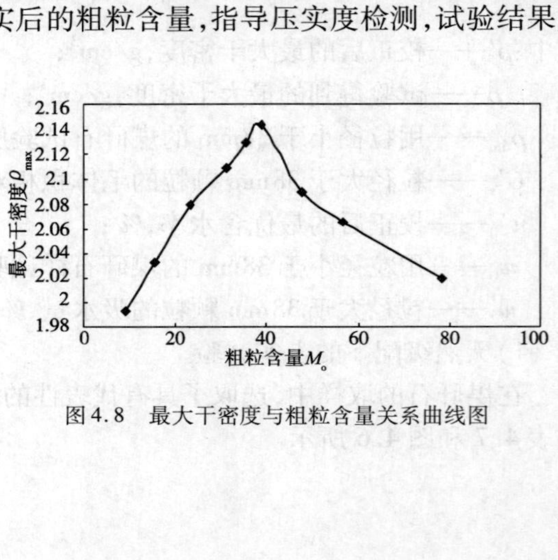

图 4.8 最大干密度与粗粒含量关系曲线图

不同粗粒含量下煤矸石击实最大干密度和最佳含水率试验结果　　表4.8

击实前含石量 M_{o1}(%)	最佳含水率 (%)	按最佳含水率击实后的筛分含石量 M_o(%)	最大干密度变 ρ_{max} (g/cm^3)
10	9.3	9.4	1.994
20	8.7	15.68	2.033
30	8.4	23.29	2.08
40	7.8	31.36	2.11
50	7.5	35.57	2.13
60	7.2	38.92	2.145
70	6.9	47.72	2.09
80	6.3	56.72	2.066
100	5.7	78.26	2.02

注:含石量即为5~40mm占总量的百分比。

由图4.7、图4.8和表4.8可以看出,最佳含水率随粗粒含量的增加而降低,但最佳含水率变化不明显,粗粒初始含量由10%上升至100%时,最佳含水率仅由5.7%上升至9.3%。击实后的粗粒含量占40%左右时,最大干密度达到最大值,由1.994g/cm^{3}上升至2.145g/cm^3,当粗粒含量超过50%时,最大干密度变化缓慢。同时可看到,初始粗粒含量100%时,击实后的粗粒含量只有78.26%,说明粗粒在击实过程中产生破碎,结构重组,细粒含量会增大,有利于煤矸石压实。

4.2.4 煤矸石的颗粒破碎特性

沉积岩的抗风化能力较弱,煤矸石在堆存和运输过程中颗粒进一步破碎;在现场碾压施工时,煤矸石的颗粒破碎现象更是明显,结构组成变化最彻底;煤矸石在堆存过程中会发生自燃现象,使煤矸石的化学组成发生变化,从而影响煤矸石的物理、力学性质。总之,煤矸石的颗粒破碎特性和自燃特性使得煤矸石的工程特性不断地随环境的改变而有所变化。所以,选取煤矸石作为路基填料,其颗粒破碎特征和自燃情况是我们必须考虑的因素。

由于天然煤矸石存在着明显的颗粒级配缺陷:粗大颗粒含量比例较高和细小颗粒含量比例过低。煤矸石在压密过程中存在颗粒破碎现象,破碎程度如何以及对煤矸石物理力学性质的影响趋势是必须研究的。煤矸石的破碎表明其存在自我结构改良的特点,这是一般材料所没有的。对煤矸石物理力学性质的评价必须以破碎后的粒度组成特点为基础。

一般来说,颗粒破碎严重的煤矸石,随压实而出现的颗粒破碎现象有可能会对其力学性能产生不良影响,这一点必须引起注意。颗粒破碎会促进颗粒的重新排列,其结果是孔隙比减小,结构更趋紧密,所以煤矸石填筑体在力学上更为稳定,但若过度压实使颗粒破碎持续增加,由于材料不断细化,从而使粗粒料所具备的"粗颗粒间的咬合"作用减弱。但在通常的能量水平下,主要以正面效果,即孔隙比减小引起的强度增长占优,故实际上强度不会因颗粒破碎现象而降低。

1）击实试验前后，煤矸石的颗粒破碎导致颗粒组成的变化情况

煤矸石根据粒径来区分，属于粗粒土中的砾粒，根据级配情况，又可分为级配良好与级配不良好。为研究击实可能造成煤矸石颗粒破碎的程度以及颗粒级配变化情况，取天然级配下的煤矸石样品进行3组击实试验。对天然级配条件下击实前后煤矸石的颗粒分布特征进行试验。煤矸石击实前后粒度分布对比见表4.9。

煤矸石击实前后的粒度分布对比表 表4.9

粒组通称	粒组名称	击实前含量（%）	击实后含量（%）
粗粒	粗砾（20～60mm）	21.8～26.3	11.4～16.6
	细砾（2～20mm）	43.3～47.2	44.1～51.6
	砂粒（0.075～2mm）	16.8～18.6	21.0～21.2
细粒	—	10.0～13.4	16.0～18.2

天然级配下煤矸石粒度组成中粒径5～20mm的含量较大，累计含量达30.0%～36.6%，而粒径0.075～0.25mm的颗粒含量一般小于9%，有一定程度的缺失现象。煤矸石击实后的颗粒分析结果表明，击实作用对2mm以上的粒组含量影响显著，其颗粒破碎比例较大，总的趋势是击实使粗颗粒破碎，进而使次一级粒组含量比例相对增加（图4.9、图4.10）。

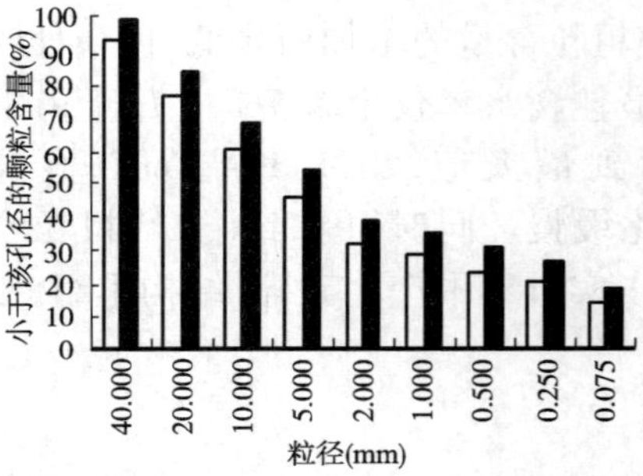

图4.9 1号样击实前后的粒度分布对比

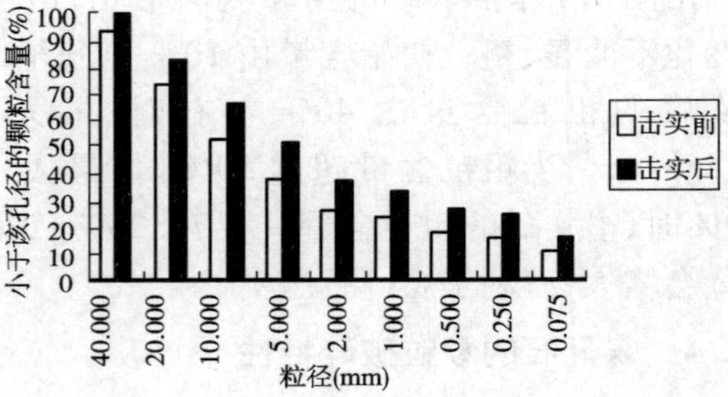

图4.10 2号样击实前后的粒度分布对比

击实后，小于20mm的颗粒含量增加5.3%～14.9%；小于10mm的颗粒含量增加达13.5%；小于5mm的颗粒含量增加8.4%～12.7%；小于0.075mm的颗粒含量增加4%～6%。颗粒级配趋于良好，有利于碾压密实（表4.10）。

击实前后煤矸石颗粒组成特性参数的对比 表4.10

对比指标		D_{10}（mm）	D_{30}（mm）	D_{60}（mm）	C_u	C_c
击实前	范围值	0.012～0.072	0.10～1.78	4.29～12.76	116.8～238.1	0.89～9.86
	平均值	0.045	0.85	9.21	200.5	4.94
击实后	范围值	0.012～0.063	0.055～0.97	3.74～8.23	111.2～333.4	0.24～4.10
	平均值	0.021	0.40	6.09	196.8	1.61

从击实前后颗粒分布特征看，分层厚度越薄，粗颗粒越容易破碎。因此，煤矸石在压实过程中存在由于颗粒破碎导致的粒组含量比例重新分布的特点。从而使煤矸石的自我结构得到改良，更有利于路基填筑工程的应用。

2）粗颗粒含量对煤矸石颗粒破碎的影响

在不同粗颗粒（粒径 $d>5.0\text{mm}$）百分含量的击实试验后（粗颗粒的百分含量值分别取20%、30%、40%、50%、60%、70%、100%），对其颗粒破碎的情况进行分析，得出如表4.11所示的结果。

不同粗颗粒含量试样的颗粒破碎情况　　表4.11

粗颗粒百分含量	粒径范围（mm）	试样密度（g/cm^3）	粗颗粒破碎量
20%	<18.0	2.00	10%
30%	<18.0	2.01	10%
40%	<19.5	2.02	10%
50%	<19.0	2.01	11%
60%	<20.0	1.98	17%
70%	<19.0	2.01	22%
100%	<20.0	1.90	50%

当试样的粗颗粒含量小于60%时，粗颗粒破碎量相对较小，仅为10%左右，但若粗颗粒含量大于60%时，随粗颗粒含量的增加，粗料破碎量迅速增多。当粗颗粒含量为60%时，破碎量为17%，粗颗粒含量为100%时，破碎量可达到50%。

通过对煤矸石的室内击实试验和击实后颗粒分析的结果，结合类似工程的实践经验，可以得出以下结论：

（1）邯郸市的煤矸石在击实、压密过程中具有比较显著的颗粒破碎现象。

（2）击实、压密作用改变了煤矸石的粒度组成（最大破碎量达50%），使其颗粒级配状况得到自我改良，从而提高了煤矸石碾压密实的工程性质。因此，煤矸石的颗粒破碎特性有利于其作为路基填筑工程的建筑材料。

（3）由于煤矸石的颗粒破碎性质显著，所以对煤矸石物理、力学性质的评价应以压实后的级配特征确定。

4.2.5　煤矸石承载能力试验

1）室内CBR试验

对煤矸石进行CBR试验，是为了测定其相对强度与水稳定性是否满足路基填料的要求。室内CBR试验法是按路基施工时的含水率及压实度要求在试筒内置备试件，并在加载前浸泡在水中饱水4d。标准压实试件在荷载压强—贯入量曲线上读取规定贯入量时的荷载压强与标准压强的比值，以百分数表示，标准压强是采用优质碎石通过大量试验得到的，当贯入量为2.5mm时，标准压强为7MPa；当贯入量为5.0mm时，标准压强为10.5MPa。为了模拟路面结构对土基的附加压力，在浸水过程中及压入试验时，在试件顶面施加环形砝码，其重量应根据预计路面结构的重量来确定。

承载比的计算分两步，先计算贯入量为2.5mm的单位压力与标准压力之比作为材料的承载比（CBR），即：

$$\text{CBR}=p/7\,000\times100\quad(\%)\tag{4.3}$$

式中：p——单位压力，kPa。

同时计算贯入量为5mm的承载比：

$$CBR = p/10\ 500 \times 100 \quad (\%) \tag{4.4}$$

如果贯入量为5mm的承载比大于贯入量为2.5mm的承载比，则试验重做，如果仍然如此，则采用5mm时的承载比。依据上述方法与原则，对各矿煤矸石进行了承载比试验，实验结果见表4.12，从试验的结果来看，各矿煤矸石的CBR值均大于公路填料最小CBR值(8%)的要求。

采用浸水CBR试验(图4.11)测定煤矸石作为路基填料的强度及其水稳性能。试样采用50%的粗料，由击实制样，分三层击实。击实后，在水中浸泡4d，然后进行CBR试验。由表4.12试验结果可以看出：煤矸石CBR值在压实度93%时为14%，压实度94%对应的CBR为16.5%，压实度96%对应的CBR为23.3%，远大于一般土在同等压实状态下的CBR值，且膨胀率较小。

图4.11　煤矸石浸水CBR试验

煤矸石CBR试验结果(%)　　表4.12

取样处	压实度93%		压实度94%		压实度96%	
	CBR(%)	膨胀量(%)	CBR(%)	膨胀量(%)	CBR(%)	膨胀量(%)
1号2m处	12	0.07	12	0.09	20	0.15
2号2m处	15	0.02	21	0.09	28	0.08
1号表面	16	0.04	15	0.18	22	0.15
2号表面	13	0.11	18	0.07	23	0.10
平均值	14.0	0.06	16.5	0.11	23.3	0.12

通过以上试验可以看出：随着压实度的增加，土体的干密度越大，CBR值也越大。这是由于土体的密实度增加，抵抗压缩变形的能力也增加；随着压实度的增加，土体的吸水量逐渐降低，土体的膨胀量逐渐降低，土体的干密度越大，土体的稳定性越好。采用压力机直接成型制作的试件，密度偏差比较小。

2)压碎值

集料压碎值用于衡量石料在逐渐增加的荷载作用下抵抗压碎的能力，一定级配的粗集料在侧壁约束的容器中受到垂直压力，荷载在颗粒间传递形成一定的路径。当级配优良时，荷载传递路径分布均匀，粗集料骨架结构稳定；当级配不当时，荷载传递路径集中，粗集料骨架结构易发生破坏。采用压碎值的试验方法评价有利于评价级配粗集料骨架结构性能，通过压碎后筛分得到其压碎值，它是衡量石料力学性质的指标之一，以评定其在公路工程中的适用性。

取每份约 3kg 的风干试样 3 份，以 3 次平行试验结果平均值作为最终结果。主要试验仪器有：压力试验机，压碎值试验仪，13.2mm、9.5mm、2.36mm 圆孔筛，天平，金属棒，金属筒等。

准备煤矸石料过 13.2mm、9.5mm 筛，取 13.2～9.5mm 土料进行试验。试样装入试模后捣实 25 次，整平，然后放到试验机上（图 4.12）。开动压力试验机，均匀地施加荷载，在 10min 左右的时间内总荷载达到 400kN，稳压 5s，然后卸载。取出试样后，用 2.36mm 筛孔过筛得到直径小于 2.36mm 的质量。根据试验前试验质量可以求出压碎值及平均值，见表 4.13。

煤矸石压碎值试验结果（%）　　表 4.13

取样处	压碎值（%）			平均值
1 号矿表层	31.6	29.8	29.8	30.4
1 号里层	28.4	28.4	26.3	27.7
2 号表层	29.6	29.2	30.1	29.6
2 号 2m 处	25.8	28.3	26.5	26.8

煤矸石的岩性决定了煤矸石的压碎值比较大，尽管试验结果满足路基施工技术规范对高速公路上路床压碎值的要求，但试验结果已经非常接近规范要求的底线，这是由煤矸石的矿物组成决定的，泥质的页岩、砂岩，容易导致煤矸石破碎。

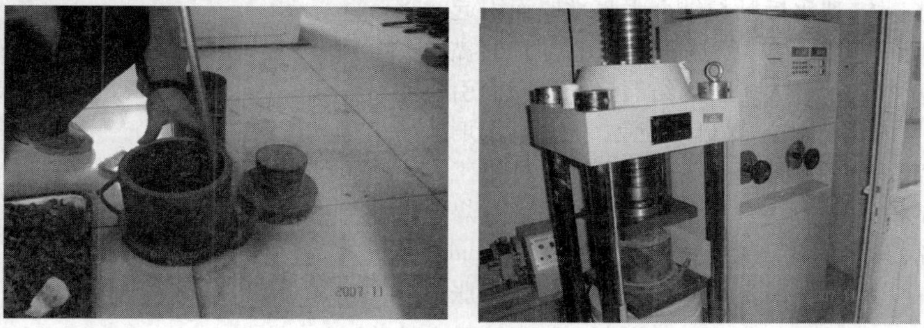

图 4.12　压碎值试验

4.2.6　稳定性研究

1）崩解试验

煤矸石中的软岩成分遇水易发生崩解软化，因此需要对煤矸石的崩解性进行试验。崩解性的试验方法为：取某一粒径大小的煤矸石，浸水 3d，计算出的崩解部分质量占原试样质量的百分比为崩解量。一般条件下，风化程度低的煤矸石崩解性要大于风化程度较高的；粒径较大的煤矸石崩解性要大于粒径较小的。

参照《水利水电工程岩石试验规程》（SL 264—2001），煤矸石的耐崩解性指数将其耐崩解能力分为很低（＜30%）、低（30%～60%）、中等（60%～85%）、中高（85%～95%）、高（95%～98%）和很高（＞98%）6 个级别。一般条件下，风化程度低的煤矸石崩解性要大于风化程度较高的；粒径较大的煤矸石崩解性要大于粒径较小的。煤矸石的耐崩解性指数按下式计算：

$$I_d = \frac{m_r}{m_d} \times 100 \quad (\%) \tag{4.5}$$

式中：I_d——岩石耐崩解性指数，%；

m_d——原试件烘干质量,g;

m_r——残留试件烘干质量,g。

崩解试验数据如表4.14所示,由表中数据可知:该煤矸石崩解量在6%以下,远小于30%,崩解性较小,属于崩解能力很低的煤矸石,大块煤矸石崩解后变为颗粒崩解性会进一步降低,水稳性较好。图4.13为崩解性现场试验。

煤矸石崩解性指数(%) 表4.14

取样处	粒径60mm	粒径40mm	粒径20mm
1号2m处	3.2	1.1	3.6
2号2m处	1.4	0.8	0.7
1号表层	3.9	6.4	5.8
2号表层	5.2	3.7	1.6
平均值	3.43	3.00	2.92

2)膨胀率试验

岩土体的膨胀通常分成两种,一种是黏粒含量较高的土体,遇水后黏粒结合水膜增厚而引起的,称为粒间膨胀;另一种是岩上体中含有的黏土矿物遇水后,水进入矿物的结晶格子层间而引起的,称为内部膨胀。煤矸石遇水发生膨胀崩解,会产生一定的膨胀压力和膨胀变形,将给工程建设带来很大的危害,甚至使工程失事。对煤矸石来说,其多为碎石状、角砾状,小于0.5mm的颗粒一般在10%以下,所以它发生粒间膨胀的可能性很小,而内部膨胀则是煤矸石膨胀性研究的关键。

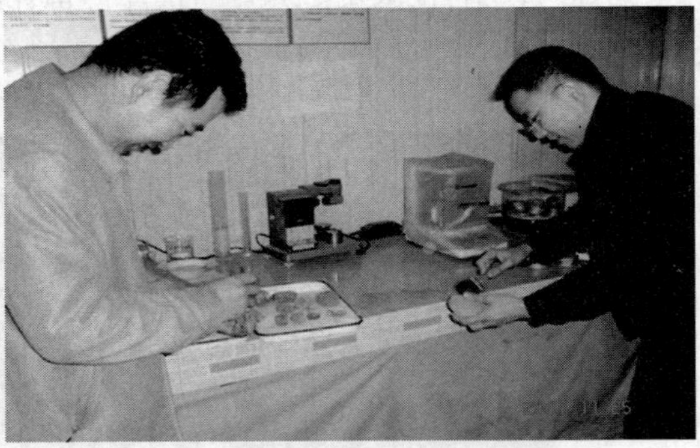

图4.13 崩解性现场试验

自由膨胀率为松散的烘干土粒在水中和空气中分别自由堆积的体积之差与在空气中自由堆积的体积之比,以百分数表示,用以判定无结构力的松散土粒在水中的膨胀特性。

试验主要是测定粒度小于0.5mm煤矸石粉样的自由膨胀率。不同地区的煤矸石,由于其矿物质含量的不同,存在不同的膨胀特性。规范规定:自胀率小于40%时可以直接作为路基填料,从表4.15试验结果可得陶一矿、陶二矿煤矸石自由膨胀率试验结果均小于40%,满足路用性能要求。

由于煤矸石中含有少量的伊力石、蒙脱石,对各矿区取用的煤矸石应做自由膨胀率试验。含膨胀性的煤矸石的比例大于50%的混合填料不能用来填筑路基。自由膨胀率计算公式 $\delta=\Delta h/h_0$,式中,Δh 为体积膨胀量;h_0 为试样原来的体积。通过自由膨胀率的试验,检测煤矸石是否属于弱膨胀性。

煤矸石自由膨胀率试验结果(%) 表4.15

取样处	1号表层	1号2m处	2号表层	2号2m处
自由膨胀率	25	22	23	31

3)烧失量

烧失量又称灼减量,是指试验料在烧成过程中所排出的结晶水,碳酸盐分解出的 CO_2,硫酸盐分解出的 SO_2,以及有机杂质被排除后物量的损失。煤矸石中含有的残留煤、有机质层下的风化崩解、残留煤的自燃、有机质的"灰化"或浸水后软化、残留煤和有机质的化学分解等作用都会改变煤矸石的密度和结构状态,从而导致过量的压缩变形,并引起抗剪强度和承载力的降低。在选作路基填料和路面基层材料时,应尽量选择烧失量小的煤矸石,防止在氧化环境及浸水条件下,路堤沉降不稳定。

烧失量试验是为了检测煤矸石中不稳定物质的含量,试验方法和数据(表4.16)如下:烧失量按下式计算:

$$烧失量 = [m - (m_2 - m_1)]/m \times 100 \quad (\%) \tag{4.6}$$

式中:m——烘干土样质量,g;

m_1——空坩埚质量,g;

m_2——灼烧后土样+坩埚质量,g。

煤矸石烧失量试验结果　　表4.16

取样处	1号表层	1号2m处	2号表层	2号2m处	平均值
烧失量(%)	10.18	9.04	12.9	10.82	10.74

氧化环境下的风化崩解、残留煤的自燃、有机质的"灰化"或浸水后软化、残留煤和有机质的化学分解等作用都会改变煤矸石的密度和结构状态。在选作路基填料和路面基层材料时,尽量选择烧失量小的煤矸石,防止在氧化环境及浸水条件下,路堤沉降不稳定。

借鉴《公路路基设计规范》(JTG D30—2004)3.9.2节中粉煤灰烧失量的要求:用于高速公路、一级公路路堤的粉煤灰烧失量宜小于20%。表4.16中试验结果表明:煤矸石的烧失量为10.74%,远小于规范中20%的要求。说明含有残留大量有机质等对路基工程性质有不良作用的成分少,不会对路基稳定性造成影响。

4)有机质含量

有机质性质不稳定,路基中的有机质容易引起路基的沉降、塌陷等破坏。根据《公路路基设计规范》(JTG D30—2004)规定,有机质含量超过25%的土为有机质土,不得用于路基填料,由化学成分分析试验可以知道,煤矸石矿物中 SiO_2、Al_2O_3、Fe_2O_3 等氧化物总含量要大于80%。陶一矿和陶二矿煤矸石有机质含量均小于15%,少量的有机质不会引起路基破坏。

4.3 煤矸石填筑路基基本要求

4.3.1 填石路基的一般规定

(1)用石料填筑公路路基,应采用相应的技术措施,做好断面设计、结构设计和排水设计,保证填石路基有足够的强度和稳定性,在荷载作用和水温等自然不利因素影响下,不出现不均匀沉降现象,能满足设计要求,并具有可供铺筑路面的坚实基础。

(2)对于道路局部边角地带,如桥台或挡墙背后、沟槽回填等不能使用大型压路机碾压的部位,应采取换填其他材料等措施,以保证达到压实度和强度要求。

(3)对于软弱地基,由于其本身的强度就比较低,为防止填石路基出现不均匀沉降,其设计结构形式应与软基处治设计同步进行,并应进行稳定性验算和沉降计算。

(4)位于地震基本烈度6度和6度以上地区的填石路基应按现行《公路工程抗震设计规范》(JTJ 004—89)的有关规定进行设防。

4.3.2 煤矸石填料的物理化学指标要求

煤矸石粉末中含有硅、铝、铁、钙、镁等氧化物,具有一定的活性,在适量的水分和适宜温度条件下,能与水化作用产生的$Ca(OH)_2$起化学反应,主要生成硅酸钙,呈凝胶状态或纤维结晶体,还生成部分氧化钙和碳酸钙结晶物,使煤矸石颗粒之间黏结力加强。煤矸石作为煤矿生产中的排除废弃物,是各种破碎、风化岩石的混合物,其物理力学性质决定了煤矸石填筑路基的可行性。

(1)自然级配:天然的煤矸石是各种粒径的颗粒组成,各粒径所占数量由于各地区、年代的差异没有固定的比例关系。自然级配较好的煤矸石适用于路基填方;自然级配差,大颗粒所占比例较大的煤矸石不宜直接用作路基填料,但可经过破碎处理或掺拌粉性土改良后使用。

(2)吸水性:结构致密的煤矸石吸水性低,具有较好的透水性,自身保水性较低,可作回填材料或路基填方,能有效防止基床翻浆,这种性质使得煤矸石作为路基填料时不会受到水损害;结构较松散的煤矸石易吸水,吸水后体积发生膨胀,并破碎成较小粉状矸石,不宜作为路基填料。

(3)风化性:抗压强度高的煤矸石风化较慢,不易自然风化破碎,宜作为路基填料;抗压强度低的煤矸石易于风化破碎,遇水易崩解,不宜作为路基填料。

(4)自燃性:多次自燃过的煤矸石,宜作为路基填料;未自燃或自燃不彻底的煤矸石含固定炭及挥发成分较高,易发生自燃,不宜作为路基填料。

(5)可压缩性:由于煤矸石有一定的大小不等的颗粒级配,宜使用机械进行碾压密实,其压实特性主要是由集料中的细料,以及细料对集料空隙的充满程度决定,因此,适用于使用以振动压路机振压为主,通过共振压实,有效减少煤矸石空隙,增大密实度,压实后的承载能力可达40~60kPa,满足路基要求。

(6)煤矸石变形特性:路基的荷载—变形特性对路面结构的整体强度和刚度有很大影响,路面结构的破坏,除路面的自身原因外,主要由路基的过大变形引起。所以采用抗变形能力强的煤矸石作为路基填料,是提高路面结构整体强度与稳定性的重要措施。

4.3.3 煤矸石相关参数

(1)煤矸石使用前应选择有代表性的试样进行不同粗料含量的振动试验,以确定不同粗料含量混合料的最大干密度与最佳含水率。

(2)应通过室内中型或大型三轴试验确定煤矸石的内摩擦角。试料最大粒径d_{max}与三轴试样直径D之比$d_{max}/D<5$,超粒径颗粒应采用“相似级配法”或“等量替代法”予以剔除。

表4.17为石料强度参数,初步设计稳定性验算时,可根据实际情况参照使用。

石料的φ值　　表4.17

试料		粒径范围(cm)	压实度(%)	φ(°)
混合料	粗料30%	$d<30$	93	33.4
	粗料40%	$d<30$	93	34.2
	粗料50%	$d<30$	93	35.6
	粗料60%	$d<30$	93	36.0

注:表中粗粒含量系剪后粗粒含量。

(3)宜通过贝克曼梁法或沉载板法等测试手段确定煤矸石路基的回弹模量,在测试中应注意煤矸石中巨粒对回弹模量的影响。

(4)煤矸石的渗透系数、压缩系数随煤研石的粒组成分、级配、压实度不同而变化,宜通过试验确定。

4.3.4 煤矸石路基断面要求

(1)煤矸石路基由路基主体部分、护坡和封顶层(灰土)、排水系统等组成。

(2)煤矸石路基的边坡和路肩应采取护坡保护措施。

(3)煤矸石路基的边坡坡脚应用粒经大于30cm的硬质石料码砌。当煤矸石路基高度小于或等于6m时,其码砌厚度不应小于1m;当高度大于6m时,码砌厚度不应小于2m。

(4)应根据施工季节或当地降雨量大小,决定是否在土质护坡中设置排水盲沟。盲沟断面尺寸宜为40cm×50cm,水平间距为10~15m。盲沟设在煤矸石路基底部隔离层上,并应采取措施防止盲沟淤塞。

(5)煤矸石路基路面结构层以下0~80cm(即路床)可作为煤矸石路基封顶层。

(6)煤矸石路基边坡率应视路基高度而定。8m以下的煤矸石路基,边坡率应为1:1.5,8m以上的路基,上部边坡率应为1:1.5,下部边坡率应为1:1.75。如受用地限制,下部可做路肩挡墙,视具体条件可适当减小边坡率。

(7)煤矸石路基的挡墙结构,应按有关规范设计,但应注意,下层泄水孔须高出墙面积水位30cm以上,防止水流倒灌。

5 煤矸石路基现场控制指标

煤矸石路基现场路用性能指标控制对整体路基强度具有重要影响。因此,本章对煤矸石路基碾压过程中的压碎值、级配变化进行分析,并对现场路基回弹模量和回弹弯沉进行检测,为煤矸石路基的现场路用性能控制提供指导。

煤矸石的强度特性是由细料、粗料特性以及粗细料比例决定的。在粗料含量小于30%时,煤矸石的强度特性主要由细料的特性决定;在粗料含量大于60%后,煤矸石的强度特性主要由粗料的特性决定;当粗料含量为30%~60%时,煤矸石的强度特性受细料、粗料特性共同影响。在路基碾压过程中,煤矸石的粗细料比例不断变化,因此,应对路基碾压过程中的压碎值和级配进行测试和计算分析,以进一步分析煤矸石路基的路用性能。

土基回弹模量可以表征土基的承载能力,是表征路基强度和刚度的重要力学参数之一,故为煤矸石路基现场路用性能的重要指标。一般土基回弹模量值可通过刚性承载板或弯沉等现场测试后求得;也可通过室内实验模拟现场土质条件、含水状况和压实条件等进行室内测试;或通过与CBR值、平均稠度、含水率等指标换算得到。本章主要论述承载板法测路基回弹模量的理论和试验方法,并对试验路的测试结果进行分析。由于路基强度的大小宏观上表现为弯沉值的大小,故回弹模量和弯沉之间存在很好的相关关系,根据试验数据对路基回弹模量和回弹弯沉的关系进行回归分析,从而可以通过弯沉值的检测值计算土基回弹模量,确定路基的现场路用性能。

5.1 压碎值变化

煤矸石在粒度构成上基本属于碎石类土,土的颗粒级配是制约其压密性的内在要素,其压实特性主要由集料中的细料,以及细料对集料空隙的充满程度决定。煤矸石颗粒级配具有粗大矸块含量比例高和细小颗粒含量比例低的特点,煤矸石的颗粒级配缺陷能够在压密过程中得到有效改善,有学者将这种压密性称之为“破碎压密”。煤矸石压实过程分为两个阶段。前一阶段煤矸石处于相对疏松状态,压密主要体现于颗粒接触状态的调整、颗粒的相互靠近和重新排列,当粗颗粒相互位移至紧密接触构成支撑骨架后,随着压力增加且超过矸石强度,则导致粗颗粒破碎,就会伴随有压力的重新调整,使矸石重新处于压密作用过程(阶段),进而使其进一步密实。煤矸石破碎的作用在于对原有级配缺陷进行改良,煤矸石在压密过程中经过碾压密实破碎—再碾压—再压密这一渐进压密过程,粗大矸石比例降低,小颗粒比例提高,煤矸石的颗粒级配逐渐得到改善,其密实性得到提高。因此,在路基压实的过程中,有必要对压碎值进行检测。

5.1.1 压碎值试验方法

通过压碎值试验可以得到煤矸石的压碎值。试验方法是采用集料在连续增加的荷载作用下,测定煤矸石粗料抵抗压碎的能力。压碎值的具体试验方法见第4章4.2。

压碎值按下面公式计算：

$$Q_a = \frac{m_1}{m_0} \times 100 \quad (\%) \tag{5.1}$$

式中：Q_a——压碎值，%；

m_0——试验前试样质量，g；

m_1——试验后通过 2.36mm 筛孔细料质量，g。

5.1.2 试验路测试结果分析

为了了解煤矸石压碎值在碾压前后的变化情况，取每层填筑煤矸石碾压前后的试样进行试验，试验段压碎值检测频率与压实度检测相同，取自灌砂法挖取的煤矸石进行试验。每层碾压前后各 8 个点，计算平均值，煤矸石路基碾压前后的压碎值如表 5.1 所示，碾压前后压碎值对比曲线见图 5.1。

路基碾压前后压碎值试验结果（%） 表 5.1

层 位	碾压前	终压后	差 值
第一层	25.7	30.8	5.1
第二层	27.8	32.4	4.6
第三层	26.8	32.1	5.3
第四层	26.5	31.8	5.3
第五层	25.3	30.5	5.2
平均值	26.7	31.8	5.1

由表 5.1 与图 5.1 可以看出，碾压前五层的压碎值平均值为 26.7%，碾压后平均值为 31.8%，前后相差 5.1%，可见每一层的煤矸石碾压前的压碎值均小于终压后的压碎值。这说明煤矸石在碾压过程发生了破碎，其自身的结构发生了变化，经碾压后变得比较容易破碎，导致终压后的压碎值大于碾压前的，从而使得煤矸石路基级配更加良好，有利于煤矸石路基的压实。

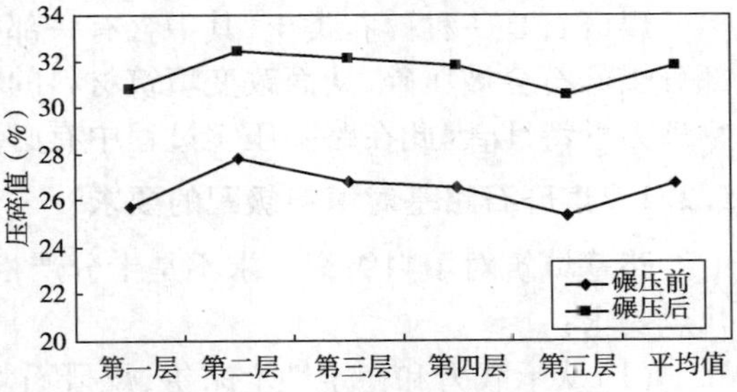

图 5.1 路基碾压前后压碎值对比曲线图

同时，也可看出，煤矸石粗大矸块含量比例高时，第一阶段压实过程很快就结束，主要由第二阶段组成，破碎率较高；随着粗粒料比例的下降，粒径变得丰富时，第一阶段会变长，破碎率随之下降。煤矸石的可压密度与矸石粒度分布特征参数（不均匀系数）之间在量值上表现有很强的关联性。不均匀系数越大，填料级配越良好，较粗颗粒间的孔隙被较细的颗粒所填充，矸石可压密的程度就越高，比较容易获得较大的密度值。总之，煤矸石的压实过程就是一个颗粒级配改良的过程，使粗大矸石比例下降，细颗粒比例提高，从而达到渐进压密的效果。

5.1.3 压碎值对路用性能的影响

粒度的分布特性是土体压密的重要制约性因素，对于一般的碎石土或砂砾土，即便得到充分的结构性压密，但仍会保持良好的渗透性。与一般的碎石土不同，煤矸石在压密过程中随着软岩岩块的破碎其级配条件不断得到改善,从而可以有效提高其可压密性;另一方面,软岩岩块的破碎也可以减小乃至消除由软岩风化崩解或浸水软化对矸石填体稳定性产生的潜在影响,所以,煤矸石的压密效果很大程度上取决于压密过程对软岩矸块的破碎程度。为提高软岩岩块的破碎程度,实际工程中,煤矸石压密较多采用高强度分层压密方法,这种压密方法的重要技术环节是压密能量和分层的厚度,除要求较高的动压强度(冲击或振动压密能量)外,对压密分层的厚度也有较严格的要求。

然而,对于某些特殊的施工环境,由于受某些因素制约,严格的分层压密往往难以有效实施,例如煤矸石回填塌陷区的施工,大多采用从边缘由外及里的渐进堆积方式,堆积过程中因不具备分层压密的施工条件,而一般采取待回填至设计高程后再进行强夯或机械碾压的压密处理,这种情况下,由于压密厚度较大,较高的孔隙水压力作用,压密能量的扩散只能影响表层较小厚度范围,产生的压密效果有限。

由上述可知,煤矸石做路基填料不同于土,亦不同于碎石土,天然煤矸石的粗大矸块比例过高,细小颗粒比例含量过低,用作路基填料时压实度难以控制,但是在压实过程中岩块会破碎,使级配条件不断得到改善,从而有效提高其密实度。煤矸石的压实效果很大程度上取决于压实过程中软岩块的破碎程度,而冲击压实正好能保证它的破碎程度。压碎值的变化对煤矸石路基的路用性能影响很大,针对青兰高速煤矸石路基施工的具体条件,推荐采用冲击压实技术,从而保证在压实过程中软岩块能充分破碎。

5.2 级配变化

煤矸石是一种碎石类土,其中含有一部分泥质页岩,在分层碾压和强夯施工过程中,这一部分煤矸石会被压碎,从而改变填筑材料的粗细料比例,这也就影响了路基的压实特性和其他物理力学特性,因此在路基压实过程中有必要对级配变化进行分析。

5.2.1 煤矸石路基对填料级配的要求

路基填筑对填料级配要求不是十分严格,但一定要保证填料密实。对煤矸石来说,有以下几点要求:

(1)从承载力和稳定性上来讲,煤矸石填筑路基必须采用硬质煤矸石,且存放5年以上,严禁使用泥结煤矸石。泥结煤矸石遇水后强度迅速下降,导致路基承载能力下降,直接影响道路的使用性能。

(2)一般矿区的煤矸石是由各种粒径的颗粒组成,各粒径所占数量,由于各地区、年代的差异,没有固定的比例关系。自然级配较好的煤矸石经过碾压后能形成致密结构,适用于路基填方;自然级配差、大颗粒所占比例较大的煤矸石不宜直接用作路基填料,但可经过破碎处理或掺拌粉性土改良后使用。

(3)压实度为96%的煤矸石路基填筑最大粒径不得大于100mm。压实度为94%的煤矸石路基填筑最大粒径不得大于层厚的2/3,宜不超过200mm。路基含水率控制在最佳含水率±2%。

5.2.2 碾压过程中级配变化分析

煤矸石由于其组成的特殊性,如炭质页岩、泥质页岩在碾压的过程中容易发生破碎,因此在压实过程中要注意煤矸石颗粒级配的变化。本节主要讨论煤矸石的颗粒级配与路基碾压次数的关系。第一层压实颗粒级配曲线见图5.2。

由图5.2可以看出,第一层煤矸石压实前后大于40mm和小于1mm颗粒的通过百分率的变化不大,这说明大于40mm和小于1mm的颗粒在压实的过程中很少发生破碎,而1~40mm之间通过百分率发生了较大的变化,这说明在1~40mm之间的颗粒在碾压过程中发生破裂,其中以5~10mm之间的颗粒增加较多,也就是说,碾压使煤矸石中较大的颗粒破碎成5~10mm之间的颗粒,从而使煤矸石填料级配更好。

碾压后的筛分试验,是对压实度检测全层厚挖取的煤矸石进行筛分,在层厚上具有代表性。考虑到60mm以上的颗粒在各样品中的不均匀性对级配分析影响较大,为了更好地分析碾压过程对煤矸石级配的影响,第二层颗粒分析时将60mm以上的颗粒剔除后进行。第二层压实颗粒级配曲线见图5.3。

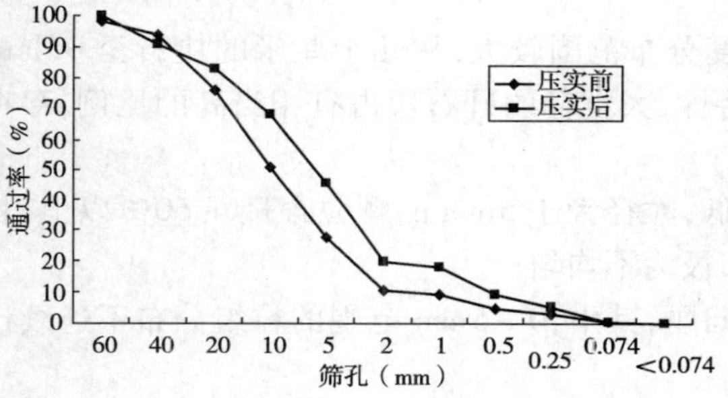

图5.2　第一层压实颗粒级配曲线图

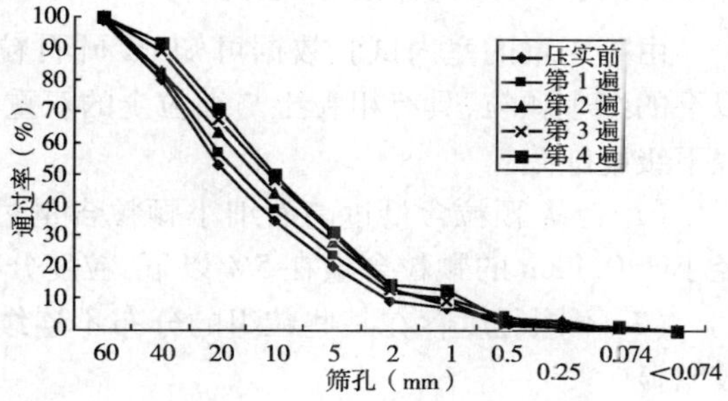

图5.3　第二层压实颗粒级配曲线图

由图5.3可知,随着压实遍数的增加,各个筛孔的通过百分率不断增加,这也说明煤矸石集料中的细粒成分越来越多,即在压实的过程中部分颗粒发生了破碎。其中前三遍压实后的通过百分率较压实前变化较大,说明前三遍碾压使颗粒破碎的比较明显,而且破碎生成的颗粒以5~15mm之间的居多。

第三层压实颗粒级配曲线见图5.4。

由图5.4可知,几条曲线的整体走向与前两层相同,这也说明煤矸石集料中的细粒成分越来越多,即在压实的过程中部分颗粒发生了破碎。不同于第二层的是第一遍压实后各个筛孔的通过百分率变化较明显,而第二、三、四遍碾压较前一遍的碾压变化不太明显,这说明第三层在压实的过程中,大部分颗粒在第一遍碾压后都完成了破碎,并且破碎产生的颗粒仍以中间颗粒为主。

第四层压实颗粒级配曲线见图5.5。

由图5.5可知,几条曲线的整体走向与前两层相同,这也说明煤矸石集料中的细粒成分越来越多,即在压实的过程中部分颗粒发生了破碎。所不同的是在第四遍碾压以后,小于1mm筛孔的通过百分率较第三遍碾压后增加很多,这说明第四遍碾压产生小于1mm的细粒较多,同时在前三遍碾压以后中间颗粒也增加很多。

综上所述,煤矸石粗粒在碾压过程中发生破碎,中间粒径的颗粒增多,压实前的筛分曲线1~40mm之间的颗粒通过率均小于压实后的颗粒通过率,随着碾压遍数的增加,煤矸石进一步破碎,煤矸石级配曲线中间筛孔的通过率也渐渐变大,最后两遍检验的时候级配曲线趋于重合,煤矸石级配变好,符合煤矸石的碾压破碎挤密原则。

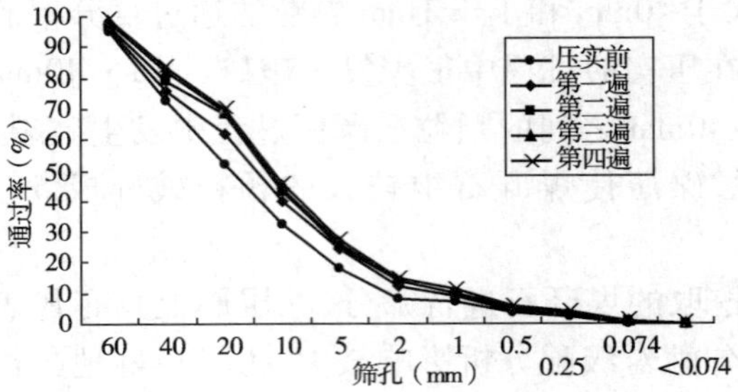

图 5.4　第三层压实颗粒级配曲线图

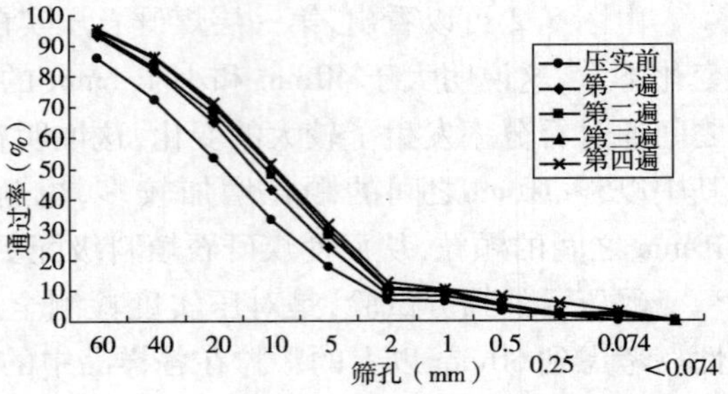

图 5.5　第四层压实颗粒级配曲线图

5.2.3　级配对路用性能影响分析

由第 4 章的室内试验数据可知,煤矸石粒度分布范围较大,从几十厘米的块石至 0. lmm 以下的细小颗粒,具有粗粒土与细粒土的双重特性,大粒径的矸石块占有相当高的比例,存在以下级配缺陷:

(1)巨大颗粒含量过高而细小颗粒含量过低,粒径大于 5mm 的颗粒含量在 60% 以上,粒径小于 0. lmm 的颗粒含量在 5% 以下,粒度分布极为不均匀;

(2)不同程度存在某些粒组的分布不连续问题,其中,0 ~ 5mm 范围的粒组分布不连续比较明显。

从 5.2.2 的试验数据分析可知,在现场压实的过程中,级配曲线不断变化,中间筛孔的通过百分率渐渐变大,这说明煤矸石的级配越来越好,从而有利于路基碾压强度的形成。

适当的压实作用可以使部分大颗粒破碎,从而使煤矸石中细小颗粒含量的级配改良,不但可以有效提高煤矸石的固结性,使其在较低的压密能量下取得较高的固结压密程度,而且能够使煤矸石的水稳性得到明显改善。压实后煤矸石集料的级配得到改良,有利于路基的稳定并促进路基强度的形成。

5.3　承载板法测定路基回弹模量

5.3.1　土基模量理论分析

路基作为道路结构的组成部分,承担着支撑路面的作用,在行车荷载的作用下是要发生变形的。由于组成路基的材料是岩土类材料,因此从这个意义上讲,路基结构是一种岩土结构。由岩土力学理论可知,路基结构的变形特性是很复杂的,而变形又与其模量有着密切的关系,因此应首先对路基的变形特性进行分析。

在目前国内外的道路结构设计中,路基模量 E 是一个重要的设计参数,可以表征路基的承载能力。路基承受着自重和外载的作用,在这两种荷载共同作用下,路基处于受力状态,只有使路基所受的力在一定限度范围内,才能使道路结构相对稳定,不致引起变形破坏。因此,提高土基抗变形能力对于提高道路结构整体强度和刚度十分重要。

路基的内部结构很复杂,包括固相、液相和气相。土体的变形实质上是土颗粒之间的相对移动,当土颗粒移动的距离超出一定范围时,即使应力解除,土颗粒也不能恢复原位,表现为残余变形。所以土基在应力作用下的变形特性,同理想弹性材料有很大区别,应力与应变之间的关系并不是线性关系。因此,土基的模量不是一个常数。

1)非线性特性

理想的线性弹性体在一定的应力范围内应力与应变的关系呈线性特性,而且当应力消失时,应变随之消失,并恢复到初始状态。路基土的内部结构十分复杂,由固相、液相和气相三部分组成。固相部分又由不同成分、不同粒径的土石颗粒组成,所以路基土复杂的内部结构造成其在应力作用下的变形特性与理想的线弹性材料有很大区别。大量试验结果表明,路基变形包括弹性变形和塑性变形两个部分,路基的应力应变关系具有非线性性质。

承载板试验是研究路基应力—应变特性最常用的方法之一。这种方法是以一定尺寸的刚性承载板置于路基顶面,逐级加荷卸荷,记录施加于承载板上的荷载及由该荷载所引起的沉降变形,根据试验结果,可绘出路基顶面压应力与回弹变形的关系曲线,图 5.6a)是这种关系的典型情况。路基应力—应变的非线性特性由三轴压缩试验的结果也可以证明。图 5.6b)为三轴压缩试验应力—应变关系典型曲线。图 5.6a)和图 5.6b)表明,两种试验结果的曲线关系是相似的,同时,大量试验结果表明路基土的这种非线性性质具有普遍性。所以,路基土的应力和应变特性为非线性关系,路基模量 E 值不能简单地视为不变的常量。

实质上,土体在内部应力作用下表现出的变形,从微观的角度看是土颗粒之间的相对移动,当移动的范围超出一定限度时,即使应力解除,土体的颗粒已不能恢复原位,从宏观角度看,路基将发生不可恢复的残余变形。所以,路基土的应力—应变关系除了非线性性质以外,还表现出弹塑性性质。由图 5.6c)可以看出,当荷载卸除,应力恢复到零时,曲线由 A 回到 B,OB 即为塑性或残余变形。

尽管路基的应力—应变关系如此复杂,但是在评定路基应力—应变状态以及设计路面时通常仍然用模量值 E 来表征。最简单的方法是采用局部线性化的方法,即在曲线的某一个微小线段内,近似地将它视为直线,以它的斜率作为模量值。按照图 5.6 应力—应变关系曲线上应力取值方法的不同,路基模量有以下几种。

(1)初始切线模量:应力值为零时的应力—应变曲线的正切,如图 5.6c)中的①所示,代表加荷时的应力、应变状态。

(2)切线模量:某一应力级处应力—应变曲线的斜率,如图 5.6c)中的②所示,反映该级应力、应变变化的精确关系。

(3)割线模量:以某一应力值对应的由线上的点同起始点相连的割线的斜率,如图 5.6c)中的③所示,反映路基在工作应力范围内的应力、应变的平均状态。

(4)回弹模量:应力卸除阶段应力—应变曲线的割线模量,如图 5.6c)中的④所示。

由于前三种模量中应变包括残余应变和回弹应变,因此称为变形模量。回弹模量仅包括回弹应变,可以部分反映土的弹性性质,所以可以在以弹性层状理论为基础的道路结构设计方法中应用,即采用土基的回弹模量作为土的弹性模量。

2)其他特性

路基土在荷载作用下产生的变形,不仅与荷载大小有关,而且与荷载作用的持续时间有关。土颗粒之间力的传递以及土粒与土粒之间相对移动都需要一定的时间,通常在施加荷载

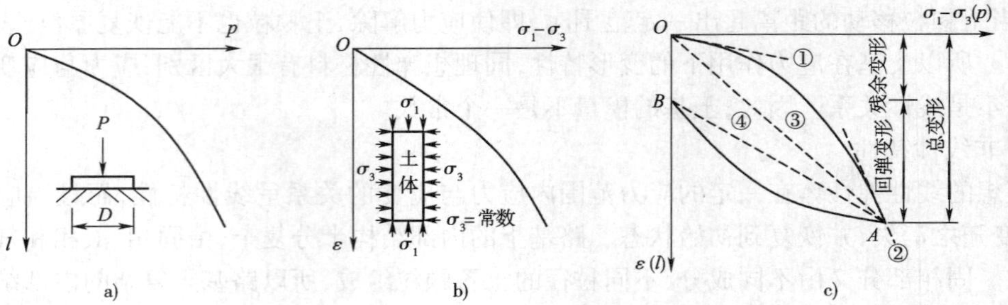

图 5.6　路基土的应力—应变关系曲线

的初始阶段,变形的大小随着荷载持续时间的延长而增大,以后逐渐趋向稳定。试验表明,回弹变形与荷载持续时间关系不大,所以土的流变性质主要与塑性变形有关。汽车在道路上行驶,车轮对路基的作用时间很短,在这一瞬间,产生的塑性变形比静荷载长期作用下的塑性变形小得多。因此,一般情况下,不考虑路基的流变影响。

路基承受车轮荷载的多次重复作用,每一次荷载作用之后,回弹变形即时消失,但是塑性变形则不能再恢复,从而产生塑性变形的积累。随着荷载作用次数的增加,路基内累积变形逐渐增大;但是随着荷载重复作用次数的增加,每一次产生的塑性变形则逐渐减小,所以其变形累积速度随作用次数的增加而减缓。路基的模量值与路基的变形性质有关,荷载多次重复作用与一次作用相比,塑性变形增大。因此,一切与塑性变形有关的模量将随着荷载作用次数的增加而减小,而回弹变形受荷载重复次数的影响则较小。

总之,路基的流变性质与重复荷载作用下的变形累积性质对回弹变形的影响较小,所以对路基回弹模量的影响也较小。因此,这两种性质在路基回弹模量试验测试方法中一般都不予以考虑。

5.3.2　路基回弹模量的确定方法

土基回弹模量可以表征土基的承载能力,能反映土基在瞬时荷载作用下的可恢复变形性质,是路面结构设计中的一个重要参数。现行路面设计规范中规定确定路基回弹模量的方法主要有四种,即查表法、现场实测法、室内试验法和换算法。这些方法除查表法以外,其他方法都需要进行试验测定,并考虑含水率和气候等因素的综合影响。所以,目前在设计中,普遍采用根据公路自然区划、路基土质类型、平均稠度等参数的查表法,而《公路沥青路面设计规范》(JTG D50—2006)推荐的路基回弹模量参数是参考《公路柔性路面设计规范》(JTJ 014—86)而确定的,其中的参考值主要来源于 20 世纪 80 年代以前的二级及二级以下的低等级公路,并且路基的压实标准以轻型击实为主。

为了模拟车轮印迹的作用,通常都以圆形承载板压入路基的方法测定回弹模量。有两种承载板可以用于测定路基回弹模量,即柔性压板与刚性压板。

用柔性压板测定回弹模量,路基与压板之间的接触压力为常量,即:

$$p(r)=\frac{P}{\pi a^2} \tag{5.2}$$

承载板的挠度 $l(r)$ 与坐标 r 有关,在压板中心处($r=0$),即:

$$l_{r=0}=\frac{2pa(1-\mu^2)}{E} \tag{5.3}$$

在柔性压板边缘处 $r=a$,其挠度可以按下式计算:

$$l_{r=a}=\frac{4pa(1-\mu^2)}{\pi E} \tag{5.4}$$

因此,当测得压板中心或者压板边缘处挠度之后,假如 μ 为已知值,即可通过式(5.3)或式(5.4)反算,得到回弹模量 E_R 值。

用刚性承载板测定路基回弹模量,压板下路基顶面的挠度为等值,不随坐标 r 而变化。但是板底接触压力则随 r 值的变化,成鞍形分布。其挠度 l 值与接触压力 p 值可分别按式(5.5)或式(5.6)计算。

$$l=\frac{2pa(1-\mu^2)}{E}\frac{\pi}{4} \tag{5.5}$$

$$p(r)=\frac{1}{2}\frac{pa}{\sqrt{a^2-r^2}} \tag{5.6}$$

测得刚性板挠度之后,即可按式(5.5)反算,得到回弹模量 E_R 值。式中 p 为平均单位压力。

5.3.3 刚性承载板下弹性半空间体理论研究

假定圆形刚性承载板的半径为 a,放在路基表面上,在通过板中心的外加力 P 作用下,刚性承载板下沉量为 w_0(图 5.7)。假定加荷载后刚性承载板与半空间体在 $0\leqslant r\leqslant a$ 区域内接触,刚性承载板半空间体的接触面绝对光滑,则该问题的边界条件如下。

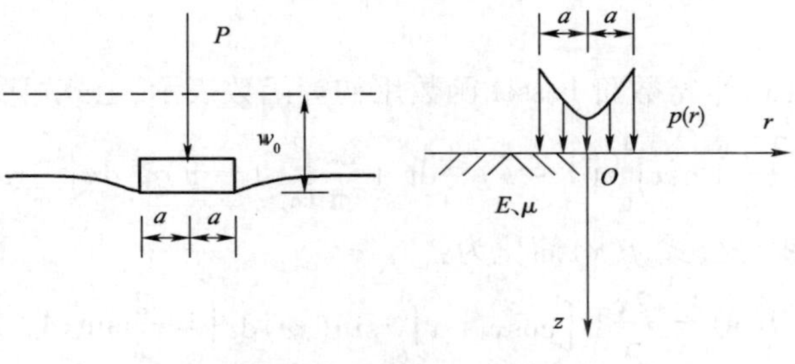

图 5.7 弹性半空间地基上的刚性承载板示意图

当 $z=0$ 时:

$$w(r)=w_0(0\leqslant r\leqslant a) \tag{5.7a}$$

$$\sigma_z=0(r\geqslant a) \tag{5.7b}$$

$$\tau_{zr}=0(0\leqslant r<\infty) \tag{5.7c}$$

当 $z\to\infty$ 时:

$$\sigma_z、\sigma_r、\sigma_\theta、\tau_{zr}、u、w\to 0 \tag{5.8}$$

很显然,表面边界条件为应力和位移混合边界条件。

由边界条件式(5.8)可知,轴对称弹性空间问题的通解式中的待定系数 $C=D=0$。

应用通解式和边界条件式(5.7c)可得:

$$A-2\mu B=0 \tag{5.9}$$

应用通解式和边界条件式(5.7b)可得:

$$\int_0^\infty [A + (1 - 2\mu)B] J_0(\xi_r) d\xi = 0 \qquad (r > a) \qquad (5.10)$$

应用通解式和边界条件式(5.7a)可得：

$$w_0 = -\frac{1+\mu}{E}\int_0^\infty [A + (2 - 4\mu)B] J_0(\xi_r) d\xi \qquad (0 \leqslant r \leqslant a) \qquad (5.11)$$

由式(5.9)得,$A = 2\mu B$,带入式(5.10)和(5.11)得到：

$$\int_0^\infty \xi B J_0(\xi_r) d\xi = 0 \qquad (r > a) \qquad (5.12)$$

$$w_0 = -\frac{2(1-\mu^2)}{E}\int_0^\infty B J_0(\xi_r) d\xi \qquad (0 \leqslant r \leqslant a)$$

令 $\xi = \frac{x}{a}, B = \frac{f(x)}{x}, A_0 = -\frac{Eaw_0}{2(1-\mu^2)}$,上述二式变为分段积分方程组。

$$\int_0^\infty x^{-1} f(x) J_0\left(\frac{r}{a}x\right) dx = A_0 \qquad (r > a) \qquad (5.13)$$

$$\int_0^\infty f(x) J_0\left(\frac{r}{a}x\right) dx = 0 \qquad (0 \leqslant r \leqslant a)$$

式(5.13)为确定式$f(x)$待定系数 B 的对偶积分方程,式(5.13)的求解可见有关文献,解答如下：

$$f(x) = \frac{\sqrt{2}A_0 x}{\Gamma\left(\frac{1}{2}\right)}\left[x^{\frac{1}{2}} J_{-\frac{1}{2}} \int_0^1 v(1 - v^2)^{-\frac{1}{2}} dv + \int_0^\infty u(1 - u^2)^{-\frac{1}{2}} du + \int_0^1 (xv)^{\frac{3}{2}} J_{\frac{1}{2}}(xv) dv\right]$$

把 $J_{\frac{1}{2}}(x)$ 和 $J_{-\frac{1}{2}}(x)$ 半奇数阶 bessel 函数用初等函数表示,上式可变为：

$$f(x) = \frac{2A_0 x}{\pi}\cos x \int_0^1 v(1 - v)^{-\frac{1}{2}} dv + \frac{2x}{\pi}\int_0^1 (1 - u)^{-\frac{1}{2}} du \int_0^1 xv \sin xv dv$$

应用第一类欧拉积分公式,$f(x)$简化为：

$$f(x) = \frac{2x}{\pi}A_0\left[\cos x + x\int_0^1 v\sin(xv) dv\right] = \frac{2}{\pi}\sin x A_0$$

代入 A_0 ,最后得到：

$$f(x) = -\frac{E}{1-\mu^2}\frac{aw_0}{x}\sin x$$

$$B = \frac{Eaw_0}{(1-\mu^2)\pi}\frac{\sin x}{x}$$

$$A = \frac{2\mu Eaw_0 \sin x}{(1-\mu^2)\pi x}$$

把 A、B 代回通解可得到：

$$\sigma_z = -\frac{Ew_0}{(1-\mu^2)\pi a}\int_0^\infty \left(1 + \frac{z}{a}x\right) e^{-\frac{z}{a}x} \sin x J_0\left(\frac{r}{a}x\right) dx$$

$$w = -\frac{w_0}{(1-\mu)\pi}\int_0^\infty \left(2 - 2\mu + \frac{z}{a}x\right) e^{-\frac{z}{a}x} \frac{\sin x}{x} J_0\left(\frac{r}{a}x\right) dx$$

当 $z = 0$ 时：

$$\sigma_z = -\frac{Ew_0}{(1-\mu^2)\pi a}\int_0^{\infty} \sin x J_0\left(\frac{r}{a}x\right)\mathrm{d}x$$

$$w = \frac{2w_0}{\pi}\int_0^{\infty} \frac{\sin x}{x} J_0\left(\frac{r}{a}x\right)\mathrm{d}x$$

将 sin$x$ 表示成半阶贝塞尔函数,并利用斯图夫(Struve)积分可得:

$$\sigma_z = -\frac{Ew_0}{(1-\mu^2)\pi a}\begin{cases}\dfrac{1}{\sqrt{1-\left(\dfrac{r}{a}\right)^2}} & (r \leqslant a)\\ 0 & (r > a)\end{cases} \tag{5.14}$$

$$w = -\frac{2w_0}{\pi}\begin{cases}\dfrac{\pi}{2} & (r \leqslant a)\\ \arcsin\dfrac{a}{r} & (r > a)\end{cases} \tag{5.15}$$

式(5.14)表明刚性承载板与路基接触区域内的应力分布在承载板边缘具有奇异性,对应柱坐标系中轴对称荷载的表达式中 $m = \frac{1}{2}$。

进一步通过对式(5.14)进行积分,可建立起刚性承载板弯沉 w_0、外力均布荷载密集度 p 与路基土的回弹模量 E_0 之间的关系式:

$$\pi a^2 p = -\int_0^{2\pi}\int_0^a \sigma_z r\mathrm{d}r\mathrm{d}a = \frac{2Ew_0 a}{1-\mu^2}$$

即:

$$w_0 = \frac{2pa(1-\mu^2)}{E}\cdot\frac{\pi}{4} \tag{5.16}$$

式(5.16)在路基土回弹模量的测量中具有重要意义。由于不同材料及同一材料不同压实状态等,应用式(5.16)进行回弹模量测试时要注意泊松比 μ 的取值。

5.3.4 现场承载板法修正

现场承载板法适用范围广,不仅适用于细粒土,而且适用于粗粒土和巨粒土,其测试结果反映了路基实际填料和压实的综合强度,符合路基填筑的实际情况,所以可作为路面设计参数选用。但是,现场承载板法具有调试复杂、测试耗时耗力及一定危险性等缺点,所以在试验中对以下几个方面进行了修正,从而保证了试验结果的准确性。

由于现场承载板测试时,贝克曼梁弯沉仪支点和百分表支架直接摆放在路基表面,二者必然处在测试车辆后轮的作用范围内,随着加载卸载过程中汽车后轮荷载与承载板荷载的变化,贝克曼梁弯沉仪支点和百分表支架必然产生变形,从而影响回弹变形读数的精度。为此,采用弹性半空间理论,分析了贝克曼梁支点变形和百分表支架变形对现场承载板法测试的回弹变形的影响,见图 5.8 和图 5.9 计算图示。

根据图 5.9 可以得到,实际弯沉 w_1 与实测弯沉 w_4、支点变形 w_Z 和支架变形 w_B 的关系为:

$$w_1 = 2w_4 + w = 2w_4 + 3w_Z - 2w_B \tag{5.17}$$

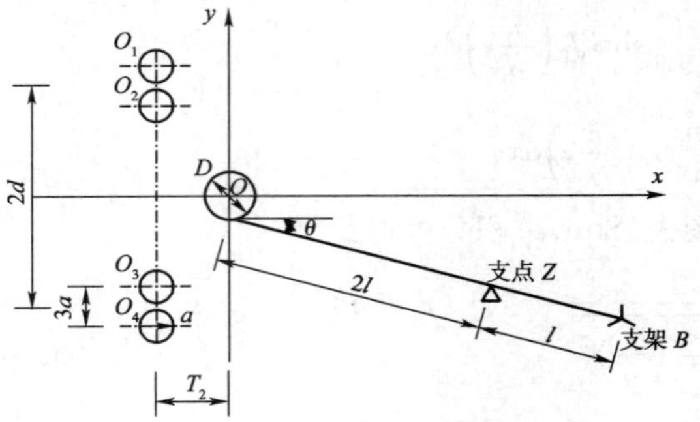

图 5.8　现场承载板法的支点和支架变形分析计算图示

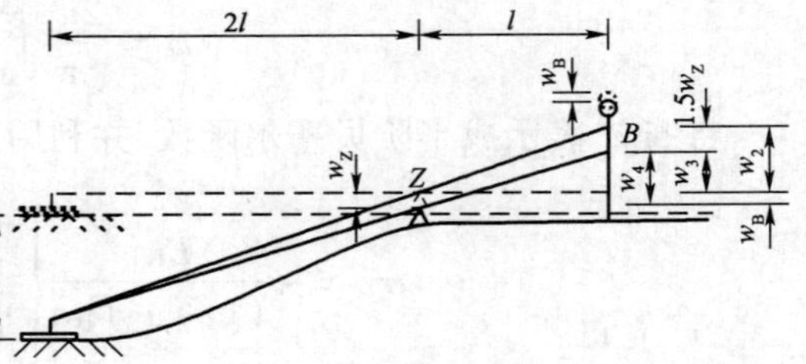

图 5.9　支点变形和支架变形对测试结果影响分析图示

通过上式及弹性半空间理论分析结果表明，在加载和卸载过程中，由于承载板荷载和测试车后轮荷载具有此消彼长且总荷载不变的特点，支点和支架的变形一般都小于 1（0.01mm），造成的弯沉测试结果的相对误差小于 2%，总体上支点和支架的变形对路基回弹模量的测试结果影响不大。因此，可不考虑加载和卸载过程中支点和支架变形对承载板测试结果的影响，实际测试时，3.6m 贝克曼梁和 5.4m 贝克曼梁都可以采用。

为了尽可能减小加载卸载过程中支点和支架变形对回弹变形测试结果的影响，即式(5.17)中的支点和支架变形弯沉差（$w = 3w_Z - 2w_B$）尽可能为零。由此，通过弹性半空间理论分析，根据测试车辆的前后轴距 T_1 及后轴与后梁距离 T_2 提出了贝克曼梁摆放最佳角度的经验公式为：

5.4m 贝克曼梁　$\theta_{5.4} = 12.41 \cdot T_1 + 8.84 \cdot T_2 - 11.30\ (R^2 = 0.99953)$　(5.18)

3.6m 贝克曼梁　$\theta_{3.6} = 7.18 \cdot T_1 + 18.12 \cdot T_2 - 16.95\ (R^2 = 0.99924)$　(5.19)

式中，$\theta_{5.4}$和$\theta_{3.6}$分别为 5.4m 贝克曼梁和 3.6m 贝克曼梁与路中线夹角(°)，参见图 5.8 和图 5.9。

虽然支点和支架变形对每级加载卸载的回弹变形测试结果影响不大，但对总影响量测试结果的影响不容忽视。因为总影响量反映了测试车后轮总重对承载板回弹变形测试结果的影响，测试时，测试车开走 10m 以外，后轮和承载板的荷载均卸为零，此时，后轮和承载板的荷载没有此消彼长，相应的支点和支架变形必然对总影响量的测试结果具有较大的影响。

通过分析表明，支点和支架变形造成总影响量实际值 a_z 与实测值之间的差值 w 与实际值 a_z 之比，对于 3.6m 贝克曼梁和 5.4m 贝克曼梁分别为 0.66～1.00 和 0.54～0.78。由此带来的路基回弹模量测试误差在 5% 左右，若贝克曼梁摆放的角度不合适，其误差会更大。为此，建议测试总影响量时，现场承载板法的 2 台贝克曼梁，1 台用于测试承载板的回弹变形 w_1，1 台用于测试贝克曼梁支点变形 w_2，从而总影响量 a 的测试结果为：

$$a = 2w_1 + 3w_2 \tag{5.20}$$

上式中未考虑百分表支架变形，一般情况下，百分表支架距后轮在 5m 以上，现场的回弹变形很小，可不考虑。同时，未考虑支架变形也可抵消一部分加载卸载过程中支点和支架变形引起的回弹弯沉测试结果的误差。

1）原点修正分析

通过现场大量测试的 p-l 曲线分布规律，总结了 p-l 曲线具有开口向下的抛物线形、直线形、开口向右的抛物线形、S形和Z形等形式，并定性地分析了 p-l 曲线类型与土中粗粒含量的关系，分析了实测的 p-l 曲线具有S形和Z形两种反弯形式，具体如表5.2所示。

p-l 曲线类型与粗粒含量关系　　表5.2

粗粒含量	土体结构	p-l 曲线类型	反弯类型
不含或少量	密实板体结构	开口向下抛物线形	S形反弯
一定量	密实悬浮结构	Z形	S形反弯
较多	密实骨架结构	S形	Z形反弯
多	骨架嵌挤结构	开口向右抛物线形	Z形反弯

大量实测的 p-l 曲线表明，原点修正值一般情况下为正值，但也经常出现负值的情况，其产生的原因与室内承载板法类似。对于较硬的路基，由于承载板下路基表面总存在一些凹凸不平和浮土，或者承载板板底不够平整，容易形成正原点修正值；而较软的路基，表面常存在硬壳层，容易形成负原点修正值。因此，正负原点修正值都不是路基本身的回弹变形，为了保证实测回弹变形能真实地反映路基总体变形情况，以及 p-l 曲线的光滑特性，正负原点修正值都应进行修正，即予以扣除。

原点修正值的大小通常采用绘制 p-l 曲线作图的方法凭经验确定，其随意性和不确定性较大。通过不同填料路基采用不同的原点修正值计算路基回弹模量的结果表明，当原点修正值由0增加到10，细粒土路基回弹模量平均提高了18.4%，粗粒土路基回弹模量提高了41.2%，填石路基回弹模量提高了100.0%，表明路基刚度越大，回弹模量对原点修正越敏感。因此，原点修正值的确定非常重要，直接影响着路基回弹模量值的精度。

为了方便计算机处理，通过大量实测 p-l 曲线的回归分析表明，上述5类 p-l 曲线可用直线、二次抛物线和三次抛物线三种多项式关系进行拟合，其相关性非常好，同时拟合多项式的常数项即为原点修正值。因此，为了避免拟合过度，确定合理的原点修正值，建议采用三次或三次以内的多项式拟合 p-l 曲线，并由其常数项确定原点修正值。

2）承载板直径影响分析

在室内土工直槽中，分别采用30cm、40cm、50cm、60cm、70cm、80cm、90cm和100cm 8种不同直径的承载板进行测试，从而得到不同测试控制标准下不同直径承载板的路基回弹模量测试结果。做出路基回弹模量与承载板直径 $E \sim D$ 关系图，进而提出现场承载板的修正系数 K_D。

5.3.5 承载板法现场试验研究

承载板法是通过对土基逐级加载、卸载来得到不同荷载（应力）级位下的变形（应变）响应，其实际荷载—变形曲线如图5.10所示，其中 l_e 是对应荷载级位下的回弹变形。

依据刚性承载板测定半空间弹性无限体弹性模量，压板下弹性体顶面的挠度l为等值，根据弹性理论，挠度可根据下式计算：

$$l = \frac{2p\delta(1-\mu^2)}{E}\frac{\pi}{4} \tag{5.21}$$

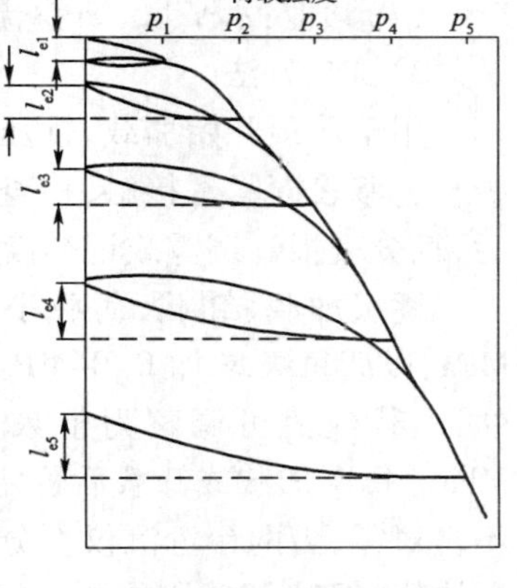

图5.10　逐级加、卸载变形图

式中：p——平均单位压力；

δ——承载板半径；

μ——材料泊松比；

E——材料弹性模量。

在测得刚性板下挠度变形后，根据上式反算，即可得弹性模量。由于在理论法为基础的道路设计方法中，用土基的回弹模量来代替弹性模量，因此应用承载板法来测定土基回弹模量，量测多次加、卸荷刚性承载板下的回弹挠度变化 l_i，并按照线形回归的方法得到回弹模量 E_z：

$$E_z = \frac{\pi D}{4} \times \frac{\sum p_i(1-\mu^2)}{\sum l_i} \tag{5.22}$$

我国《公路沥青路面设计规范》(JTG D50—2006)和《公路路基路面现场测试规程》(JTG E60—2008)均规定现场承载板法是测试路基回弹模量的标准方法，可作为路面设计参数使用，并提出采用1mm以前的应力和回弹变形作为分析计算路基回弹模量的控制标准。同时，《公路沥青路面设计规范》(JTG D50—2006)中，路基回弹模量参考值也主要来源于此规定的现场承载板法大量的调查和测试结果，煤矸石作为一种填筑路基的新材料，没有现成的回弹模量可以查表。因此，在试验段完工后，对路基进行承载板法测定回弹模量，能更好地指导煤矸石路基的设计与施工。

1)试验仪器

(1)加载设施：后轴重不小于60kN的载重汽车作为加载设备，汽车大梁后轴之后设附加梁一根作反力架，汽车轮胎充气压力0.5MPa。

(2)现场测试装置：由千斤顶、测力环、球座组成。

(3)承载板：直径30cm，板厚20mm的刚性承载板一块，安放在土基表面(图5.11)。

(4)弯沉仪2台：由贝克曼梁与百分表、支架组成。

(5)液压千斤顶80～100kN。

(6)测力环：量程大于土基强度，精度不小于量程的7/100。

(7)其他：水平尺、细砂、刷、垂球、铲等。

2)试验方法

用千斤顶开始加载，预压0.05MPa，稳定1min，使承载板与土基表面紧密接触，检查百分表，然后卸载，稳定1min后，百分表指针调零或记初读数。

逐级加载、卸载，荷载小于0.1MPa时，每级增加0.02MPa，以后每级增加0.04MPa左右，为了加载和计算的方便，加载数值可调整为整数。本试验采用每级加载0.05MPa。每次加载或卸载后稳定1min读记数，卸载后百分表不再对零，当两台弯沉仪百分表读数小于平均值30%时取平均值，超过30%则重测。回弹变形超过1mm或加载超过

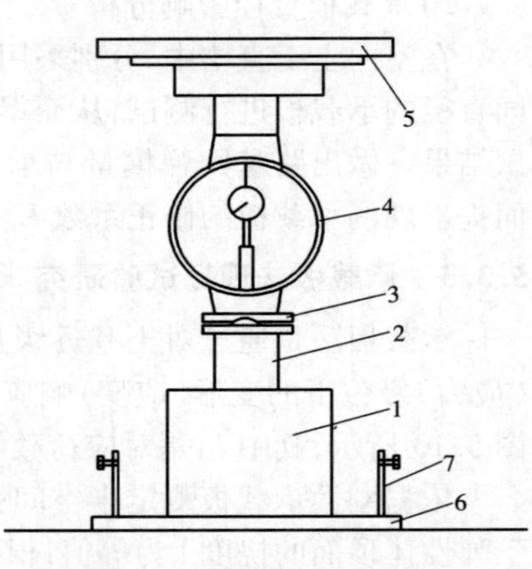

图5.11　承载板试验装置图

1-千斤顶；2-钢圆筒；3-钢板及球座；4-测力计；5-加劲横梁；6-承载板；7-立柱及支座

0.5MPa 可停止加载。

$$回弹变形=(加载后读数-卸载后读数)\times杠杆比$$

$$总变形=(加载后读数-加载初始前读数)\times杠杆比$$

总影响量 a:最后一次加卸载循环结束,取走千斤顶,重读百分表读数,然后开走汽车,读终读数。初、终读数差即为总影响量 a。

结果处理:各级压力的回弹变形值加上该级的影响量后,则为计算回弹变形值。各级压力下的影响量 a_i 按下式计算:

$$a_i = \frac{(T_1 + T_2)\pi D^2 p_i}{4T_1 Q} \cdot a \tag{5.23}$$

式中:T_1——测试车前后轴距,m;

T_2——加劲小梁距后轴距离,m;

D——承载板直径,m;

Q——测试车后轴重,N;

p_i——该级承载板压力,Pa;

a——总影响量,0.01mm;

a_i——该级压力的分级影响量,0.01mm。

3)检测结果分析

将各级计算回弹变形值点绘于标准计算纸上,排除显著偏离的异常点并绘出顺滑的 p-l 曲线,如图 5.12 所示,如曲线起始部分出现反弯,应按图所示修正原点 O,O'即修正后的原点。由图 5.12 可以看出路基变形非线性特性的普遍性。

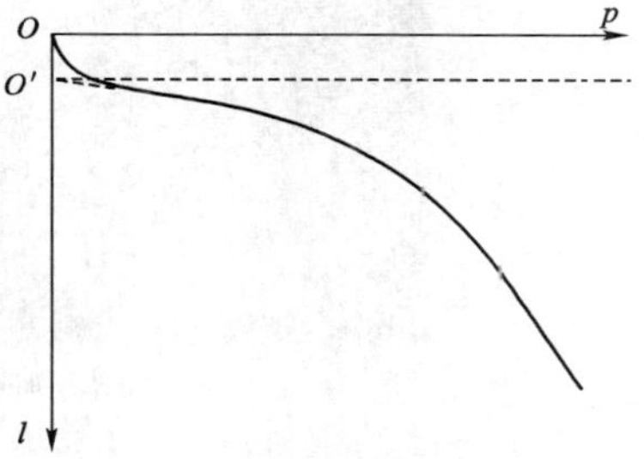

图 5.12 现场承载板试验 p-l 曲线

按下式计算各级荷载作用下的路基回弹模量 E_i 值:

$$E_i = \frac{\pi D}{4} \cdot \frac{p_i}{l_i}(1 - \mu_0^2) \tag{5.24}$$

式中:E_i——相应于各级荷载下的路基回弹模量,MPa;

μ_0——路基土的泊松系数,根据路面设计规范选用,一般取 $\mu_0 = 0.35$;

D——承载板直径,$D = 30$cm;

p_i——承载板压力,MPa;

l_i——相对于荷载 p_i 时的回弹变形,cm。

连接各试验前的各回弹变形值,按线性归纳法,由下式计算路基回弹模量 E_0 值:

$$E_0 = \frac{\pi D}{4} \cdot \frac{\sum p_i}{\sum l_i}(1 - \mu_0^2) \tag{5.25}$$

由上述现场承载板试验法可以看出,现场承载板试验的适用范围广,不仅适用于细粒土,而且适用于粗粒土和巨粒土;同时,现场承载板法反映了路基实际填料和压实的综合强度,符合路基填筑的实际情况。因此,其测试结果可作为路面设计参数选用。

对高速、一级和二级公路,半刚性基层沥青路面、水泥混凝土路面,由于路面较厚,模量较高,交通荷载传递到路基的受力较小,实际上往往小于 0.1MPa,变形小于 0.3~0.5mm;而当路面较薄,公路等级较低时,路基受力较大,变形就可能达到 0.5~1.0mm。因此,应根据实际情况而定。对于前一种情况，回弹弯沉达到 1mm 时路基的压力已经很大，产生了一部分塑性变形，使得所测回弹模量较实际情况偏小，从而造成在路面设计时对结构层的模量和厚度要求过高。煤矸石路基回弹模量现场实测见图 5.13。

a）使用压力机对测力环进行校正　　b）现场回弹模量测试全景图

c）人工加载　　d）工作中的测力环

图 5.13　煤矸石路基回弹模量现场实测图

在现场承载板试验中，在试压时得知回弹变形为 0.5mm 时应力约为 0.55MPa，远远大于 0.1MPa，为了试验便于操作，采用了控制应力的方法，加载分级为：0.02、0.04、0.06、0.08、0.1、0.15、0.2、0.25、0.3、0.35、0.4、0.45、0.5，各测点在不同荷载标准下的回弹模量值如表 5.3 所示。

各回弹变形值按线性归纳法，计算路基回弹模量。由表中的计算数据可知，煤矸石路基的回弹模量比土基高出很多，说明煤矸石路基中的粗颗粒充当骨架，细颗粒填充其中，整个路基结构具有很好的力学结构性能。

承载板测回弹模量数据表（MPa）　　表 5.3

测点	0.04	0.08	0.1	0.2	0.3	0.4	0.5	E_0
K95 +730	105.5	154.7	167.4	170.8	190.5	202.2	188.8	178.4
K95 +740	138.5	144.6	151.2	148.5	159.0	187.2	218.4	180.2
K95 +750	152.4	128.7	114.4	124.8	162.4	195.7	186.8	170.2
K95 +760	94.6	106.9	124.6	130.5	148.5	159.5	162.9	141.7
K95 +770	88.1	95.7	106.2	116.7	132.5	156.5	180.5	138.8
K95 +780	210.7	152.4	137.2	205.5	169.0	193.4	205.5	184.4

续上表

测点	0.04	0.08	0.1	0.2	0.3	0.4	0.5	E_0
K95 +790	152.4	119.4	142.0	175.1	169.0	213.4	193.9	177.4
K95 +800	119.4	133.9	114.4	171.4	164.5	184.7	171.4	161.2
K95 +810	165.8	195.1	202.3	188.4	205.6	190.6	210.5	199.4
K95 +820	210.2	234.3	200.2	161.2	170.0	182.5	174.8	181.1
K95 +830	138.6	166.5	203.3	181.1	167.6	191.5	185.1	177.6
K95 +840	106.9	157.9	171.0	174.6	195.3	180.4	193.5	173.2

5.4 煤矸石路基回弹模量与弯沉相关性

5.4.1 路基回弹模量与弯沉值之间的理论分析

路基强度的大小在宏观上表现为弯沉值的大小，即路基回弹模量与弯沉值之间具有良好的相关关系，其相关关系式有以下几种：

$$l_0 = 68\,640.49E_0^{-1.429} \tag{5.26}$$

$$l_0 = 9\,308E_0^{-0.938} \tag{5.27}$$

$$l_0 = 1\,000 \cdot \frac{2p\delta}{E_0}(1-\mu_0^2)\alpha_0 = 9\,315.47 \cdot E_0^{-1} \tag{5.28}$$

式中：p——测定车单轮轮胎接地压强，MPa，对标准轴载 BII-100 来说，其值为 0.7MPa；

E_0——路基回弹模量值，MPa；

δ——当量圆半径，对标准轴载 BZZ-100 来说，其值为 10.65cm；

α_0——均匀体弯沉系数，取 0.712。

$$l_0 = 1\,000 \cdot \frac{\pi D}{4} \cdot \frac{p'}{E_0}(1-\mu_0^2) = 2\,067.561E_0^{-1} \tag{5.29}$$

式中：μ_0——土的泊松比，取 0.35；

D——承载板直径，取 30cm；

p'、l_0——分别为压强值（取 0.1MPa）与其对应的回弹变形值（0.01mm）。

式(5.28)、式(5.29)中的弯沉值应取平均值。

式(5.26)、式(5.27)分别由《公路沥青路面设计规范》（JTG D50—2006）、《公路路面基层施工技术规范》（JTJ 034—2000）给出的经验公式而导出。式(5.28)是利用弯沉仪测定路基弯沉时所采用的公式，式(5.29)是利用大型承载板测定路基时采用的公式。公式中弯沉的单位皆为 0.01mm。比较式(5.26)、式(5.27)、式(5.28)及式(5.29)得到的弯沉值如表 5.4 所示。

式(5.26)从均值和方差上看值最小，其变异系数值和式(5.27)、式(5.28)的变异系数值相差不大。而且，式(5.26)、式(5.27)是经验公式，应用上具有一定的局限性，而式(5.28)和式(5.29)是现场实测数据，具有可靠性，所以该四个公式相比较，式(5.28)更优。式(5.28)是由现场承载板法所应用的公式，也是比较常用的，所得的弯沉值最小。

由式(5.19)~式(5.22)得到的弯沉值 l_0(0.01mm)比较 表5.4

公式 / E_0 值(MPa)	由式(5.19)得到的 l_0 (0.01mm)	由式(5.20)得到的 l_0 (0.01mm)	由式(5.21)得到的 l_0 (0.01mm)	由式(5.22)得到的 l_0 (0.01mm)
30	531.832	383.104	310.516	68.929
31	507.487	371.500	300.499	66.70
32	484.977	360.600	291.108	64.61
33	464.113	350.341	282.287	62.65
34	444.731	340.666	273.984	60.81
35	426.685	331.528	266.156	59.07
36	409.849	322.883	258.763	57.43
37	394.112	314.690	251.770	55.88
38	379.376	306.916	245.144	54.41
39	365.552	299.528	238.858	53.01
40	352.563	292.500	232.887	51.69
平均值	432.843	334.023	268.361	59.56
方差	59.250	29.972	25.677	5.70
变异系数(%)	13.689	8.973	9.568	9.57

当轮胎接地压强和承载板压强相同时，轮测弯沉与板测弯沉之比的取值如何，一般情况下，应通过在旧路面上进行对比试验确定。20世纪80年代中期，交通部公路研究所曾在广西玉林地区做过承载板弯沉 L 和轮测弯沉 l_0 对比试验(表5.5)，并得到如下统计关系式：

$$L = 0.86 l_0^{1.013} \tag{5.30}$$

轮板弯沉值对比 表5.5

轮测 l_0	50	60	70	80	100	150	200	250	300
板测 L	45.2	54.4	63.2	72.8	91.3	137.7	184.3	231	278
l_0/L	1.11	1.10	1.10	1.10	1.10	1.09	1.09	1.08	1.08

从表5.5中可以看出：在一个相当大的范围内，l_0/L 均十分接近1.1，因此在没有实测资料的情况下，推荐 l_0/L 取值为1.1。这是从实测的角度看。如果从理论计算的弯沉值来看，如由式(5.28)和式(5.29)计算的平均值之比为268.361/59.56=4.51，与实测的 $l_0/L=1.1$ 相差较大。究其原因，$l_0/L=1.1$ 是根据实测数据推算出来的，而这些实测数据是在路面上做试验得来的。式(5.28)和式(5.29)计算的弯沉值是在路基上测出来的，路面强度比路基要大得多，所以路面承载板的弯沉和轮胎实测弯沉相差不大，而竣工路基上轮胎实测弯沉和承载板弯沉就相差很大。

大量试验表明，路基回弹模量值和路基回弹弯沉值之间具有一定的、比较直接的相关关系。因为弯沉测定比承载板法简便、快速，所以可以选择典型路段用测试其路基弯沉值 l_0 和相应的回弹模量值 E_0，然后建立 E_0 与路基弯沉值 l_0 的相关关系，用弯沉值计算或检验路基回弹模量，这样可以大大减轻工作量，提高工作效率。

5.4.2 青兰高速试验段相关关系实测

青兰高速煤矸石路基施工完成后进行弯沉和路基回弹模量的测定，在承载板试验测试点附近进行弯沉检测，以得到相对准确的对应数据。试验段弯沉数据如表5.6所示。

试验段弯沉数据表 表5.6

桩号	弯沉(0.01mm)	路基回弹模量 E_0 (MPa)	桩号	弯沉(0.01mm)	路基回弹模量 E_0 (MPa)
K95+730	62	178.4	K95+790	48	177.4
K95+740	57	180.2	K95+800	72	161.2
K95+750	65	170.2	K95+810	44	199.4
K95+760	86	141.7	K95+820	49	181.1
K95+770	93	138.8	K95+830	56	177.6
K95+780	53	184.4	K95+840	51	173.2

回弹模量与弯沉关系如图5.14所示。利用幂指数进行回归，回归关系式为：

$$E_0 = 964.75 l_0^{-0.4228} \qquad (R^2 = 0.8, n = 12) \tag{5.31}$$

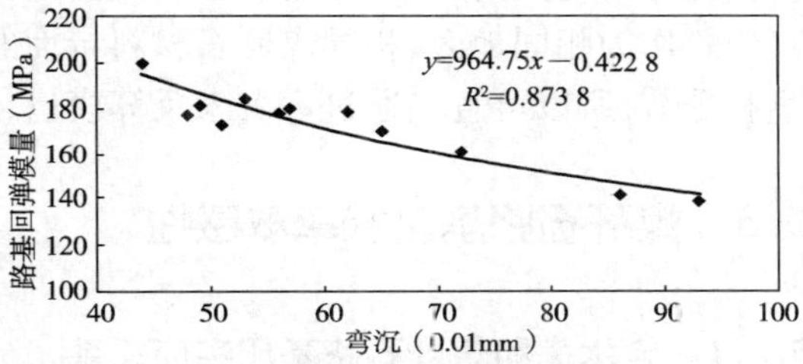

图5.14 试验段路基回弹模量与弯沉关系图

对于试验回归的路基回弹模量与弯沉相关关系公式的准确程度，我们通过使用规范推荐公式1：$E_0 = 17\,029 l_0^{-1.0661}$（$l_0 = 9\,308 E_0^{-0.938}$）、规范推荐公式2：$E_0 = 2\,430 l_0^{-0.7}$（$l_0 = 68\,640.49 E_0^{-1.429}$）和试验回归公式：$E_0 = 964.75 l_0^{-0.4228}$ 分别计算，对计算结果进行了对比，结果如表5.7所示。

试验公式和规范公式计算对比表 表5.7

序号 \ 项目	弯沉平均值(0.01mm)	本次试验实测回弹模量值(MPa)	回归公式计算回弹模量值(MPa)	回归值与试验值偏差(%)	规范公式1计算回弹模量值(MPa)	规范公式1值与试验值偏差(%)	规范公式2计算回弹模量值(MPa)	规范公式2值与试验值偏差(%)
1	62	178.4	168.5	−5.6	209.1	17.2	135.2	−24.2
2	57	180.2	174.6	−3.1	228.7	26.9	143.4	−20.4
3	65	170.2	165.2	−3.0	198.8	16.8	130.8	−23.2
4	86	141.7	146.7	3.5	147.5	4.1	107.5	−24.1
5	93	138.8	142.0	2.3	135.7	−2.2	101.8	−26.7
6	53	184.4	180.0	−2.4	247.1	34.0	150.9	−18.2
7	48.5	177.4	187.8	5.8	274.7	54.8	161.7	−8.8
8	72	161.2	158.2	−1.9	178.3	10.6	121.8	−24.5
9	44	199.4	194.8	−2.3	301.4	51.1	171.9	−13.8
10	49	181.1	186.1	2.8	268.7	48.4	159.4	−12.0
11	56	177.6	175.9	−1.0	233.0	31.2	145.2	−18.3
12	51	173.2	183.0	5.7	257.5	48.7	155.0	−10.5

由表5.7和图5.15可以看出,规范推荐公式1计算出来的路基回弹模量值与实测值相差的最大偏差绝对值为54.8%,最小偏差绝对值为2.2%,平均偏差绝对值达到28.5%,计算值大部分比试验实测的回弹模量值大;规范推荐公式2计算出来的路基回弹模量值与实测值比较接近,最大偏差绝对值为26.7%,最小偏差绝对值为8.8%,平均偏差绝对值达到18.7%,而且都比试验实测的回弹模量值小;而使用本次试验回归得到的公式计算出来的路基回弹模量值与实测值相差较小,最大偏差绝对值为5.8%,最小仅为1.0%,平均偏差绝对值为3.3%。因此,规范推荐公式计算值不是偏大就是偏小,用规范公式来推算路基回弹模量值是不安全的,所以这两个规范推荐公式不能合理反映煤矸石的回弹模量与回弹弯沉之间的关系,因而试验回归公式更适合邯郸地区煤矸石路基回弹模量,建议将此回归公式作为相同地区、相同煤矸石材料特性的路基弯沉控制参考标准。由于测定的弯沉是在不利季节,所以可直接通过弯沉来反算模量,以此模量来与设计回弹模量比较。

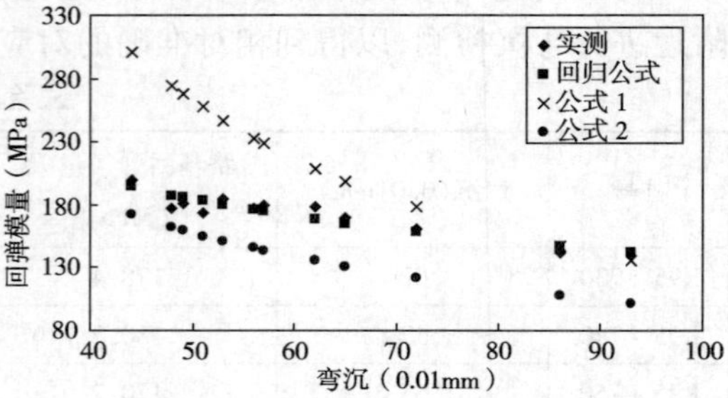

图5.15　路基回弹模量与弯沉关系回归式与规范式比较图

5.5　煤矸石路基含水率敏感性

5.5.1　含水率和煤矸石路基压实度关系

含水率不仅是影响土样压实的关键因素之一,同时也是影响煤矸石路基压实的关键因素之一。至今,国内规范或标准多以重型击实试验的最佳含水率为基准,执行+2、-3的控制含水率标准。但这种一成不变的击实曲线得到的最佳含水率+2、-3的经验标准已不符合现今路基压实的规律,这是因为施工控制含水率主要受土性、气温、碾压机具的压实能力及填料压实的要求参数等的影响。

目前,我国《公路路基施工技术规范》(JTG F10—2006)中规定,凡是适合填筑路基的土,无论何种土质,均采用压实度(即压实系数 K)法进行控制。在该规范中,对于含水率的控制只规定了“细粒土、砂类土和砾石土无论采用何种压实机械,均应在该种土的最佳含水率±2以内压实”,而在《公路工程质量检验评定标准》(JTG F80/1—2004)土方路基的验收项目中,并没有对施工控制含水率提出具体要求,也即路基验收时只要路基的压实度及弯沉等合乎要求,不论含水率大小均认为合格。既然从以上分析可以看出在路基压实施工中压实含水率的控制是极其重要的,那么,规范中说法与前面所述施工控制含水率的重要性是不妥当的。

由第4章击实试验结果可以看出,当含水率较小时,随着含水率的增加干密度会随之增大,当含水率增加到某值时干密度达到最大值,如再增加含水率,曲线就开始下降,曲线上峰值点处的横坐标称为煤矸石的最佳含水率,峰值点相应的纵坐标称为煤矸石的最大干密度。

对这个变化规律的解释,一般是以土的水膜理论来说明,该理论认为土样中的水呈两种状态,一种是符合液体规律的自由水,另一种是包围土粒表面的弹性水膜。由于土粒表面电子力的作用,使这层弹性水膜具有类似固体的性质,即具有特殊的黏滞性、抗剪性和弹性,这层水膜越薄,这种特性就会越显著。随着水膜的增厚,土粒表面的电子力的控制作用减弱,从而使这些性能迅速丧失,当水膜增加到某一厚度,它的抗剪性能降低到零。在这个厚度范围以内的水由于受土粒表面电子力的束缚作用,称束缚水,而在这一厚度以外的水不受土粒表面电子力的束缚呈自由状态,称自由水。土样在压缩过程中,只有自由水才产生润滑作用,而受束缚的弹性水具有抗剪性,构成土粒间相互位移的阻力,从这一观点出发就不难解释含水率对煤矸石路基压实特性的影响。

当煤矸石含水率越小时,则弹性水膜就越薄,煤矸石表面电子力控制作用就越大,煤矸石的抗剪性能就特强,压实所需的功就更大。当弹性水膜的厚度逐渐增加到使煤矸石的抗剪能力趋于零时,只需耗费最小的压实功就能使土样达到最大的密实度,这时土样的含水率就是最佳含水率,相应的干密度就是最大密实度。当煤矸石路基含水率超过最佳含水率时,土料逐渐饱和,随着自由水的增多束缚水的电子功作用逐渐消失,煤矸石颗粒间的黏结力和摩擦力逐渐消失,使煤矸石颗粒间产生润滑作用,同时,煤矸石颗粒间位移的阻力大为减少,导致煤矸石颗粒间产生"滑跑",即产生塑流现象。此时短暂的压实功只能作用在自由水上,而水又不能从煤矸石路基中排出。所以压实功不能全部传递到煤矸石颗粒上去,故产生了孔隙压力,这时压实功虽消耗很大,却不能得到较好的压实效果,而停留在孔隙中的水就阻碍了颗粒的紧密排列,煤矸石路基的密实度反而降低。故含水率超过最佳含水率后曲线就下降。由此表明,煤矸石的含水率是影响煤矸石路基土击实的重要因素之一。

5.5.2 含水率和煤矸石路基力学性质关系

路面材料受到交通荷载长期的反复作用,因材料的弱化逐渐失去抵抗荷载的能力,进而产生车辙或龟裂等永久性变形,而路基土壤亦可能因荷载或含水率变化的影响,提高产生塑性变形的潜能而降低其承载力。然而路基土壤永久变形的形成与所受应力大小及含水率有复杂的关联性,为了强化路面设计中对于路基材料行为的掌握,并提高路面管理、服务指标等相关研究的正确性。

我国《公路路基施工技术规范》(JTG F10—2006)中规定,凡是适合填筑路基的土,无论何种土质,均采用压实度(即压实系数 K)法进行控制。在该规范中,对于含水率的控制只规定了"细粒土、砂类土和砾石土无论采用何种压实机械,均应在该种土的最佳含水率 ±2% 以内压实",而在《公路工程质量检验评定标准》(JTG F80/1—2004)土方路基的验收项目中,并没有对施工控制含水率提出具体要求,也即路基验收时只要路基的压实度及弯沉等合乎要求,不论含水率大小均认为合格。既然从上面分析可以看出在路基压实施工中压实含水率的控制是极其重要的,那么,规范中说法与前面所述施工控制含水率的重要性是不妥当的。考虑含水率对土基压实的重要性,那么,就可以从煤矸石路基稳定性对含水率的敏感程度来进行分析研究。为了准确研究含水率对不同土质细粒土压实后质量的影响程度,下面以煤矸石路基为例,通过室内 CBR 试验来分析含水率对路基力学性质的影响。

试验方案:煤矸石采用干法制件,分别以最佳含水率的 +3、-2 为界,间隔为 1%,加上最佳含水率共六个值进行焖土,制备不同的压实度试样,按《公路土工试验规程》(JTG E40—2007)检测其浸水 CBR 值、不浸水 CBR 值。试验结果见表 5.8。

1)含水率与煤矸石路基强度之间的关系

为确定煤矸石在不同含水率、不同压实度下的路基强度不浸水 CBR 的变化规律,根据表 5.8 的试验结果绘制不浸水 CBR、压实度、含水率的关系如图 5.16 所示。

煤矸石 **CBR** 试验结果　　表 5.8

含水率(%)	压实度	CBR(%)		浸水前后 CBR 的降低(%)
		不浸水	浸水	
5	90	28.7	1.2	27.5
5	93	35.6	1.5	34.1
5	96	40.4	1.7	38.7
5	98	42.1	1.8	40.3
6	90	26.5	1.5	25.0
6	93	34.3	2.0	32.3
6	96	39.8	2.7	37.1
6	98	41.0	3.2	37.8
7	90	24.6	2.1	22.5
7	93	32.5	2.7	29.8
7	96	37.9	3.6	34.3
7	98	39.6	4.6	35.0
8	90	22.0	2.3	19.7
8	93	31.0	3.3	27.7
8	96	36.5	4.3	32.2
8	98	36.9	5.2	31.7
9	90	21.6	2.8	18.8
9	93	24.6	4.3	20.3
9	96	28.9	5.1	23.8
9	98	28.1	5.6	22.5
10	90	20.3	3.5	16.8
10	93	21.4	5.5	15.9
10	96	20.5	5.8	14.7
10	98	15.1	6.0	9.1

由图 5.16 可得:

(1)在同一压实度下,不浸水 CBR 随着含水率的增加在减小。对于这个变化规律的解释,一般是以土的水膜理论来说明。该理论认为土样中的水呈两种状态,一种是符合液体规律的自由水,另一种是包围土粒周围的结合水。土样在小于最佳含水率下压实时,土样中的水以结合水的形式包围于土粒周围,由于土粒表面电子力的作用,使这层结合水膜具有类似固体的性质,即具有特殊的黏滞性、抗剪性和弹性,构成土粒间相互位移的阻力。这层水膜越薄,

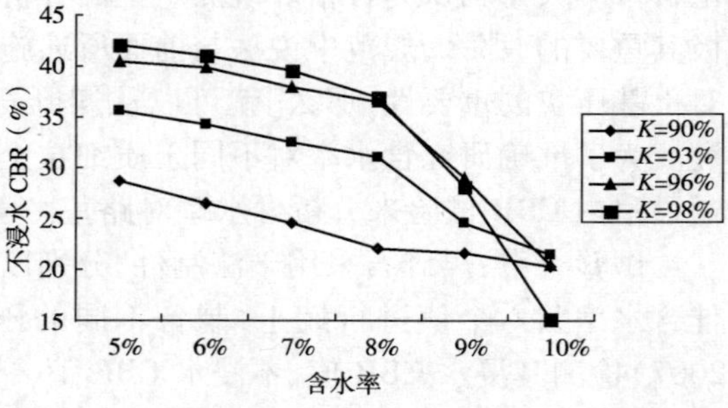

图 5.16　煤矸石压实度变化时含水率与不浸水 CBR 的关系

这种特性就会越明显，随着水膜的增厚，煤矸石颗粒表面电子力的控制作用减弱，从而使这些性能迅速丧失。因此，相同压实度下，随着含水率的增加、水膜厚度的增厚，路基强度不浸水CBR在变小。而当煤矸石路基在大于最佳含水率下压实时，煤矸石逐渐饱和。随着自由水的增多，束缚水的电子功作用逐渐消失，煤矸石颗粒间的黏结力和摩擦力逐渐消失，使颗粒间产生润滑作用，同时煤矸石颗粒位移的阻力大为减小，导致颗粒间小范围内产生相互错动，使强度降低。

(2)相同含水率下的不浸水CBR值随压实度的增大而增大。对这一现象的解释是，当含水率一定时，随着压实度的增加，密实度增加，颗粒间的黏聚力、摩擦力都在增加，因此强度在增大。

(3)在相同压实度下，不浸水CBR值与含水率具有良好的相关性，相关关系见式(5.32)～式(5.35)。

90区　$CBR_{(不浸水)} = 0.183w^2 - 7.324w + 90.43 \quad (R^2 = 0.988)$　(5.32)

93区　$CBR_{(不浸水)} = -0.498w^2 + 12.34w - 40.86 \quad (R^2 = 0.978)$　(5.33)

96区　$CBR_{(不浸水)} = -0.924w^2 + 24.77w - 125.4 \quad (R^2 = 0.986)$　(5.34)

98区　$CBR_{(不浸水)} = -0.782w^2 + 20.38w - 90.82 \quad (R^2 = 0.990)$　(5.35)

2)含水率与煤矸石路基稳定性之间的关系

根据表5.8试验结果绘制不浸水CBR值、含水率、压实度关系曲线见图5.17，浸水CBR值、含水率、压实度关系见图5.18。

由图5.17可得：①在相同的压实度下不浸水CBR值随含水率的增大而减小，含水率较小时可获得较大CBR值；②在相同的含水率下，不浸水CBR值随着压实度的增大而增大。

由图5.18可得：当含水率较小时，浸水前虽获得较大CBR值，但其水稳定性是不可靠的，这说明路基压实时的含水率，对浸水前后CBR值有很大影响。含水率较小时有利于煤矸石路基压实后强度的提高，含水率较大时有利于煤矸石路基压实后的强度稳定。即煤矸石路基压实时只控制路基压实度是保证不了路基的稳定性的。

3)结论

通过对煤矸石试验研究结果分析，可以得出以下结论：

(1)对于煤矸石来说，在相同的压实度下，不浸水CBR值随着含水率的增加而减小，含水率较小时可获得较大的CBR值。

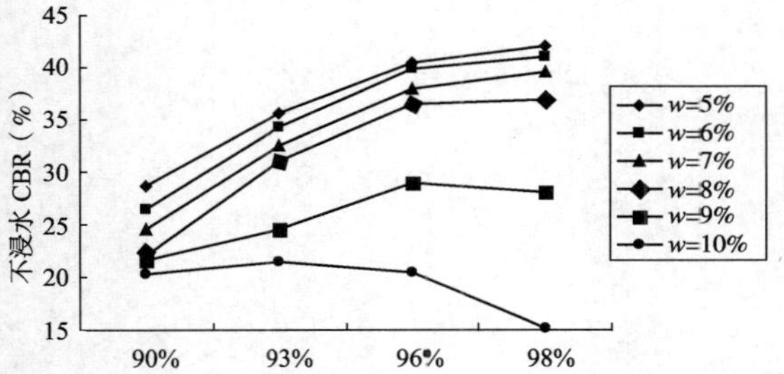

图5.17　煤矸石含水率变化时压实度与不浸水CBR的关系

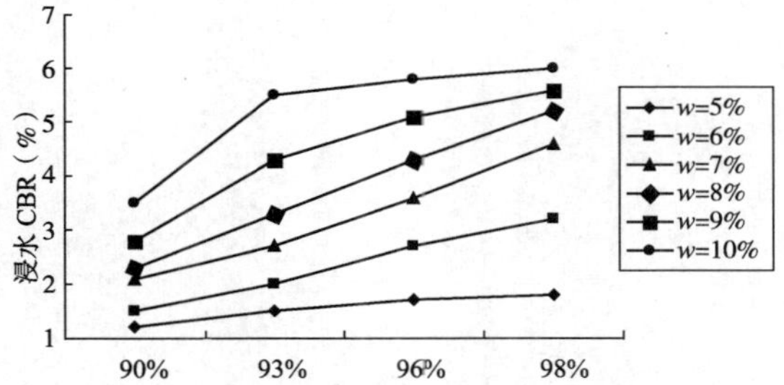

图5.18　煤矸石含水率变化时压实度与浸水CBR的关系

(2)在相同压实度下,不浸水 CBR 值与含水率具有良好的相关性。

(3)在相同的压实度下,含水率越低,其强度越大,水稳定性越差;相反,含水率越大,其强度越低,水稳定性越好。这说明煤矸石路基压实时的含水率对路基压实后的工程性质有很大影响,含水率小时有利于路基压实后强度的提高,含水率大时有利于路基压实后的强度稳定,即煤矸石路基压实时只控制路基压实度是保证不了路基的稳定性的。因此,含水率的控制应依据压实后土基希望得到的工程性质而定。

(4)在相同含水率下,浸水前后 CBR 的降低率随着压实度的增加而减小,这说明,对于低液限黏性土,压实度的提高,有利于路基压实后的稳定性。

6 煤矸石路基应力分析及沉降计算

煤矸石是一种物质组成比较特殊的土石材料，其中，软岩矸块占有相当高的比例，且含有较高比例的残留煤、有机质等不稳定组分及硫分、有毒金属等有害物质。在透水或透气环境下，水的渗透溶滤或大气氧化会导致软岩矸块崩解软化、煤分和有机质"灰化"，有害成分发生溶解或分解等各种形式的物理化学作用后，不仅对环境产生二次污染，也会引起矸石填土结构状态和密度条件发生变化，从而导致路基抗剪强度和承载能力明显下降。煤矸石作为路基充填材料利用时，需要进行较严格的防渗压密处理，抑制煤矸石中不稳定组分的物理化学分解。同时，为了使煤矸石路基具有良好的工程应用价值，需要对煤矸石路基应力工作状态及路基沉降进行系统分析，研究路基填筑高度、包边土厚度、压实度等因素对煤矸石路基应力及沉降的影响，确定合理的路基填筑高度及包边土厚度，为煤矸石路基的推广应用提供一定的理论依据及技术指导。

6.1 路基力学分析基础及沉降计算理论

6.1.1 地基应力组成

1) 自重应力

在荷载作用以前，地基中存在初始应力场。初始应力场与土体自重有关，与地下水位有关，也与地基土层的地质历史有关。在工程应用上，计算初始应力场时假设天然地基为水平均质各向同性半无限空间体，土层分界面为水平面。于是在任意竖直面和水平面上均无剪应力存在。地基中初始应力场，即地基中任一点的自重应力，只需用竖向应力和水平应力表示。竖向应力和水平应力均与深度呈线性关系。在地下水位以下土层中，初始应力场中总应力和有效应力是不相等的。成层地基中第 n 层土底自重应力计算式为：

$$\sigma_z' = \sum_{i=1}^{n} \gamma_i z_i \tag{6.1}$$

$$\sigma_x' = K_0 \sigma'_z \tag{6.2}$$

式中：σ_z'、σ_x'——分别为竖向和水平有效应力；

γ_i——第 i 层土天然重度，地下水位以下取浮重度；

z_i——第 i 层土厚度；

K_0——第 n 层土静止土压力系数。

位于地下水中的土，应考虑浮力作用，若水的重度可近似地取为 10kN/m^3 时，则土的浮重度 γ' 为饱和重度 γ_s 减 10kN/m^3，即：

$$\gamma' = \gamma_s - 10 = \frac{\gamma(G-1)}{1+e} \tag{6.3}$$

地下水位以上土层中，初始应力场总应力与有效应力是相等的。在地下水位以下土层中，

总应力等于有效应力与静空隙水压力之和,其表达式为:

$$\sigma_x = \sigma_x' + \gamma_w h_w = K_0 \sigma_z' + \gamma_w h_w \tag{6.4}$$

式中:γ_w——水的重度;

h_w——水头高程。

2)附加应力

路基在荷载作用下,地基中应力场发生改变,变化的部分称为附加应力场。荷载相同,地基土层几何形状相同,但地基土体本构模型不同,附加应力场分布也不同。若本构模型是非线性的,附加应力场分布还与初始应力场大小有关,与荷载大小有关。认真考虑这些因素的影响将使问题变得非常复杂,在工程应用上常常将地基视为半无限空间各向同性线性弹性体,采用布西奈斯克(Boussinesq)解得到附加应力场分布。初始应力中竖向应力只考虑土体的上覆土重,水平向应力则通过静止土压力系数 K_0 来确定。

若地基土体是成层的、各向异性的,也可通过成层弹性体和各向异性体弹性理论来得到地基中的附加应力。地基中附加应力分布还受上部结构刚度的影响。考虑上部结构、基础和地基共同作用,分析可以得到更合理的附加应力场,但需采用数值分析方法。

路基可认为是具有一定宽度的无限长条形基础,其面积上有分布荷载作用,且荷载在长度方向的分布规律不变。其地基中的附加应力计算是属于平面问题。在这种载荷作用下,地基中每个垂直于长度方向截面上的附加应力分布,显然是相同的。亦即在每个垂直截面上,各相应点附加应力值必相等。这样,只要计算地基中一个垂直截面上的附加应力即可。

平面问题的计算,是从线性分布荷载着手。首先在无限长直线上取得一小段 dy,以 dy 上的荷载 $p dy$ 当作集中力,利用以下公式,即得线性分布荷载作用下,地基中任一点的附加应力计算公式:

$$\sigma_z = \int_{-\infty}^{+\infty} \frac{3pz^3}{2\pi(x^2+y^2+z^2)^{\frac{5}{2}}} dy = \frac{2pz^3}{\pi(x^2+z^2)^2} = \frac{2p}{\pi z}\cos^4\theta \tag{6.5}$$

$$\sigma_x = \frac{2px^2 z}{\pi(x^2+z^2)^2} = \frac{2p}{\pi z}\cos^2\theta\sin^2\theta \tag{6.6}$$

$$\sigma_{xz} = \tau_{zx} = \frac{2pxz^2}{\pi(x^2+z^2)^2} = \frac{2p}{\pi z}\cos^3\theta\sin\theta \tag{6.7}$$

由上式可见,附加应力与 y 轴无关。然后利用线性分布荷载公式在宽度方向进行积分,即可得任意条形荷载作用下的附加应力计算公式。

当受条形均布荷载 p_0 作用时,经积分后求得地基中任一点 $M(x,z)$ 的附加应力计算公式,为计算方便,可采用极坐标公式,并取条形荷载的中点为坐标原点,则有如下公式:

$$\sigma_z = \alpha_z p_0 \tag{6.8}$$

$$\sigma_x = \alpha_x p_0 \tag{6.9}$$

$$\tau_{zx} = \alpha_{zx} p_0 \tag{6.10}$$

式中:α_z、α_x、α_{zx}——应力系数。

通常由公路路基和堤坝引起的地基应力增量一般不大,可按弹性理论进行计算,这时假定地基土是各向同性、均质的弹性半无限体。若在半无限体表面作用无限长条形的分布荷载,荷载在宽度方向的分布是任意的,但在长度方向上的分布规律则是相同的。在计算土中任意一点的应力时，只与该点的平面坐标(x,z)有关，而与荷载长度方向 y 轴坐标无关，这种情况属于平面问题。虽然在工程实践中不存在无限长条分布荷载，但一般常把路堤、堤坝以及长宽比 $L/B \geqslant 10$ 的条形基础等均视为平面应变问题计算。

6.1.2 地基沉降组成

地基的沉降分析包括两部分内容：一是地基压缩变形的绝对大小，即沉降量的大小；二是压缩变形随时间的变化，即沉降速度。土体的压缩变形速度由两部分组成：土粒间相互移动的速度；孔隙中流体的排出速度。如果土体未发生剪切破坏，土粒的移动速度与水流动速度相比很小，一般可忽略不计，因此认为土体变形是孔隙中气体和水体积变化的结果。土体变形的速度由气体和水移动速度决定。土体所受荷载在作用瞬间，主要由孔隙流体承担。随后，由于孔隙流体逐渐渗出，孔隙压力逐渐消散，有效应力逐渐增加。在有效应力作用下，骨架体产生的变形分为瞬时变形和蠕动变形，其中后者由于颗粒重新排列和骨架体错动的时间效应而与时间有关。将有效应力卸去后，若变形可恢复，则称为弹性变形；若变形不可恢复，则称为塑性变形。因此，骨架体变形可细分为瞬时弹性变形、瞬时塑性变形、蠕动弹性变形和蠕动塑性变形。地基土的沉降量，按其变形特征分为三部分：瞬时沉降、固结沉降和次固结沉降，计算公式为：

$$S_{\infty} = S_s + S_d + S_c \tag{6.11}$$

式中：S_{∞}——地基最终沉降量；

S_s——地基的次固结沉降(亦称为次压缩沉降、蠕变沉降)；

S_d——地基的瞬时沉降(亦称为初始沉降、不排水沉降)；

S_c——地基的固结沉降(亦称为主固结沉降)。

(1)次固结沉降：指超静孔隙水压力基本消散，在有效应力基本不变的情况下，随时间继续发生的沉降量，一般认为这是在恒定应力状态下，土中的结合水以黏滞流动的形态缓慢移动，造成水膜厚度相应地发生变化，土骨架产生徐变的结果。在次固结过程中，实际上也有微小的超孔隙压力存在，驱使水在土粒之间流动。但由于次固结进行得极慢，水的流动速度是很小的，上述超孔隙压力小到无法测量。所以这部分沉降通常较小，与土层的厚度无关且历时较长，一般不予考虑。

(2)瞬时沉降：指在加荷瞬间，土中孔隙水来不及排出，孔隙体积没有变化即不产生体积变化，但荷载使土产生剪切变形。对于严格的土体一维变形情况，瞬时沉降很小。当土体完全饱和时，由于土中水及土颗粒本身的变形可忽略不计，故瞬时沉降接近于零。对于土体的二维(平面应变)或三维变形情况，则瞬时沉降在沉降地基总沉降量中占有很大比例。瞬时沉降与加荷方式和加荷速率有很大的关系，如采用瞬时一次加载方式时，地基的瞬时沉降比均匀慢速加载的情况要大得多。这主要是由于在不同增量加载的时刻，土中有效应力随着土体的固结而增大，土体的变形模量也相应增大。瞬时沉降包括两部分：一部分是由地基的弹性变形产生的；另一部分则是由低级塑性区开展继而扩大所产生的侧向剪切位移引起的。

(3)固结沉降：是由于外荷载引起超孔隙水压力的水力梯度促使水从土内排出，而应力增量转移到土骨架上而发生的沉降。这是一个与时间有关的过程，而且主要发生在土的体积的变化，其中包括剪切变形在内，故导致了进一步的沉降，是黏性土地基沉降最主要的组成部分。事实上这三种沉降并不能截然分开，而是交错发生的，只是某个阶段以一种沉降变形为主而已。不同的土,三个组成部分的相对大小及时间是不同的。

6.1.3 地基沉降常用计算方法

路基沉降由两部分组成,一部分是填土(或填石料)在外荷载和自重作用下产生的压缩变形和不断增加的后期蠕变变形;另一部分是地基土在路堤荷载作用下将产生的压缩和固结变形。针对土体的变形和填土石料的变形情况,计算沉降的方法很多,目前应用广泛的有分层总和法、应力路径法、有限单元法等。

1)分层总和法

传统的分层总和法建立在如下假定条件的基础上:认为地基是均质、各向同性的半无限体;地基土在压缩变形时不允许侧向膨胀,计算时采用完全侧限条件下的压缩性指标;采用基底中心点下的附加应力计算地基变形量;地基最终变形量为基底下一定深度范围(即压缩层)内各土层压缩变形之和。用分层总和法求出的沉降量是最终沉降量,在土基中取一分层,受压后,其沉降量为:

$$\Delta S_i = \frac{e_{1i} - e_i}{1 + e_{1i}} H_i \tag{6.12}$$

式中:e_{1i}——地基中第 i 层分层中点,在自重应力作用下稳定时的孔隙比;

e_i——地基中第 i 层分层中点,在自重应力与附加应力共同作用下稳定时的孔隙比;

H_i——地基沉降分层第 i 层计算分层厚度,宜为 0.5~1.0m。

多层土的沉降量计算方法为:

(1)采用 e-p 曲线时,用下式计算:

$$S = \sum_{i=1}^{n} \Delta S_i = \sum_{i=1}^{n} \frac{e_{1i} - e_i}{1 + e_{1i}} H_i \tag{6.13}$$

式中:n——地基沉降计算分层层数。

(2)若采用压缩模量时,采用下式计算:

$$S = \sum_{i=1}^{n} \frac{\Delta p_i}{E_{si}} H_i \tag{6.14}$$

式中:Δp_i——地基中各分层中点的附加应力增量;

E_{si}——地基中各分层压缩模量。

2)应力路径法

传统的分层总和法计算沉降只考虑压缩变形,而在土体发生变形过程中不仅存在竖向压缩变形,还存在剪切变形。剪切变形使地基土的模量随着剪应力的增大逐步减小。压缩变形使土体进一步固结,地基土模量不断增大。因此,合理的计算方法应同时考虑这两种变形的作用。

已有的各种本构关系模型对应力路径的适应性是不同的。研究表明,绝大多数模型只能适应一定范围的应力路径变化,即使是常用的 Duncan-Chang 模型也只对常围压的应力路径表现出很好的适应性。在一般工程条件下,土体因其所处位置的不同而经受不同的应力路径,且在加载过程中应力路径也是变化的,所以应力路径的变化应在地基模型中加以考虑。

通常采用的应力路径法有下述两种。

(1)Lambe 应力路径法

应用弹性理论计算地基土体在荷载作用下的应力路径,在实验中进行模拟试验,确定参数或直接测定压缩量,通过试验结果计算总沉降。

(2)应变等值线法

通过三轴试验在 $p\text{-}q$ 图上作出一簇应力应变等值线,然后在等值线图上作出应力路径,分两段计算在不排水条件下和排水条件下土体的竖向变形,求和得到总沉降。实用应力路径法可以解释为在常规土工试验中土样的应力变化的内部实质情况。应力路径法可以用来总结其他沉降计算方法,因为不同的沉降理论的假设将得到不同的应力路径。

运用增量理论给出变形模量随应力增量比变化的计算方法,对变形模量和泊松比进行修正,在此基础上得到新的考虑应力路径的沉降计算法。对于常规的土工试验方法,如固结试验和三轴试验,根据应力路线的定义,可以得到 $p\text{-}q$ 平面内的静止侧压力线(K_0 线)及破坏线(K_f 线)。这样,对每一级荷载增量我们都求出了与之对应的变形模量和泊松比,地基土的竖向沉降可将每级荷载引起的沉降累加,再用分层总和法得到。

3)有限单元法

有限单元法是将路基和路堤作为一个整体来分析,将其划分网格,形成离散体结构,在荷载作用下算得任一时刻路基和路堤各点的位移和应力。其中路基顶面的竖向位移就是所要求的沉降。该法除了可以采用非线弹性、弹塑性、黏弹一塑性等多种描述土体应力一应变关系的模型外,目前已能考虑到较为复杂的土体本构关系,如一些考虑流变的黏弹一塑性模型。目前,用的最广的是 Duncan-Chang 模型,该方法将路基作为二维或者三维问题来考虑,可以反映侧向变形对沉降的影响。它还可以考虑应力历史对变形的影响,可以考虑土与结构物的相互作用,考虑复杂的边界条件,考虑施工逐级加载,考虑土层的各向异性等。它对土体的固结计算,可以采用比奥固结理论,避免了一维固结计算的许多弊端,从计算方法上来说,是一种较为完善的方法。它的缺点是计算工作量大,其采用的模型中所涉及的计算参数多而且确定困难,要做三轴排水试验来确定,目前主要用于重要工程、重点地段的计算。

6.2 有限元分析方法

6.2.1 有限元基本原理及 ANSYS 软件介绍

有限单元法的基本原理是将连续的求解区域离散为一组有限个且按一定方式相互连接在一起的单元的组合体。由于单元能按不同的联结方式进行组合,且单元本身又可以有不同形状,因此可以模型化几何形状复杂的求解域。有限单元法作为数值分析方法的另一个重要特点,是利用在每一个单元内假设的近似函数来分片地表示全求解域上待求的未知场函数,这一近似函数常由未知场函数及其导数在单元的各个节点的数值及其插值函数来表达。这样,未知场函数及其导数在各个节点上的数值就成为新的未知量(即自由度),从而使一个连续的无限自由度问题离散为一个有限自由度问题。一经求解出这些未知量,就可以通过插值函数来计算单元内场函数的近似值,从而得到整个求解域上的近似解。随着单元数目的增加,也即单元尺寸的缩小,或者随着单元自由度的增加及插值函数精度的提高,解的近似程度将不断改进。如果单元是满足收敛要求的,近似解最后将收敛于精确解。

有限单元法是将地基和结构作为一个整体来分析,将其划分网格,形成离散体结构,在荷载作用下算得地基和结构各点的位移和应力。该方法可以将地基作为二维甚至三维问题来考虑,反映了竖向和侧向变形的影响。它可以考虑土体应力应变关系的非线性特性,采用非线性弹性的本构模型,或者弹塑性本构模型。有限元方法借助现代计算机技术,可以模拟土体复杂的本构关系和边界条件。它可以考虑土与结构共同作用,考虑复杂的边界条件,考虑施工逐级加荷等。

在目前应用广泛的通用有限元分析程序中,美国 ANSYS 公司研制开发的大型通用有限元程序 ANSYS 是一个适用于微机平台的大型有限元分析系统,功能强大,适用领域非常广泛。

ANSYS 是在 20 世纪 70 年代由 ANSYS 公司开发的工程分析软件。开发初期是为了应用于电力工业,现在已经广泛应用于航空、航天、电子、汽车、土木工程等各种领域,能够满足各行业有限元分析的需要。

初期版本的 ANSYS 软件功能单一,使用不便,但随着几十年的发展,到现在,ANSYS 的最新版本已经达到10.0,功能更加强大和完善,操作和使用也更加方便。图形用户界面(GUI)给用户学习和使用 ANSYS 提供了更加直观的途径,而命令流方式给高级用户提供了更为灵活和高效的分析手段。同时,ANSYS 提供的强大和完整的联机说明和系统详尽的联机帮助系统,使用户能够不断深入学习并完成一些深入的课题。

ANSYS 软件主要包括三个模块:前处理模块、分析计算模块和后处理模块。前处理模块提供了一个强大的实体建模及网格划分工具,用户可以方便地构造有限元模型;分析计算模块包括结构分析(可进行线性分析、非线性分析和高度非线性分析)、流体动力学分析、电磁场分析、声场分析、压电分析以及多物理场的耦合分析,可模拟多种物理介质的相互作用,具有灵敏度分析及优化分析能力;后处理模块可将计算结果以彩色等值线显示、矢量显示、粒子流迹显示、立体切片显示、透明及半透明显示(可看到结构内部)等图形方式显示出来,也可将计算结果以图表、曲线形式显示或输出。软件提供了100 种以上的单元类型,用来模拟工程中的各种结构和材料。

ANSYS 已经成为土木建筑行业分析软件的主流,在钢结构和钢筋混凝土房屋建筑、体育场馆、桥梁、大坝、混凝土室、隧道以及地下建筑物等工程中得到了广泛的应用,通过它可以对这些结构在各种外荷载条件下的受力、变形、稳定性及各种动力特性作出全面分析。从力学计算、组合分析等方面提出全面的解决方案,为土木工程师提供功能强大且方便易用的分析手段。ANSYS 在中国的很多大型土木工程中都得到了应用,如上海金贸大厦、国家大剧院、黄河下游特大型公路斜拉桥、龙首电站大坝、二滩电站和三峡工程等都利用了 ANSYS 软件进行有限元仿真分析。

6.2.2 路基土体本构关系

土体本构关系或者本构定律是指材料的应力—应变关系。由于土是松散粒料,其本构关系比其他的材料复杂得多。理想土体的应力—应变模型应能够在各种类型的加荷条件下,及在任意时间内反映土体的变形和孔隙水压力的变化规律。但事实上,没有任何一个本构关系模型能够同样适用于所有的土类与加荷情况。比较实用的办法是结合具体的工程选用既能够包括主要因素,且在参数的确定方法上又不太复杂的简化模型。

土的本构模型大体上可分为弹性模型、弹塑性模型、黏弹性模型等几类。弹性模型中最简单的是线性弹性模型,但其结果往往与实际情况不尽相同。为了考虑土体变形性状的非线性、各向异性以及非均质性,人们采用拟合试验曲线法,例如用双曲线函数、样条函数等拟合试验曲线,应用变模量的概念对线性模型进行修正。

非线性弹性模型也可以分为三类:Cauchy 弹性模型、超弹性模型(Hyperelastic model)和次弹性模型(Hypoelastic model)。Duncan-Chang 是国内外应用较多的模型之一,其采用双曲线方程表示由三轴试验得到的土体应力—应变曲线。弹塑性模型是另一类使用比较广泛的土的本构关系。根据弹塑性理论,总应变可以分弹性应变和塑性应变两部分,其增量形式为:

$$\{d\varepsilon_{ij}\} = \{d\varepsilon_{ij}^{e}\} + \{d\varepsilon_{ij}^{p}\} \tag{6.15}$$

弹性应变采用广义虎克定律计算,塑性应变可以应用塑性增量理论计算。近年来,根据弹塑性理论建立土的弹塑性理论发展很快,各国学者提出的弹塑性本构关系很多,其中主要有理想弹塑性模型、剑桥模型、修正剑桥模型、Lade-Duncan 模型以及多重屈服面模型和边界面模型等。

理想弹塑性模型主要有 Prandtle-Reuss 模型及 Drucker-Prager 模型等。岩石、混凝土和土壤等都属于颗粒状材料,此类材料受压屈服强度远大于受拉屈服强度,且材料受剪时,颗粒会膨胀,常用的 VonMises 屈服准则不适合于这类材料。在土力学中,常用的屈服准则有 Mahr-coulomb 准则,另一个能准确描述这类材料的强度准则为 Drucker-Prager 屈服准则,使用 Drucker-Prager 屈服准则的材料简称为 DP 材料。在岩石、土壤的有限元分析中,采用 DP 材料可得到较为精确的结果。

Drucker-Prager 模型的屈服准则是对三相应力状态的 Mohr-Coulomb 准则函数进行改进,使屈服面角隅圆滑而成为内切圆锥面的方便数值计算的屈服准则。但它的屈服面不随材料的逐渐屈服而改变,难以刻画土体受力硬化发展规律,因此没有强化准则。然而它的屈服面可随着静水压力的增加而相应增加(图 6.1),还可以考虑由于屈服而引起的体积膨胀。

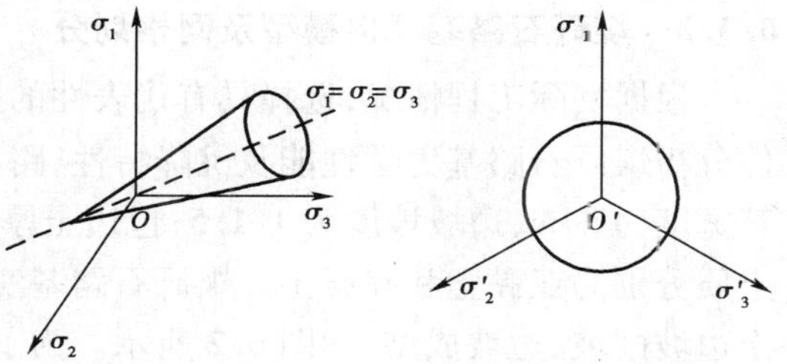

图 6.1 Drucker-Prager 本构模型的屈服面图

Drucker-Prager 模型的屈服准则表达式如下:

$$F = \alpha I - \sqrt{J} + K = 0 \tag{6.16}$$

$$\alpha = \frac{\sin\varphi}{\sqrt{3}(3+\sin^2\varphi)^{\frac{1}{2}}} \tag{6.17}$$

$$K = \frac{\sqrt{3}c\cos\varphi}{(3+\sin^2\varphi)^{\frac{1}{2}}} \tag{6.18}$$

$$I = \sigma_1 + \sigma_2 + \sigma_3 \tag{6.19}$$

$$J = \frac{1}{6}[(\sigma_1-\sigma_2)^2 + (\sigma_2-\sigma_3)^2 + (\sigma_3-\sigma_1)^2] \tag{6.20}$$

式中:α、K——材料常数;

c、φ——分别为土的黏聚力和内摩擦角。

6.3 有限元计算模型及材料参数

6.3.1 煤矸石路基有限元分析基本假定

利用大型有限元分析软件 ANSYS 建立路基沉降模型,煤矸石路基、包边土和地基土均视为弹塑性材料，本构关系采用 Drucker-Prager 理想弹塑性本构模型。对路堤、隧道、水坝等无限长带状物体的研究，常常认为不会沿延伸方向发生变形，可以简化成平面应变问题进行分析，但由于本构关系的复杂性，在有限宽度范围内土体将发生侧胀，把路堤应变当作空间问题分析更符合实际情况，计算精度更高。因此，在进行煤矸石路基有限元分析时采用板体 SOLID-45空间 8 节点等参单元，而非 Plane 单元。有限元分析过程中采用如下假定：

(1)各层材料为均质、连续、各向同性的理想弹塑性体，土体本构关系满足 Drucker-Prager 屈服准则；

(2)地基在本身自重作用下的固结变形和压缩变形已完成，路堤变形是在填料自重作用下产生的，不考虑行车荷载及气候因素对其造成的影响；

(3)实际工程中，煤矸石路基与包边土接合部为台阶形式，接触状态较稳定，因此，进行有限元模拟时，煤矸石路基与包边土接触条件为完全连续；

(4)煤矸石路基与地基均为非饱和土体，不考虑路堤填料与地基土体固结及孔隙水压力的影响，路堤重力荷载为一次性施加；

(5)边界条件：地基底面各方向均为完全约束，地基沿路基横断面方向施加水平方向约束。

6.3.2 煤矸石路基几何模型及网格划分

根据实际工程情况，选择具有代表性的路基高度建立有限元模型，采用 ANSYS 有限元软件分析煤矸石路基力学性能及沉降特性，路堤填筑高度取值分别为 1m、5m、10m、15m、20m，路基宽度为 24m，边坡坡度为 1∶1.5；包边土厚度取值分别为 1m、2m、3m，地基土分为上下两层，土质分别为亚黏土和碎石土。煤矸石路基实际成型过程包括：煤矸石填筑、包边土填筑、包边土边坡削坡、边坡成型，如图 6.2 所示。为了简化有限元计算模型，提高运算速率，将路基分析模型中包边土假定为厚度均匀的土层，如图 6.3 所示，模型网格划分情况如图 6.4 所示。

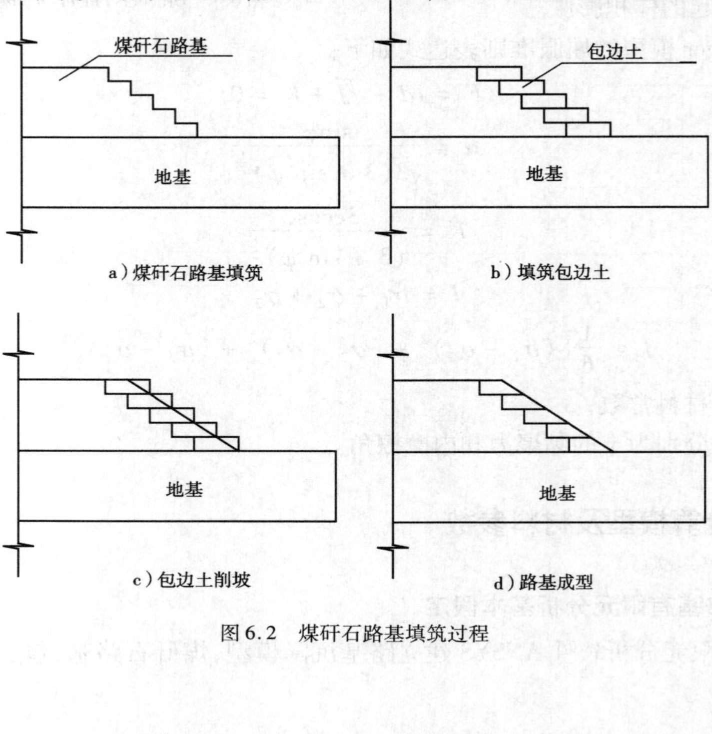

a)煤矸石路基填筑　　b)填筑包边土

c)包边土削坡　　d)路基成型

图 6.2　煤矸石路基填筑过程

6.3.3　煤矸石路基材料参数确定

煤矸石路基材料的物理性质直接影响路基力学分析及沉降计算结果，对煤矸石填料进行固结试验，确定不同工况的煤矸石路基材料性质参数，对于沉降量预测及路基应力分析具有重要作用。根据 Drucker-Prager 模型中要求的材料物理力学性质参数，进行有限元计算时选取的煤矸石路基参数主要包括：材料密度、变形模量、黏聚力、内摩擦角和泊松比。通过对青兰高速邯涉段路基材料参数进行检测，并结合国内外煤矸石路基工程调查资料中的材料性质参数，确定煤矸石路基分析模型的数值，具体取值如表 6.1 所示。

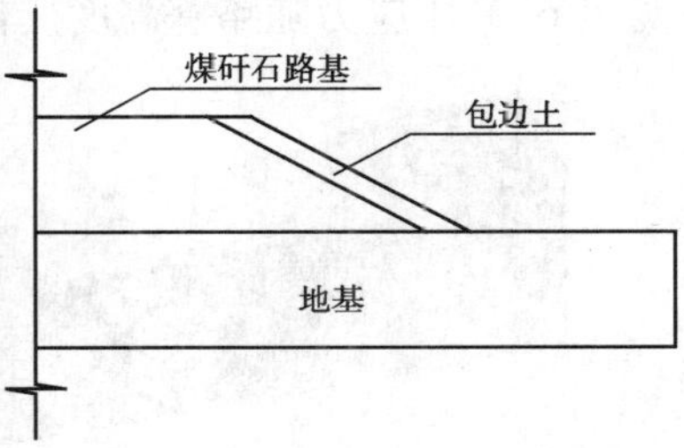

图 6.3　有限元分析中采用的煤矸石路基简化模型

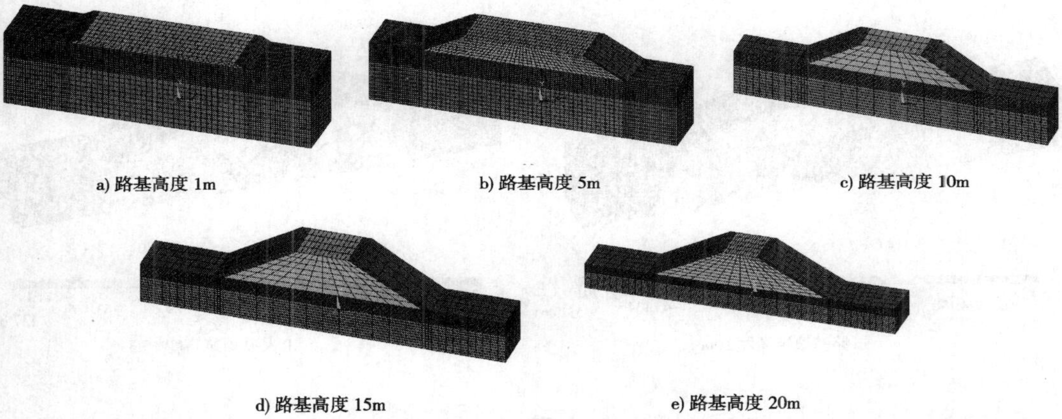

图 6.4　路基模型网格划分

路基土材料参数　　表 6.1

土质类型	变形模量(MPa)	重度(kN/m^3)	泊松比	黏聚力(kPa)	内摩擦角(°)
煤矸石(90%压实度)	18	18.5	0.30	75	45
煤矸石(93%压实度)	20	19.6	0.30	110	50
煤矸石(95%压实度)	23	20.0	0.30	130	55
包边土	30	21.8	0.30	80	35
亚黏土地基	15	17.0	0.35	25	20
碎石土地基	60	22.5	0.35	40	30

6.4　填筑高度对煤矸石路基应力及沉降影响分析

6.4.1　填筑高度对煤矸石路基应力影响分析

1）不同高度煤矸石路基竖向压应力计算分析

为了研究路基填筑高度对煤矸石路基压应力的影响，根据工程情况，选择具有代表性的路基高度建立有限元模型，采用 ANSYS 有限元软件分析不同高度路基压应力变化规律，路堤填筑高度取值分别为 1m、5m、10m、15m、20m，地基土种类为亚黏土、碎石土，路基填料为煤矸石。

不同高度路基压应力分布云图如图6.5所示,不同填筑高度时路基最大竖向压应力计算结果见表6.2,压应力随路基高度变化关系如图6.6所示。

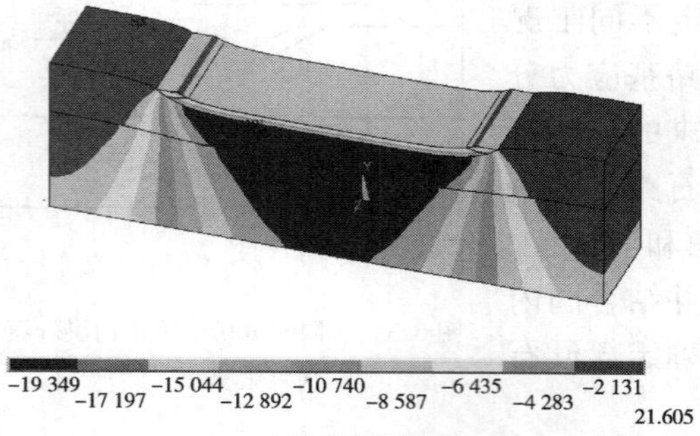

a) 路基填筑高度1m

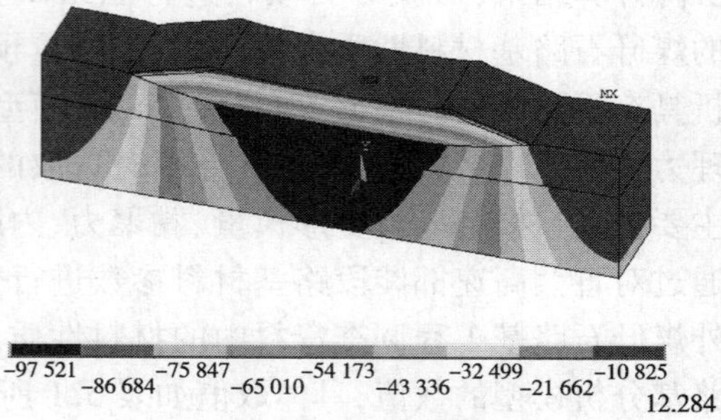

b) 路基填筑高度5m

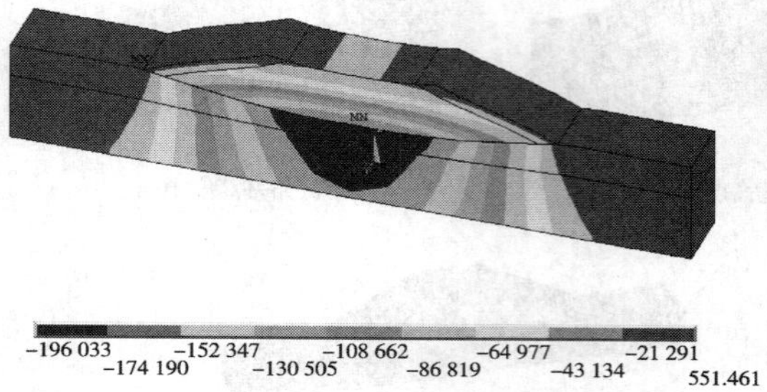

c) 路基填筑高度10m

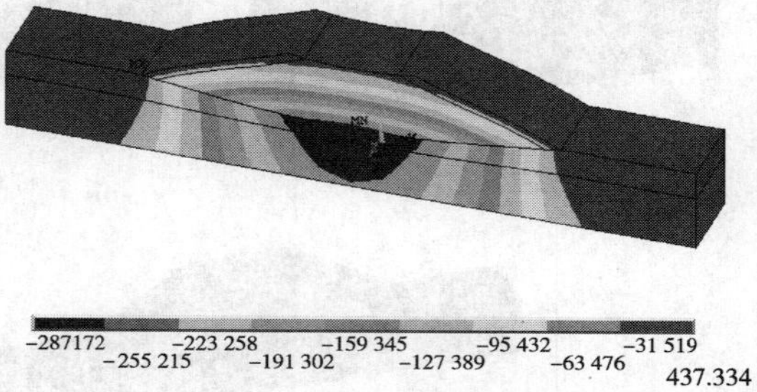

d) 路基填筑高度15m

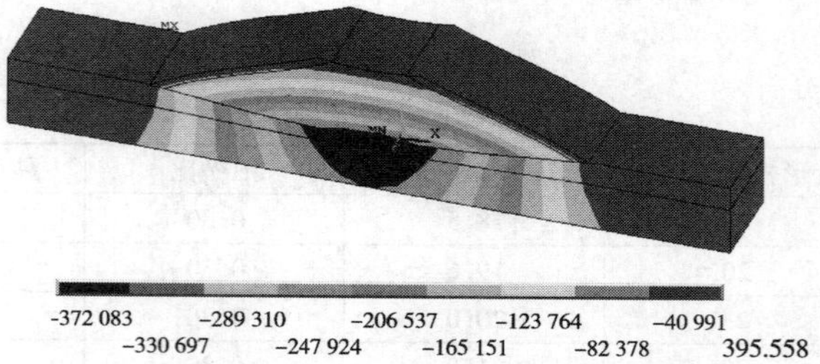

e) 路基填筑高度20m

图6.5 不同高度路基压应力分布云图

不同填筑高度时路基竖向最大压应力(MPa) 表6.2

包边土厚度(m)	填筑高度(m)				
	1	5	10	15	20
1	0.019 3	0.097 5	0.194 8	0.286 0	0.371 3
2	0.019 4	0.097 7	0.195 4	0.286 4	0.371 5
3	0.019 4	0.097 8	0.195 7	0.287 2	0.372 2

分析以上计算结果可以得出:竖向最大压应力随路基填筑高度增加而增大,当路基填筑高度小于5m时,竖向压应力较小,均小于0.1MPa。此时,煤矸石路基对地基产生的附加应力较

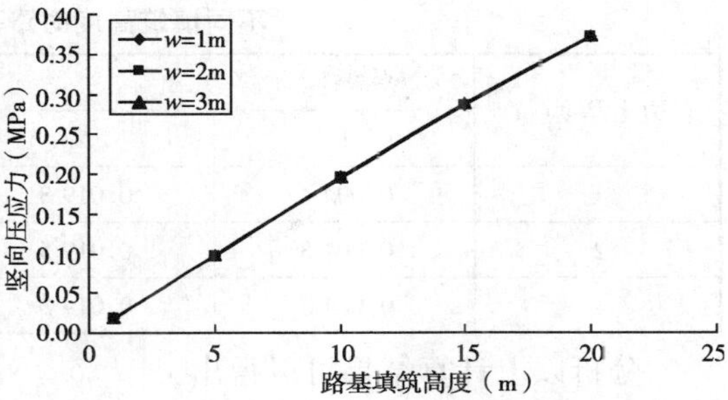

图 6.6　竖向最大压应力随路基高度变化曲线

小，路基填筑对地基条件要求较低，路基相对稳定；路基填筑高度小于 10m 时，随着路基高度增加，竖向压应力增长速率较大，路基高度每增加 1m，竖向最大压应力增加 20% ~50%；路基填筑高度大于 10m 时，竖向最大压应力增长速率逐渐减缓，路基高度每增加 1m，竖向最大压应力增加 5% ~10%，因此，煤矸石路基填筑高度较小时，竖向压应力对于高度变化较为敏感。

2）不同高度煤矸石路基竖向剪应力计算分析

不同高度路基剪应力分布云图如图 6.7 所示，不同填筑高度时路基竖向最大剪应力计算结果见表 6.3，竖向最大剪应力随路基高度变化曲线如图 6.8 所示。

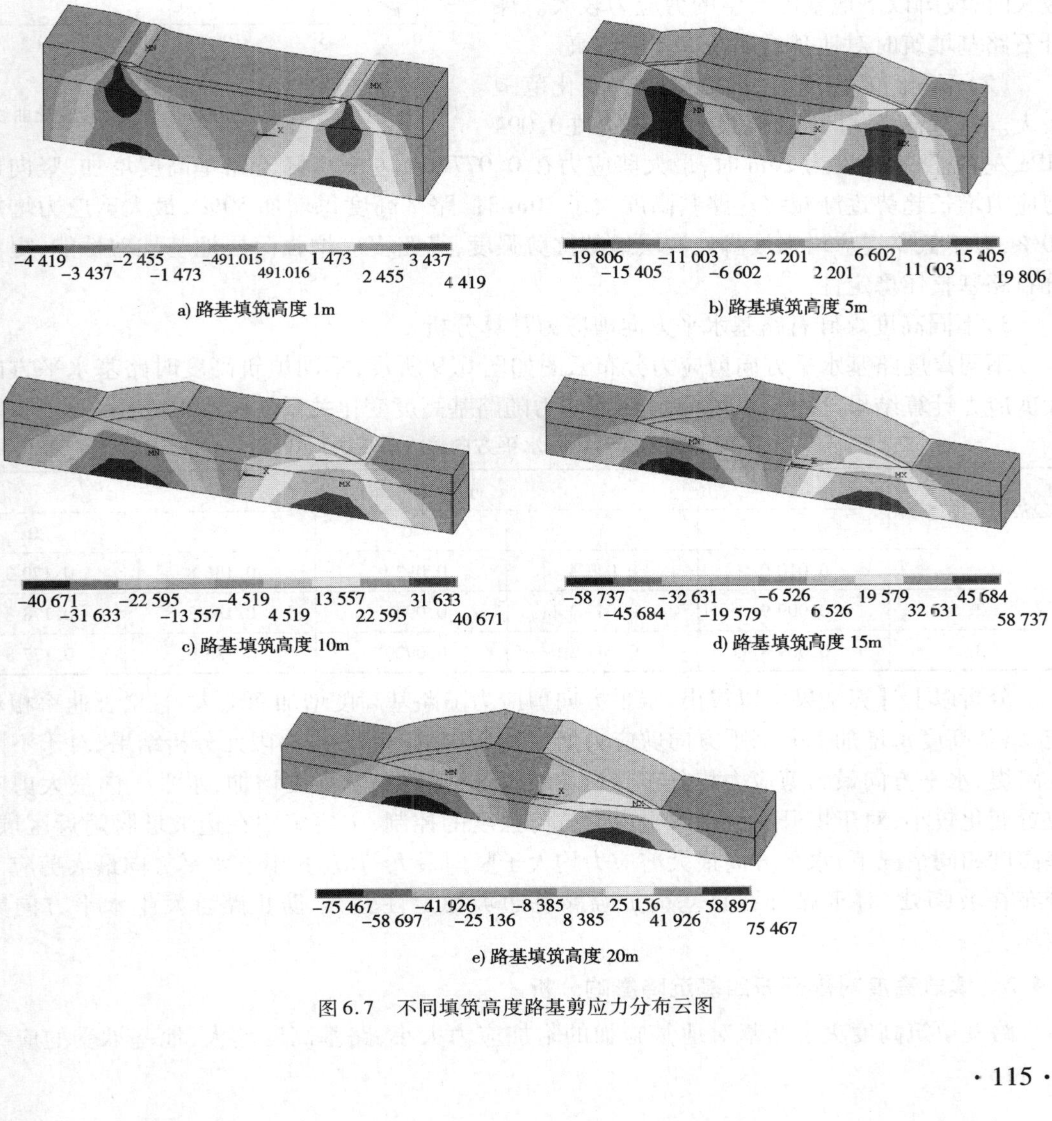

a）路基填筑高度 1m

b）路基填筑高度 5m

c）路基填筑高度 10m

d）路基填筑高度 15m

e）路基填筑高度 20m

图 6.7　不同填筑高度路基剪应力分布云图

不同填筑高度时路基竖向最大剪应力(MPa) 表6.3

包边土厚度(m)	填筑高度(m)				
	1	5	10	15	20
1	0.004 4	0.019 8	0.042 4	0.060 9	0.077 2
2	0.004 3	0.019 5	0.041 3	0.060 2	0.076 6
3	0.004 3	0.019 3	0.040 7	0.058 7	0.075 6

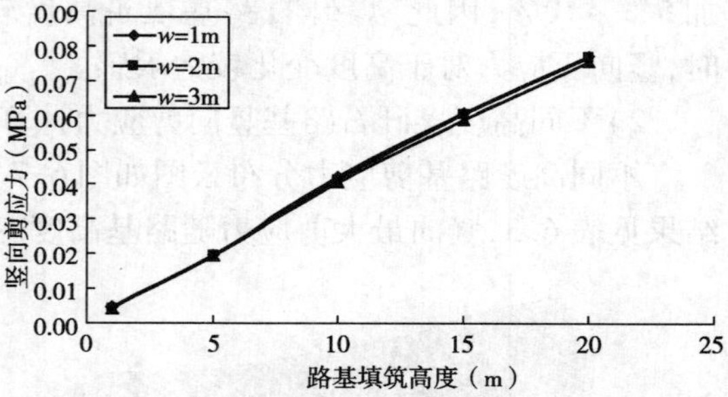

图6.8 竖向最大剪应力随路基填筑高度变化曲线

分析以上计算结果可以得出:

(1)对于不同高度的煤矸石路基,竖向最大剪应力均分布在边坡坡脚以下一定深度处,路基两侧对称分布。随路基高度增加,最大剪应力位置逐渐下移,最大剪应力值逐渐增大。路基高度较大时,坡脚以下地基内产生的剪应力较大。煤矸石路基填筑时对地基地质条件要求较高。

(2)不同路基高度时,最大剪应力变化范围较大。路基高度为1m时,最大剪应力在0.004MPa左右;路基高度为20m时,最大剪应力在0.077MPa左右。随着路基高度增加,竖向最大剪应力增长趋势逐渐减缓。路基高度大于10m时,路基高度每增加50%,最大剪应力增加约30%,对于低路堤应增强坡脚处浅层地基抗剪强度,高路堤应增强深层地基抗剪性能,提高煤矸石路基整体稳定性。

3)不同高度煤矸石路基水平方向剪应力计算分析

不同高度路基水平方向剪应力分布云图如图6.9所示,不同填筑高度时路基水平方向最大剪应力计算结果见表6.4,水平方向剪应力随路基高度变化关系如图6.10所示。

不同填筑高度时路基水平方向最大剪应力(MPa) 表6.4

包边土厚度(m)	填筑高度(m)				
	1	5	10	15	20
1	0.010 0	0.047 4	0.092 9	0.136 8	0.179 3
2	0.009 9	0.047 3	0.092 5	0.136 3	0.178 8
3	0.009 8	0.047 2	0.092 0	0.135 6	0.177 8

分析以上计算结果可以得出:水平方向剪应力随路基高度增加而增大,且增长速率相对稳定,路基高度每增加1m,水平方向剪应力增大约0.01MPa。根据有限元分析结果,对于不同高度路堤,水平方向最大剪应力均分布在边坡坡脚处,随着路基高度增加,水平方向最大剪应力位置变化较小,对于煤矸石路基水平方向抗剪强度的控制,主要集中在边坡坡脚附近区域;路基高度相同情况下,水平方向最大剪应力均大于竖向最大剪应力,由于水平方向最大剪应力均分布在坡脚处,对于煤矸石路基应加强路基边坡稳定性验算,防止路基发生水平方向剪切破坏。

6.4.2 填筑高度对煤矸石路基沉降影响分析

路基填筑高度决定路基对地基施加的附加应力大小,路基高度越大,地基承受的应力越

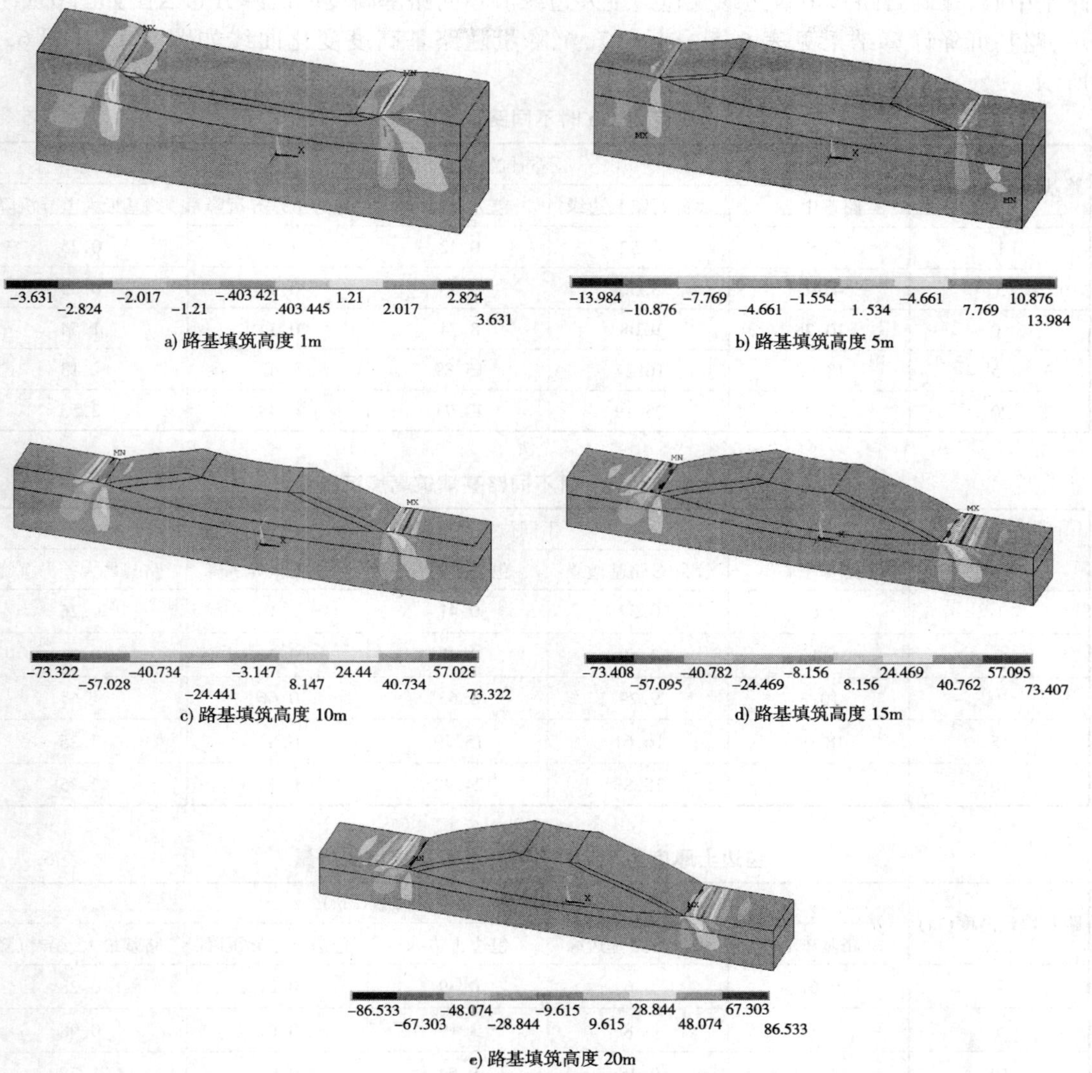

a) 路基填筑高度 1m　b) 路基填筑高度 5m　c) 路基填筑高度 10m　d) 路基填筑高度 15m　e) 路基填筑高度 20m

图 6.9　不同填筑高度路基水平方向剪应力分布云图

大,地基沉降量越大。同时,随着路基填筑高度的增加,路基自身压缩层厚度增大,造成的路基自身沉降量就越大,因此,填筑高度是影响路基沉降的主要原因之一。

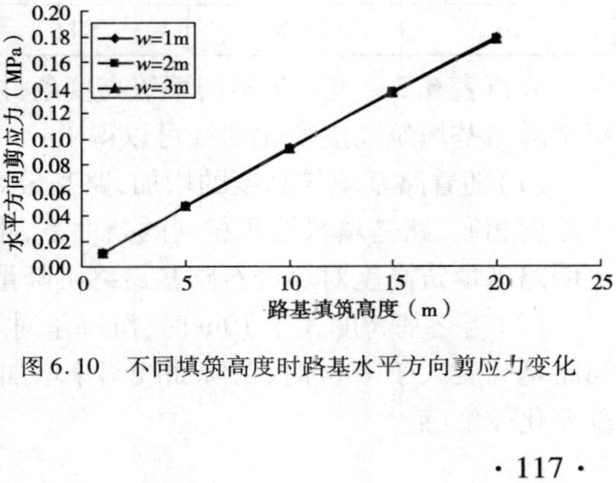

图 6.10　不同填筑高度时路基水平方向剪应力变化

为了研究填筑高度对煤矸石路基沉降的影响,选择具有代表性的路基高度建立有限元模型,采用 ANSYS 有限元软件分析不同高度下路基沉降量的变化规律,路基填筑高度取值分别为 1m、5m、10m、15m、20m。沉降分析点位置分别在路基中心、煤矸石路基填筑边缘及包边土外边缘。不同路基高度时沉降分布云图如图6.11所示,路基沉降计算结果见表6.5～表6.7,沉降量随路基高度变化曲线如图6.12～图6.14所示。

包边土厚度为1m时不同路基填筑高度沉降量 表6.5

路基填筑高度(m)	不同位置路基沉降量(cm)				
	路基中心	煤矸石路基边缘	包边土边缘	包边土差异沉降	路基最大差异沉降
1	0.67	0.52	0.42	0.1	0.25
5	4.16	3.56	3.33	0.23	0.83
10	10.28	9.08	8.74	0.34	1.54
15	18.02	16.31	15.89	0.42	2.13
20	27.24	25.19	24.71	0.48	2.53

包边土厚度为2m时不同路基填筑高度沉降量 表6.6

路基填筑高度(m)	不同位置路基沉降量(cm)				
	路基中心	煤矸石路基边缘	包边土边缘	包边土差异沉降	路基最大差异沉降
1	0.67	0.57	0.41	0.16	0.26
5	4.16	3.69	3.25	0.44	0.91
10	10.3	9.29	8.63	0.66	1.67
15	18.04	16.61	15.79	0.82	2.25
20	27.27	25.86	24.42	0.94	2.85

包边土厚度为3m时不同路基填筑高度沉降量 表6.7

路基填筑高度(m)	不同位置路基沉降量(cm)				
	路基中心	煤矸石路基边缘	包边土边缘	包边土差异沉降	路基最大差异沉降
1	0.67	0.6	0.39	0.21	0.28
5	4.17	3.8	3.19	0.61	0.98
10	10.32	9.48	8.54	0.94	1.78
15	18.06	16.88	15.65	1.23	2.41
20	27.27	25.86	24.42	1.44	2.85

分析表6.5～表6.7不同填筑高度条件下路基顶面沉降计算结果及图6.12～图6.14沉降量随路基填筑高度变化曲线可以得出:

(1)随着路基填筑高度的增加,路基最终沉降量增大,且沉降增长速率逐渐增大。在包边土厚度相同、路基填料性质相同的条件下,路基高度越大,沉降量越大,且沉降变化速率较快,表明路基填筑高度对煤矸石路基最终沉降量的影响作用较大。

(2)当路基高度大于10m时,沉降量对于高度变化较敏感。对于不同包边土厚度的路基,当路基高度大于10m时,沉降曲线斜率增加,沉降增长速率明显加快,此时沉降量对于路堤高度变化较敏感。

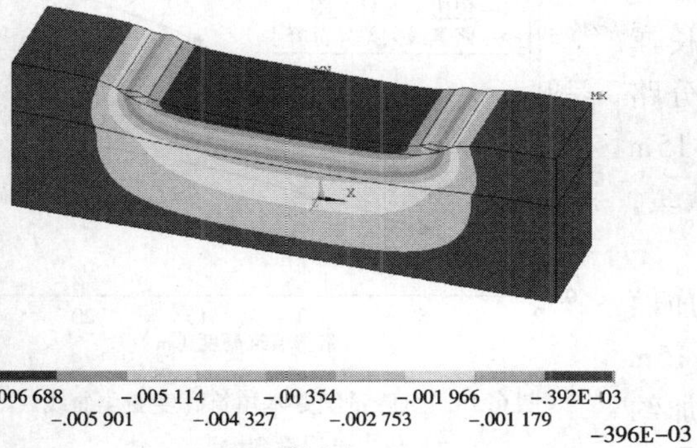

a) 路基填筑高度 1m

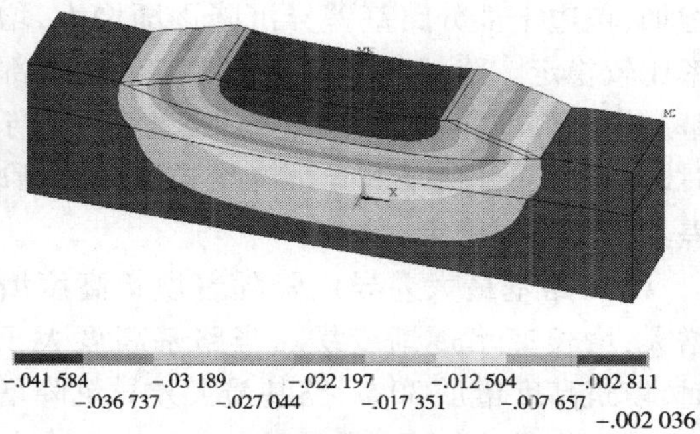

b) 路基填筑高度 5m

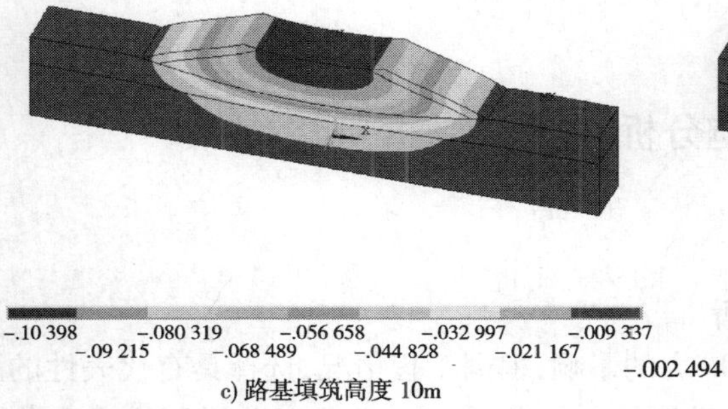

c) 路基填筑高度 10m

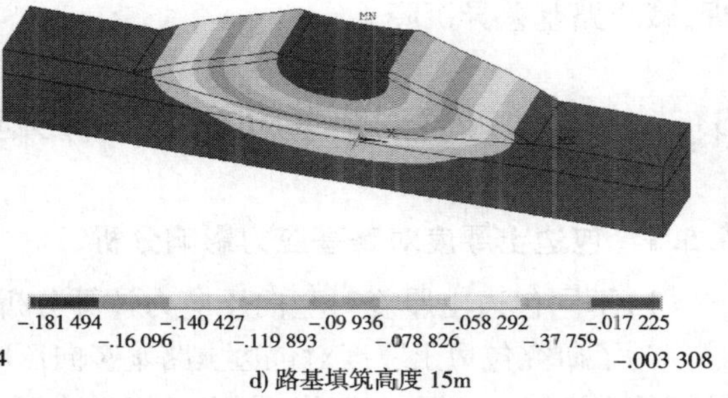

d) 路基填筑高度 15m

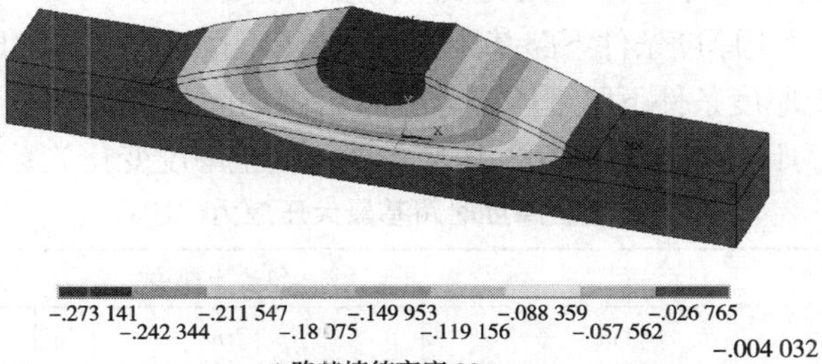

e) 路基填筑高度 20m

图 6.11 不同路基填筑高度沉降量分布云图

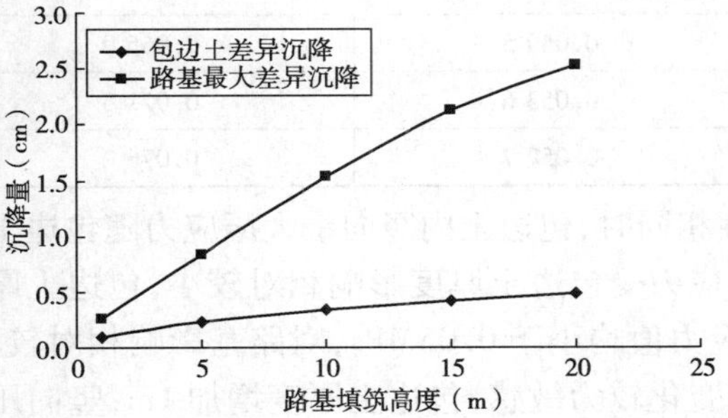

图 6.12 沉降量随路基填筑高度变化曲线
（包边土厚度 1m）

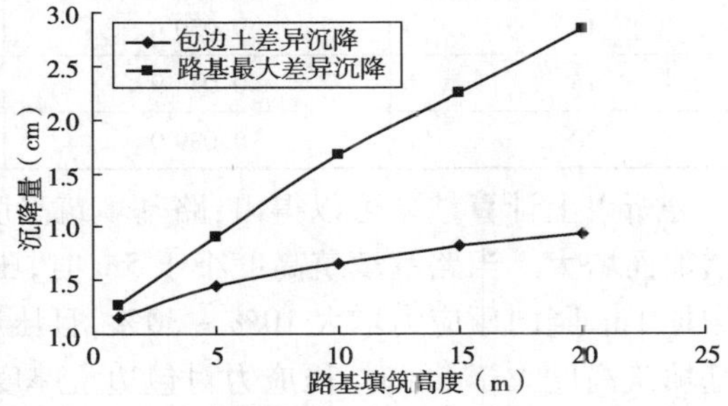

图 6.13 沉降量随路基填筑高度变化由线
（包边土厚度 2m）

(3)路基高度小于15m时,随着路基填筑高度增加,包边土部分路基差异沉降逐渐增大,增长速率比较稳定。路基高度每增加1m,包边土部分路基差异沉降增加0.05~0.1cm,路基高度大于15m时,包边土部分路基差异沉降增长速率逐渐减缓,差异沉降趋于稳定。

(4)路基最大差异沉降随着填筑高度增加而增大,增长速率逐渐变缓。当路基高度大于15m时,填筑高度增加30%,路基最大差异沉降增加约15%,但此时差异沉降量较大,均大于2cm,差异沉降对上部路面结构影响较大,因此,当煤矸石路基填筑高度大于15m时应对地基进行适当处理,减小路基差异沉降。

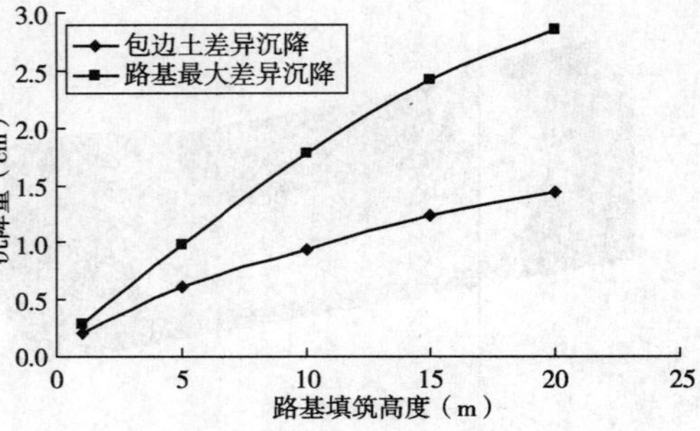

图6.14 沉降量随路基填筑高度变化曲线(包边土厚度3m)

6.5 包边土厚度对路基应力及沉降影响分析

6.5.1 包边土厚度对路基应力影响分析

1)不同包边土厚度时竖向压应力计算分析

为了研究包边土厚度对包边土路基竖向压应力的影响,根据工程情况,选择具有代表性的路基填筑高度建立有限元模型,采用ANSYS有限元软件分析不同包边土厚度路堤压应力变化规律,包边土厚度取值分别为1m、2m、3m,路堤填筑高度取值分别为1m、5m、10m、15m、20m。路基填筑高度为5m时,不同包边土厚度条件下路基压应力分布云图如图6.15a)、b)、c)所示;路基填筑高度为10m时,不同包边土厚度条件下路基压应力分布云图如图6.15d)、e)、f)所示。不同包边土厚度时路基最大竖向压应力计算结果见表6.8,压应力随包边土厚度变化关系如图6.16所示。

不同包边土厚度时路基最大压应力(MPa) 表6.8

路基填筑高度(m)	包边土厚度		
	1m	2m	3m
1	0.012 4	0.014 8	0.015 3
5	0.021 6	0.036 3	0.049 0
10	0.030 0	0.049 5	0.065 9
15	0.034 9	0.053 6	0.071 3
20	0.039 0	0.057 7	0.076 2

分析以上计算结果可以得出:路基填筑高度相同时,包边土内竖向最大压应力随包边土厚度增加而增大。当路基填筑高度小于5m时,压应力受包边土厚度影响相对较小,包边土厚度每增加1m,竖向压应力增大10%~30%,且压应力值均小于0.05MPa,对路基影响相对较小;路基填筑高度大于5m时,压应力对包边土厚度变化较为敏感,包边土厚度增加1m,竖向压应力增大30%~60%。对于填筑高度较大的煤矸石路基应选择较小的包边土厚度,减小包边土内竖向压应力,降低包边土与煤矸石路基间的差异沉降。

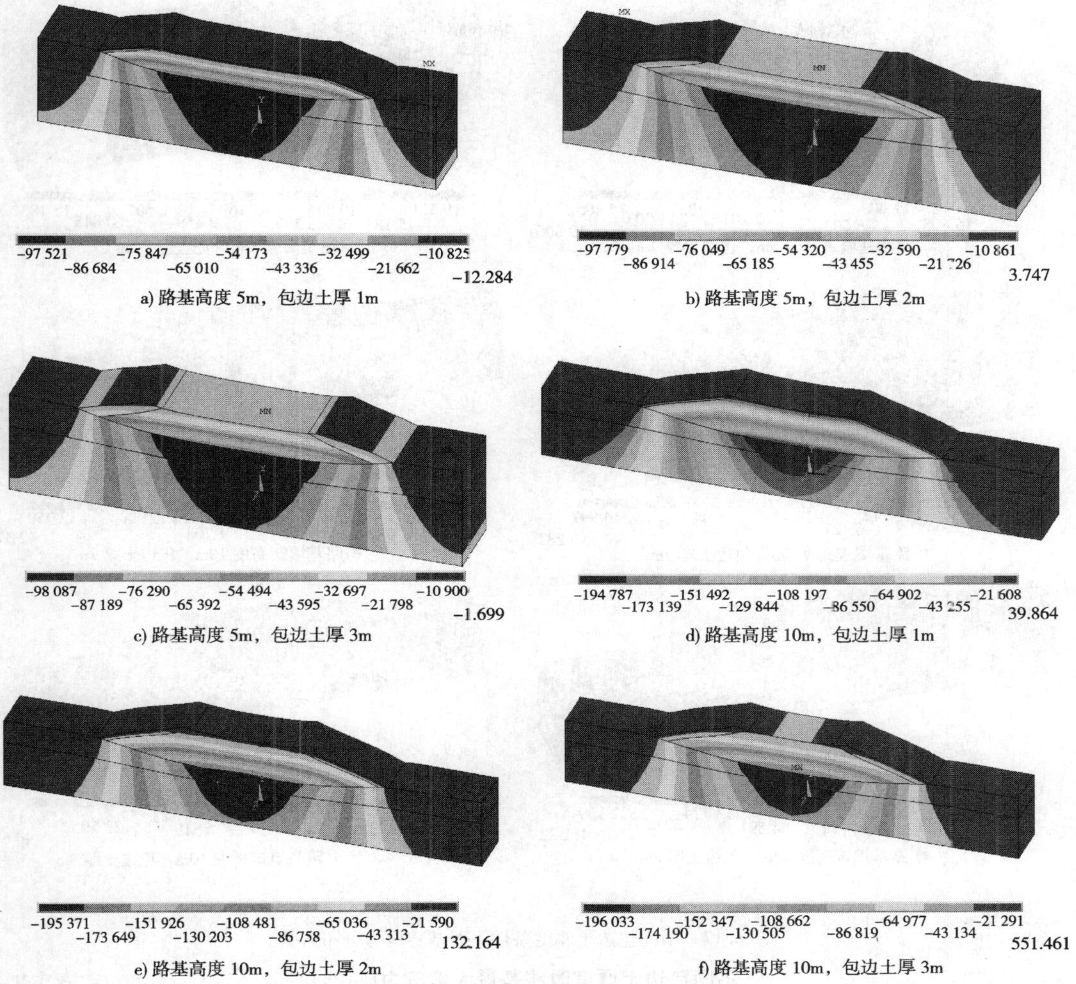

a) 路基高度 5m，包边土厚 1m

b) 路基高度 5m，包边土厚 2m

c) 路基高度 5m，包边土厚 3m

d) 路基高度 10m，包边土厚 1m

e) 路基高度 10m，包边土厚 2m

f) 路基高度 10m，包边土厚 3m

图 6.15　不同包边土厚度条件下路基压应力分布云图

2）不同包边土厚度时竖向剪应力计算分析

为了研究包边土厚度对竖向剪应力的影响，根据工程情况，选择具有代表性的路基填筑高度建立有限元模型，采用 ANSYS 有限元软件分析不同包边土厚度时路堤剪应力变化规律，包边土厚度取值分别为 1m、2m、3m，路基填筑高度取值分别为 1m、5m、10m、15m、20m。路基填筑高度为 5m 时，不同包边土厚度条件下路基剪应力分布云图如图6.17a）、b）、c）所示；路基填筑高度为 10m 时，不同包边土厚度条件下路基剪应力分布云图如图 6.17d）、e）、f）所示。不同包边土厚度时路基最大竖向剪应力计算结果见表 6.9，剪应力随包边土厚度变化关系如图 6.18 所示。

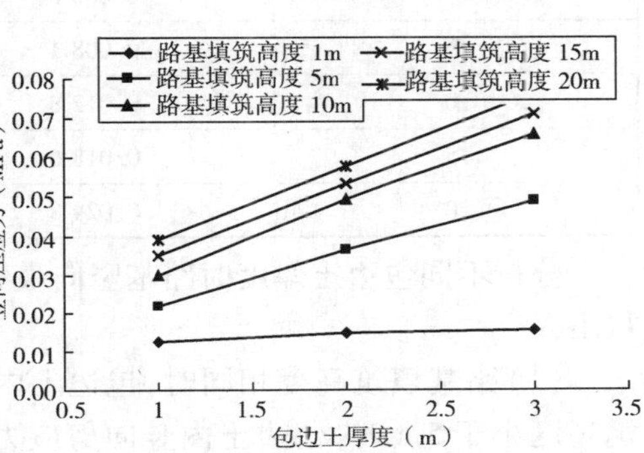

图 6.16　压应力随包边土厚度变化曲线

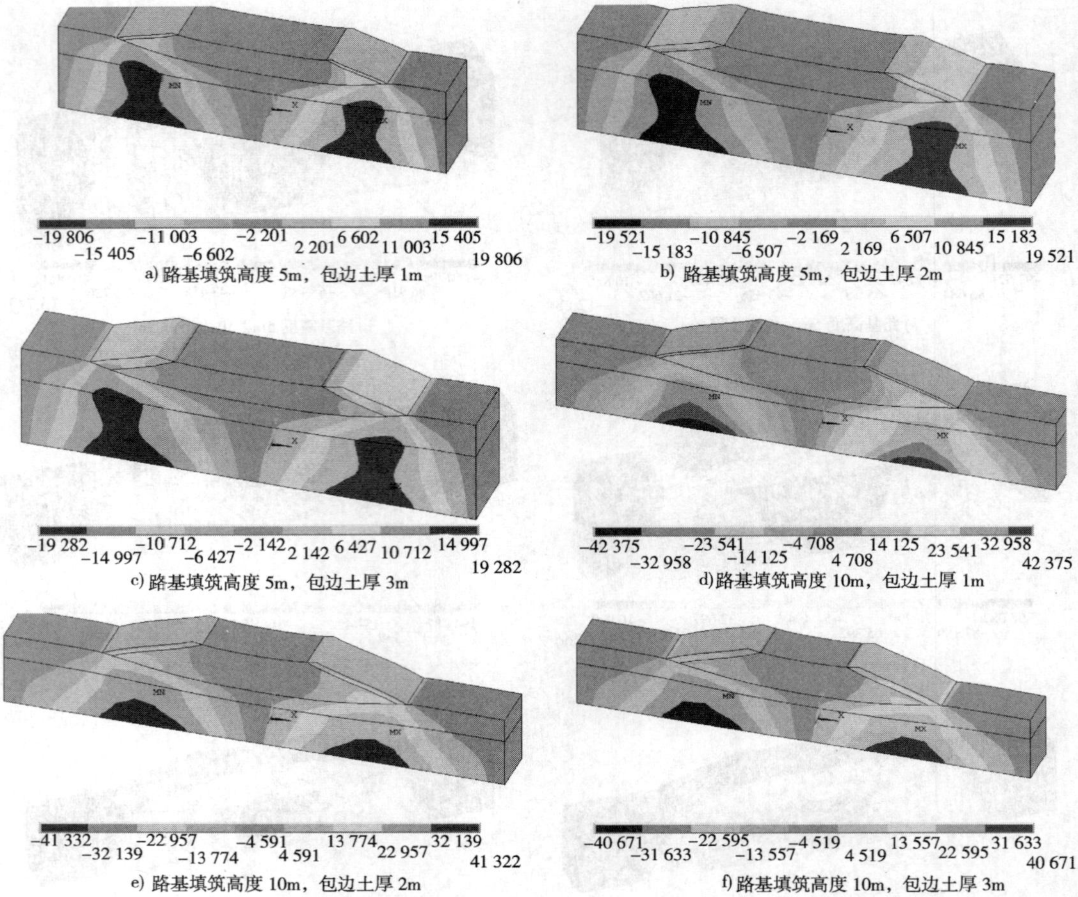

图 6.17　不同包边土厚度条件下路基剪应力分布云图

不同包边土厚度时路基最大剪应力(MPa)　　表 6.9

路基填筑高度(m)	包边土厚度(m)		
	1	2	3
1	0.000 6	0.000 1	0.001 4
5	0.008 1	0.009 1	0.009 6
10	0.012 8	0.013 4	0.016 4
15	0.018 6	0.021 4	0.024 4
20	0.024 8	0.028 8	0.031 6

分析不同包边土厚度时路基竖向最大剪应力计算结果及应力随路基填筑高度变化图可以得出：

(1)路基填筑高度相同时，包边土内竖向最大剪应力随包边土厚度增加而增大，路基填筑高度小于 5m 时，包边土内竖向剪应力较小，均在 0.01MPa 以内，剪应力大小受包边土厚度影响较小，包边土厚度每增加 1m，竖向最大剪应力增大约 10%。对于高度小于 5m 的煤矸石路基可根据具体工程情况选择适合施工的包边土厚度。

(2)路基填筑高度大于10m时,随着厚度增加,包边土内竖向剪应力增长速率较大,包边土厚度为1~3m时,剪应力在0.015~0.03MPa范围内变化。为减小包边土内竖向剪应力,增强路基稳定性,对于填筑高度较大的煤矸石路基,宜采用厚度较小的包边土。

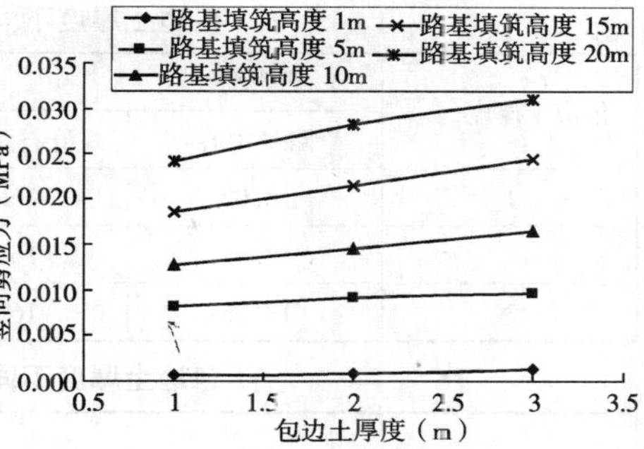

图6.18 剪应力随包边土厚度变化曲线

(3)对于不同填筑高度的煤矸石路基,包边土厚度较大时,其内部压应力与剪应力分布情况会对路基产生不利影响,如果只考虑包边土厚度对路基应力工作状态的影响,实际施工过程中宜采用便于施工并且能够保证煤矸石不受外界降雨、空气等因素影响的最小保护层厚度作为包边土厚度。

6.5.2 包边土厚度对煤矸石路基沉降影响分析

为了研究包边土厚度对煤矸石路基沉降的影响,选择具有代表性的路基填筑高度建立有限元模型。路基填筑高度为5m时,不同包边土厚度条件下路基沉降云图如图6.19a)、b)、c)所示;路基填筑高度为10m时,不同包边土厚度条件下路基沉降分布云图如图6.19d)、e)、f)所示。不同包边土厚度时路基沉降计算结果见表6.10~表6.14。

包边土厚度不同时路基沉降量(路基填筑高度1m) 表6.10

包边土厚度(m)	不同位置路基沉降量(cm)				
	路基中心	煤矸石路基边缘	包边土边缘	包边土差异沉降	路基最大差异沉降
1	0.67	0.52	0.42	0.10	0.25
2	0.67	0.57	0.41	0.16	0.26
3	0.67	0.6	0.39	0.21	0.28

包边土厚度不同时路基沉降量(路基填筑高度5m) 表6.11

包边土厚度(m)	不同位置路基沉降量(cm)				
	路基中心	煤矸石路基边缘	包边土边缘	包边土差异沉降	路基最大差异沉降
1	4.16	3.56	3.33	0.23	0.83
2	4.16	3.69	3.25	0.44	0.91
3	4.17	3.80	3.19	0.61	0.98

包边土厚度不同时路基沉降量(路基填筑高度10m) 表6.12

包边土厚度(m)	不同位置路基沉降量(cm)				
	路基中心	煤矸石路基边缘	包边土边缘	包边土差异沉降	路基最大差异沉降
1	10.28	9.08	8.74	0.34	1.54
2	10.30	9.29	8.63	0.66	1.67
3	10.32	9.48	8.54	0.94	1.78

包边土厚度不同时路基沉降量(路基填筑高度 15m)　　表 6.13

包边土厚度(m)	不同位置路基沉降量(cm)				
	路基中心	煤矸石路基边缘	包边土边缘	包边土差异沉降	路基最大差异沉降
1	18.02	16.31	15.89	0.42	2.13
2	18.04	16.61	15.79	0.82	2.25
3	18.06	16.88	15.65	1.23	2.41

包边土厚度不同时路基沉降量(路基填筑高度 20m)　　表 6.14

包边土厚度(m)	不同位置路基沉降量(cm)				
	路基中心	煤矸石路基边缘	包边土边缘	包边土差异沉降	路基最大差异沉降
1	27.24	25.19	24.71	0.48	2.53
2	27.25	25.56	24.61	0.95	2.64
3	27.27	25.86	24.42	1.44	2.85

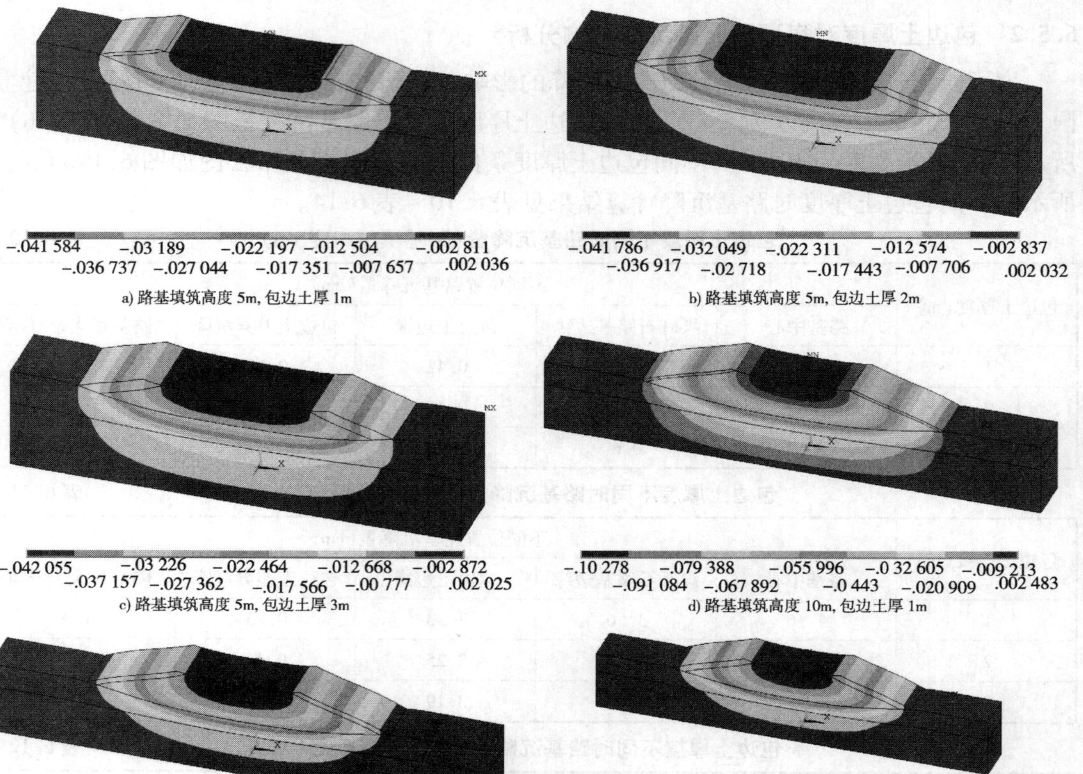

a) 路基填筑高度 5m, 包边土厚 1m　b) 路基填筑高度 5m, 包边土厚 2m

c) 路基填筑高度 5m, 包边土厚 3m　d) 路基填筑高度 10m, 包边土厚 1m

e) 路基填筑高度 10m, 包边土厚 2m　f) 路基填筑高度 10m, 包边土厚 3m

图 6.19　不同包边土厚度条件下路基沉降分布云图

分析表6.10～表6.14不同包边土厚度条件下路基沉降计算结果可以得出：

(1)对于不同高度煤矸石路基，包边土厚度在1～3m之间变化时，路基中心沉降量、煤矸石路基边缘沉降量及包边土边缘沉降量基本保持不变，包边土厚度由1m增加到3m，路基最大差异沉降量增加12%～15%，包边土厚度变化对煤矸石路基整体沉降影响较小。

(2)厚度变化对于包边土差异沉降量影响较大，随着厚度增加，差异沉降逐渐增大，包边土厚度由1m增加到3m，其差异沉降增加160%～200%，但该部分差异沉降量较小，均在1.5cm以内，且处于路肩部位，差异沉降对路面结构影响相对较小。

(3)根据不同包边土厚度条件下路基沉降计算结果，影响煤矸石路基沉降量的主要因素是路基填筑高度，包边土作为煤矸石路基的保护层对于整个路基沉降变形的影响十分微弱，确定包边土厚度时，其对于路基沉降的影响应作为次要因素考虑。

(4)如果只考虑包边土厚度对煤矸石路基沉降的影响，实际工程中宜采用便于施工并且能够保证煤矸石不受外界降雨、空气等因素影响的最小保护层厚度作为包边土厚度，既满足包边土应力工作状态要求，同时也可降低路基差异沉降。

6.6 压实度对煤矸石路基应力及沉降影响分析

路基压实效果是影响路基强度和工后变形的重要因素。随着交通事业的高速发展，交通量与日俱增，重型或超重型车辆增加，因此，通过自然沉降使路堤达到稳定已不再可能，尤其是高速公路，对路基沉降要求尽快完成。为了加速完成路基土的沉降，提高土体强度，必须采用机械设备对路基土体进行人工压实。通过对土体的反复碾压，促使土体内部发生一系列的物理变化，提高土体抗变形能力。压实作用可以增加土体密实度，减小土体在潮湿环境中的饱水量，封闭水分进入土体的通道，降低土的渗透性，因而压实作用可以加强路基稳定性。实践证明，保证路基压实达到要求是提高路基强度和稳定性的有效措施之一。为了分析压实度对煤矸石路基应力及沉降的影响作用，建立有限元模型，计算不同压实度条件下煤矸石路基竖向压应力、剪应力、水平型剪应力及路基沉降量，研究压实度对各煤矸石路基力学性质及变形性能的影响。

6.6.1 压实度对煤矸石路基应力影响分析

1)不同压实度煤矸石路基竖向压应力计算分析

为了研究压实度对煤矸石路基压应力的影响，根据工程情况，选择具有代表性的路基填筑高度建立有限元模型，采用ANSYS有限元软件分析不同压实度路堤压应力变化规律，路堤填筑高度取值分别为1m、5m、10m、15m、20m，压实度取值为90%、93%、95%，包边土厚度为2m，地基土种类为亚黏土、碎石土，路堤填料为煤矸石。不同压实度时路基最大竖向压应力计算结果见表6.15，路基竖向最大压应力随压实度变化曲线如图6.20所示。

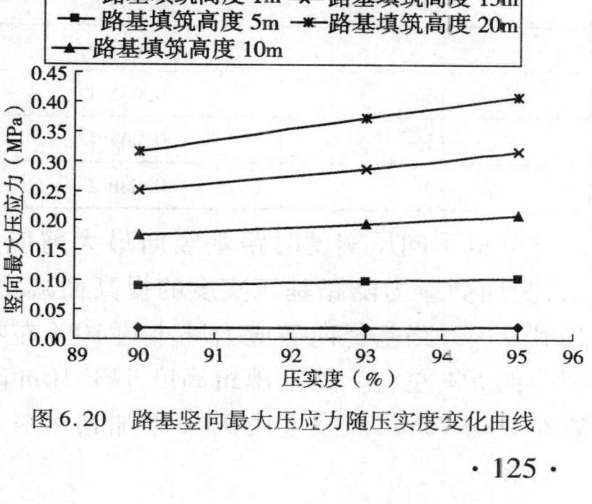

图6.20 路基竖向最大压应力随压实度变化曲线

不同压实度时路基最大竖向压应力　　表 6.15

路基填筑高度(m)	压实度(%)		
	90	93	95
1	0.018 9	0.019 4	0.019 9
5	0.090 3	0.097 7	0.102 6
10	0.175 8	0.195 4	0.210 0
15	0.250 6	0.286 4	0.315 1
20	0.315 8	0.371 5	0.408 7

分析不同压实度时路基竖向最大压应力计算结果及应力随路基压实度变化图可以得出：竖向最大压应力随路基压实度增加而增大。当路基填筑高度大于 10m 时，压实度由 90% 增加到 93%，路基竖向压应力增大 11% ~17%，压实度由 93% 增加到 95%，路基竖向压应力增大 7% ~10%，竖向压应力受压实度影响相对较大。路基填筑高度小于 10m 时，压实度由 90% 增加到 95%，路基竖向压应力增大 5% ~10%，煤矸石路基高度较小时，压实度对路基竖向压应力影响较小。

2）不同压实度煤矸石路基竖向剪应力计算分析

为了研究压实度对煤矸石路基剪应力的影响，根据工程情况，选择具有代表性的路基填筑高度建立有限元模型，采用 ANSYS 有限元软件分析不同压实度路堤剪应力变化规律，路堤填筑高度取值分别为 1m、5m、10m、15m、20m，压实度取值为 90%、93%、95%，地基土种类为亚黏土、碎石土，路堤填料为煤矸石。不同压实度时路基竖向最大剪应力计算结果见表 6.16，剪应力随路基填筑高度变化关系如图 6.21 所示。

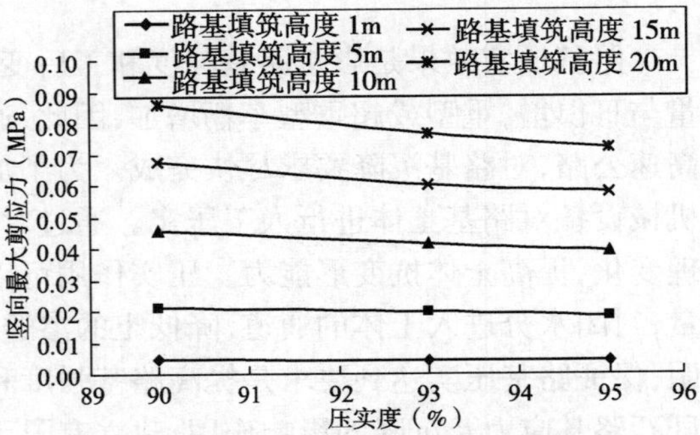

图 6.21　路基竖向最大剪应力随压实度变化曲线

不同压实度时路基竖向最大剪应力(MPa)　　表 6.16

路基填筑高度(m)	压实度(%)		
	90	93	95
1	0.004 6	0.004 3	0.004 1
5	0.021 0	0.019 5	0.018 4
10	0.045 4	0.041 3	0.039 2
15	0.067 4	0.060 2	0.057 5
20	0.086 2	0.076 6	0.072 0

分析不同压实度时路基竖向最大剪应力计算结果及应力随路基压实度变化图可以得出：竖向剪应力随路基压实度的提高而减小。路基填筑高度大于 10m 时，压实度由 90% 增加到 93%，路基竖向剪应力减小约 10% 左右，压实度由 93% 增加到 95%，路基竖向剪应力减小约 5% 左右。路基填筑高度小于 10m 时，压实度由 90% 增加到 93%，路基竖向剪应力减小 2% ~5%，压实度由 93% 增加到 95%，路基竖向剪应力减小约 5% 左右，剪应力随压实

度变化不明显。因此,对于高度较大的煤矸石路基,增大压实度可以增强路基竖向抗剪性能,提高路基稳定性。

3)不同压实度煤矸石路基水平向剪应力计算分析

为了研究压实度对煤矸石路基水平方向剪应力的影响,选择具有代表性的路基填筑高度建立有限元模型,采用 ANSYS 有限元软件分析不同压实度路堤水平方向剪应力变化规律,路堤填筑高度取值分别为 1m、5m、10m、15m、20m,压实度取值为 90%、93%、95%,地基土种类为亚黏土、碎石土,路堤填料为煤矸石。不同压实度时路基水平方向剪应力计算结果见表 6.17,路基水平方向最大剪应力随压实度变化曲线如图 6.22 所示。

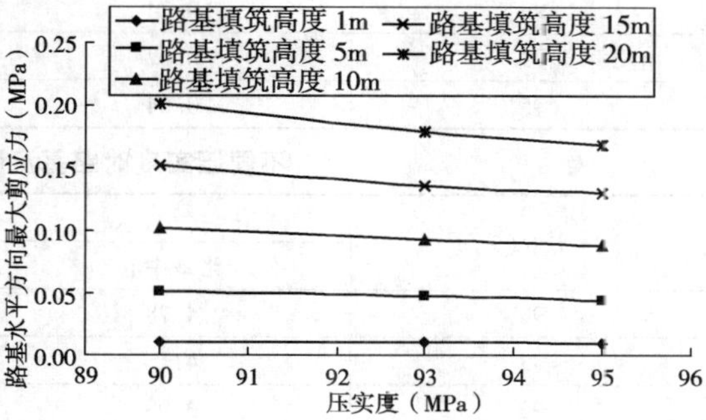

图 6.22 路基水平方向最大剪应力随压实度变化曲线

不同压实度时路基水平方向最大剪应力(MPa) 表 6.17

路基填筑高度(m)	压实度(%)		
	90	93	95
1	0.010 4	0.009 9	0.009 5
5	0.050 9	0.047 3	0.044 5
10	0.101 8	0.092 5	0.087 9
15	0.152 7	0.136 3	0.130 2
20	0.201 1	0.178 8	0.168 0

分析不同压实度时路基水平方向剪应力计算结果及应力随路基压实度变化图可以得出:

(1)与竖向剪应力分布规律相似,水平方向剪应力也随路基压实度的提高而减小,但在路基填筑高度相同情况下,水平方向最大剪应力均大于竖向最大剪应力,水平方向最大剪应力约为竖向最大剪应力的 2 倍,因此,水平向剪应力应作为路基剪应力控制的关键环节。

(2)对于高路堤,提高压实度可以减小水平向剪应力,根据表 6.17 计算结果可以得出:路基填筑高度大于 15m 时,压实度由 90% 提高到 93%,路基水平方向剪应力减小约 10%,压实度由 93% 提高到 95%,路基水平方向剪应力减小约 5%。路基压实度由 90% 提高到 93% 可以有效减小水平向剪应力,压实度由 93% 增加到 95% 后对于水平向剪应力减小作用较小,因此,保证煤矸石路基压实度达到 93% 对于控制路基水平方向剪应力具有显著作用,压实度继续提高对于减小水平方向剪应力效果有限。

6.6.2 压实度对煤矸石路基沉降影响分析

为了研究压实度对煤矸石路基沉降的影响,选择具有代表性的路基填筑高度建立有限元模型,采用 ANSYS 有限元软件分析不同压实度路堤下沉降量的变化规律,压实度取值为 90%、93%、95%,地基土种类为亚黏土和碎石土,路堤填料为煤矸石。不同压实度时路基沉降计算结果见表 6.18 ~ 表 6.22,沉降量随压实度变化曲线如图 6.23 ~ 图 6.27 所示。

不同压实度时路基沉降量(路基填筑高度 1m) 表 6.18

压实度(%)	不同位置沉降量(cm)		
	路基中心	路基边缘	差异沉降量
90	0.74	0.45	0.29
93	0.67	0.41	0.26
95	0.64	0.39	0.25

不同压实度时路基沉降量(路基填筑高度 5m) 表 6.19

压实度(%)	不同位置沉降量(cm)		
	路基中心	路基边缘	差异沉降量
90	4.78	3.74	1.05
93	4.16	3.25	0.91
95	3.99	3.12	0.87

不同压实度时路基沉降量(路基填筑高度 10m) 表 6.20

压实度(%)	不同位置沉降量(cm)		
	路基中心	路基边缘	差异沉降量
90	12.10	10.14	1.96
93	10.30	8.63	1.67
95	9.89	8.28	1.60

不同压实度时路基沉降量(路基填筑高度 15m) 表 6.21

压实度(%)	不同位置沉降量(cm)		
	路基中心	路基边缘	差异沉降量
90	21.65	18.95	2.70
93	18.04	15.79	2.25
95	17.41	15.24	2.17

不同压实度时路基沉降量(路基填筑高度 20m) 表 6.22

压实度(%)	不同位置沉降量(cm)		
	路基中心	路基边缘	差异沉降量
90	32.70	29.53	3.17
93	27.25	24.61	2.64
95	26.43	23.87	2.56

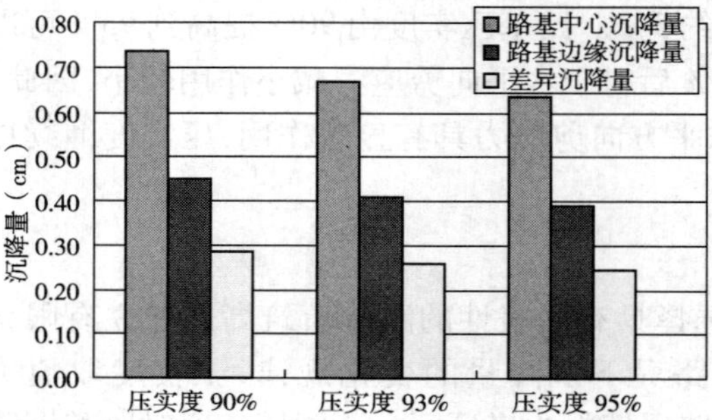

图 6.23 路基沉降量随压实度变化(路基填筑高度 1m)

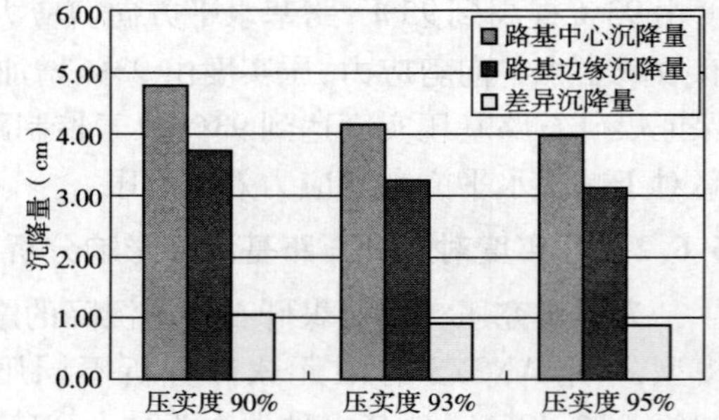

图 6.24 路基沉降量随压实度变化(路基填筑高度 5m)

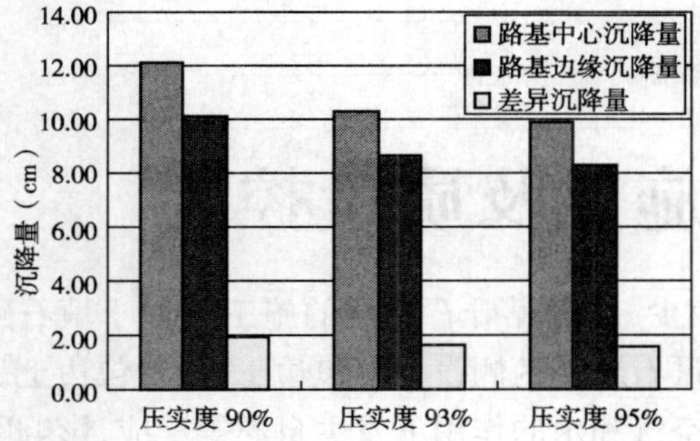

图 6.25 路基沉降量随压实度变化（路基填筑高度 10m）

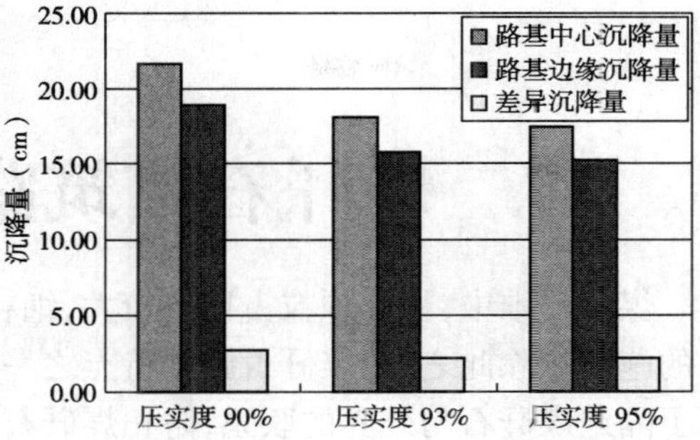

图 6.26 路基沉降量随压实度变化（路基填筑高度 15m）

分析表 6.18 ~ 表 6.22 不同压实度时路基沉降计算结果及图 6.23 ~ 图 6.27 沉降量随压实度变化关系图可以得出：

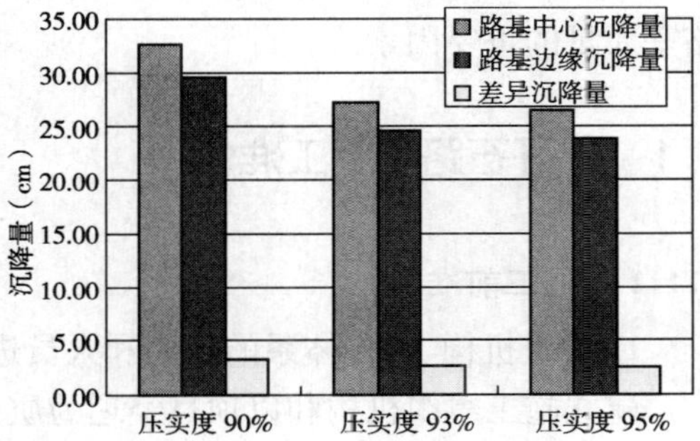

图 6.27 路基沉降量随压实度变化（路基填筑高度 20m）

（1）对于不同填筑高度煤矸石路堤，压实度越大，路堤沉降量越小，压实度由 90% 增加到 95% 后，路基中心沉降量、路基边缘沉降量减小 15% ~ 20%。因此，增大路堤压实度可以有效降低煤矸石路基沉降量。

（2）对于不同填筑高度的路堤，压实度由 90% 增加到 93% 后，路基中心沉降量、路基边缘沉降量和路基差异沉降均减小 10% ~16%，对于高度大于 5m 的煤矸石路基，该作用更加明显，压实度由 93% 增加到 95%，路基沉降减小约 5%。因此，采用较高的压实度标准对于减小煤矸石路基沉降作用不明显。

（3）采用 93% 的压实度后路基沉降量和采用规范规定的分层控制压实度标准后路基沉降量仅相差 1% ~5%，差别较小。因此，提高路堤顶面 1.5m 范围内土体压实度对于减小高路堤差异沉降的作用有限。

（4）根据不同压实度条件下路基沉降分析结果：路基压实度由 90% 增加到 93% 后，对于降低路堤工后沉降作用最明显，可见，保证路堤压实度达到规范要求的最低标准 93%，对于煤矸石路基沉降控制具有重要作用。采用更高的压实度标准后，路基工后沉降有所减小，但效果有限，而由此带来的工程费用增加非常大，且路基整体压实度达到 95% 施工难度较大，因此，对于煤矸石路基压实度标准宜采用规范规定值。

7 煤矸石填筑路基施工及质量控制

煤矸石堆中,粗大颗粒占比例较大,细料含量较少,所以煤矸石路基的施工类似于填石路基的施工。除此之外,煤矸石路基特点之一就是煤矸石路基两侧设置有包边土,设置包边土是为了隔绝煤矸石与外界的联系,防止煤矸石在外界空气和水的作用下发生自燃等反应,影响路基稳定性。此外,也为边坡绿化提供基础。煤矸石路基施工流程主要包括基底处理、煤矸石储运、摊铺、洒水、碾压与封层等。压实度、摊铺厚度、含水率、压路机械和压实遍数是影响煤矸石路基质量的重要因素。

7.1 煤矸石路基施工准备

7.1.1 施工前准备

1)组织机构、各种体系的建立和人员进场报验

建立施工组织机构和以项目经理为质量第一责任人的质量保证体系、安全管理体系和环境保护体系,管理人员、技术人员、生产工人和辅助工人均已进场(表7.1),并进行进场人员报验,监理工程师批准。

现场管理、技术人员一览表　　表7.1

序号	姓名	职务	备　注	序号	姓名	职务	备　注
1		项目经理	全面负责	8		试验员	
2		总　工	技术全面负责	9		测量员	
3		生产副经理	生产全面负责	10		测量员	
4		现场负责人	负责现场组织管理工作	11		材料员	
5		道路工程师	负责现场技术管理工作	12		安全员	负责现场安全生产工作
6		质检工程师	负责现场质量管理工作	13		工班长	负责机械和辅助工人管理
7		试验工程师	负责现场试验检测工作				

2)机械设备进场报验

主要工程机械进场报验,所有进场设备状态完好,并报监理工程师批准。

3)施工测量

全线导线点和水准点的复测成果监理工程师已经批复。试验段原地面高程已进行复测,绘制路基横断面图,计算路基填土数量,并上报监理工程师。现场测量放样已完毕,并经复核满足技术规范要求。

4)煤矸石场调查

对煤矸石储存场进行调查,确定煤矸石数量能否满足本标段路基填方数量要求。

5)工地试验

(1)按照招(投)标文件及监理工程师、业主要求，建立满足现场施工质量控制和试验所需的、与试验仪器相配套的工地试验系统，工地试验室的仪器、器具能保证在工程进行期间正常使用。

(2)材料试验

标段试验室应完成煤矸石的土样击实、筛分、最佳含水率、最大干密度、CBR和自由膨胀率等特性检测，各项试验指标均符合施工要求，试验检测结果应报监理工程师复核批准。

(3)标准击实试验

对各矿区煤矸石试样，按照5～40mm颗粒占0～40mm颗粒比例的20%、30%、40%、50%、60%、70%、80%分别进行标准击实试验，并绘制标准击实曲线。

超尺寸颗粒的校正：

当试样中大于规定最大粒径的超尺寸颗粒的含量为5%～30%时，对试验所得最大干密度和最佳含水率进行校正(超尺寸颗粒的含量小于5%时，可以不进行校正)。

根据校正的最大干密度、最佳含水率和5～40mm颗粒占0～40mm颗粒的含量来绘制修正曲线。

现场检测压实度时，根据试坑内煤矸石中5～40mm颗粒占40mm颗粒以下颗粒含量，在标准击实修正曲线中查找对应的最大干密度来计算现场煤矸石的压实度。

7.1.2 原材料选择

填筑路基所选煤矸石不得含其他杂质，如泥块、树根及生活与建筑垃圾。全面了解煤矸石的物理特性、力学特性、工程特性，满足之前提出的原材料性能要求。要求煤矸石中SiO_2、Al_2O_3、Fe_2O_3总含量应大于70%，有机质含量宜不超过10%，烧失量不超过20%，含水率控制在最佳含水率±2%以内，过湿必须晾晒，过干必须洒水焖料。由于煤矸石堆体内部自燃，堆体中存有大量热量，因此温度较高时，应洒水冷却后再装运。

同时由于煤矸石堆体自燃程度不同，往往出现黑色、灰褐色、红色等几种煤矸石。充分自燃过的煤矸石呈红色或黄色，已得到充分或较充分的自燃和风化，烧失量较低，填筑路基的应用指标均能满足设计要求，宜作路基填料。所以施工中优先选用红色矸石，其次是灰褐色矸石。黑色煤矸石含碳量高，烧失量偏大，应严格进行试验，符合技术要求方可使用。在距路基顶面深度80cm路床范围内，应采用烧失量低于8%的红色煤矸石，且粒径控制在10cm以下，而其中最上一层压实层所用煤矸石的粒径应控制在6cm以下。

7.1.3 路基地面处理

按照《公路工程质量检验评定标准》(JTG F80/1—2004)对煤矸石施工前的路基(图7.1)进行检测，原地面要做到清理、整平、压实，实测项目如表7.2所示。

图7.1 煤矸石路基施工前路基表面

煤矸石路基施工前应对原地面的地质水文情况进行调查，并针对不同的情况进行处理，现场人员对施工段落挖坑，对地下水位情况进行了解。

(1)干燥地段：对于一般干燥和处于排水良好的地段，在煤矸石进料之前，对原地面进行整平碾压，使之达到相关规范要求的压实度和平整度。验收合格后，用黏性土填筑成3%的土质路拱，以便施工过程中能及时排除雨水或地表水，为填筑路基煤矸石提供条件。

(2)潮湿地段：若原地表清理后，土壤含水率大，直接碾压或翻晒后含水率仍很大，无法压实，出现大面积弹簧翻浆现象的，可取用较大块的煤矸石进行处理，具体处理如下。

①在清理后的原地面虚铺一层厚度为30cm左右，粒径为10~12cm的大块矸石，然后用羊足碾碾压或大吨位振动压路机碾压4~5遍。目测是否稳定，若不稳定，采用同样方法铺筑第二层矸石。一般情况下，两层30cm左右的大块矸石基本能使基底达到稳定状态。

②把潮湿路段翻开后加入吸水性强的红色煤矸石，然后进行碾压。

③若局部地基软湿层较厚(4cm以上)时，则需将软湿土壤挖除换填粒径较大的矸石。

(3)对基底1m内含水率进行检测，对含水率较大处，在地表进行黏土封层处理。防止地下水位上升破坏煤矸石路基。

土方路基实测项目 表7.2

<table>
<tr><th rowspan="3">项次</th><th rowspan="3" colspan="3">检 查 项 目</th><th colspan="3">规定值或允许偏差</th><th rowspan="3">检查方法和频率</th><th rowspan="3">权值</th></tr>
<tr><th rowspan="2">高速公路
一级公路</th><th colspan="2">其他公路</th></tr>
<tr><th>二级公路</th><th>三、四级公路</th></tr>
<tr><td rowspan="5">1Δ</td><td rowspan="5">压实度(%)</td><td rowspan="2">零填及挖方(m)</td><td>0~0.30</td><td>—</td><td>—</td><td>94</td><td rowspan="5">按JTG F80/1—2004附录B检查
密度法：每200m每压实层测4处</td><td rowspan="5">3</td></tr>
<tr><td>0~0.80</td><td>≥96</td><td>≥95</td><td>—</td></tr>
<tr><td rowspan="3">填方(m)</td><td>0~0.80</td><td>≥96</td><td>≥95</td><td>≥94</td></tr>
<tr><td>0.80~1.50</td><td>≥94</td><td>≥94</td><td>≥93</td></tr>
<tr><td>>1.50</td><td>≥93</td><td>≥92</td><td>≥90</td></tr>
<tr><td>2Δ</td><td colspan="3">弯沉(0.01mm)</td><td colspan="3">不大于设计要求值</td><td>按JTG F80/1—2004附录I检查</td><td>3</td></tr>
<tr><td>3</td><td colspan="3">纵断高程(mm)</td><td>+10，-15</td><td colspan="2">+10，-20</td><td>水准仪：每200m测4个断面</td><td>2</td></tr>
<tr><td>4</td><td colspan="3">中线偏位(mm)</td><td>50</td><td colspan="2">100</td><td>经纬仪：每200m测4点，弯道加HY、YH两点</td><td>2</td></tr>
<tr><td>5</td><td colspan="3">宽度(mm)</td><td colspan="3">符合设计要求</td><td>米尺：每200m测4处</td><td>2</td></tr>
<tr><td>6</td><td colspan="3">平整度(mm)</td><td>15</td><td colspan="2">20</td><td>3m直尺：每200m测2处×10尺</td><td>2</td></tr>
<tr><td>7</td><td colspan="3">横坡(%)</td><td>±0.3</td><td colspan="2">±0.5</td><td>水准仪：每200m测4个断面</td><td>1</td></tr>
<tr><td>8</td><td colspan="3">边坡</td><td colspan="3">符合设计要求</td><td>尺量：每200m测4处</td><td>1</td></tr>
</table>

注：①表列压实度以重型击实试验法为准，评定路段内的压实度平均值下置信界限不得小于规定标准，单个测定值不得小于极值(表列规定值减5个百分点)。小于表列规定值2个百分点的测点，按其数量占总检查点的百分率计算减分值。

②采用核子仪检验压实度时应进行标定试验，确认其可靠性。

7.1.4 煤矸石储运

在填料选取上，煤矸石路基填料应尽量选用堆放时间较长，且经过强物理风化和化学风化的煤矸石，大块不能过多，若大块太多，要采取一定措施，或者人工拣出，或者利用机械加工成小块，以达到填筑路基合理的级配粒径，确保煤矸石碾压后的密实度。

含水率调节宜在堆料场中进行，尽量减少现场洒水工作量，过干的煤矸石最好在摊铺前2～3d在料场中洒水焖料，将含水率调节到最佳含水率范围内。

煤矸石运输尽量利用机械装车，大吨位自卸汽车拉运（图7.2）。为防止运输途中的扬尘污染，必要时采取防护措施。

7.1.5　煤矸石拌和、摊铺

煤矸石路基填筑宜使用装载机在煤矸石堆边进行集中拌和，拌和均匀后再运往施工路段。填筑方法采用水平分层填筑法，即按横断面全宽水平分层向上填筑。卸上推下是有效地防止人为离析的摊铺方法。碾压前将煤矸石中粒径大于20cm的石块拣出或人工破碎，用人工或机械整平，对于在碾压过程中形成支点的矸石块要进行处理，确保碾压质量。对于大颗粒矸石集中的地方，应用细粒料填充处理，确保碾压后密实，特别是对于土、矸石接合部位，更应该严格控制，防止出现不密实现象。粗平后的煤矸石路基见图7.3。

图7.2　煤矸石储运

图7.3　粗平后的煤矸石路基

如果需要用石灰稳定煤矸石，拌和时视煤矸石的天然含水率确定石灰的消解程度。石灰消解不完全时，混合料要闷料约24h，以保证石灰充分吸收多余的水分后完全消解，避免碾压后生石灰块吸水膨胀，造成路基内部应力破坏，从而降低路基整体强度。

7.1.6　包边土施工

煤矸石路基易被水冲刷，且煤矸石在空气和水的作用下，容易发生质的变化，所以其边坡防护比填土路基更为重要。煤矸石路基填到需要高度后，路床应采用黏土封顶，在路基两侧加做包坡护肩土，其主要作用是防止雨水和地表水浸入路基内部，防止煤矸石中残留煤粉与空气、水发生反应后生成的二氧化碳等有害物质对环境造成污染；其次是有利于植树种草养护边坡及消除黑灰色对人视觉的污染。护土的塑性指数以不小于15为宜。选择细粒土作包边土时应注意：

（1）细粒土可为低液限黏土或低液限粉土，其包边宽度不小于1.0 m；因压实问题，不应使用高液限黏（粉）土，土的液限以不大于40%为宜；有研究认为，因坡面冲刷问题，细粒土中粒径大于0.074mm颗粒含量，不宜大于35%。所以，对用于包边的细粒土除应测得液、塑限和塑性指数外，还应用水洗法（洗去小于0.074 mm颗粒）测得土中粗粒含量。

（2）低液限黏土等细粒土本身仍然存在坡面容易受冲刷的问题，且细粒土与风化砂砾同层铺筑时因压实系数的差异，容易造成包边细粒土密实度不足而影响坡面抗冲刷能力。尤其在培路肩时，由于土路肩的压实度较低以及路面工程工期较长问题，施工季节容易受水淘刷而导致土路肩及边坡破坏。

(3) 在风化砂砾土场丰富的地区，细粒土的土源往往是一个非常棘手的问题，即使细粒土土场选在地势较低的开阔地，细粒土覆盖层（土场可取深度）也会较薄。这样，就会出现细粒土场占地多、取土量小的问题。而且，在这种情况下，往往细粒土的含水率均较大，不利于施工采运和压实。

(4) 细粒土包边后，片石、水泥混凝土预制块和格栅等材料非常容易嵌入边坡，使得边坡配合各种坡面防护都很容易，而且细粒土本身也很利于植物生长。

所以，包边材料应选用易于植被生长的黏土，包边宽度不小于 1.0m，一般在 1.0～1.5m 之间。

为避免包边土和煤矸石碾压后高程出现差异，包边土松铺系数一般大于煤矸石松铺系数的 10%～15%，所以在修筑包边土时应考虑两者松铺厚度的差值，且施工中采用先填筑包边土再填筑煤矸石的办法。包边土修筑的快慢必将制约煤矸石的填筑速度，用推土机推平和人工配合整型是解决这一问题的有效措施。

包坡护肩土也采取分层填筑，一般在填筑煤矸石前，先填包坡护肩土，并进行预压，使其较同层煤矸石高出 5～8cm，然后再与该层煤矸石填料同步压实，以增加结构整体性。包边土与煤矸石接触面不得有大块矸石，以保证接触面密实，避免空洞和凹槽等现象。如在雨季施工，两侧的包坡护肩土应及时设置盲沟，以利排水。盲沟材料可用砂或粒径 5～20mm 的煤矸石予以夯实，盲沟间距一般为 20～30m，在路基两侧互相错开设置。

7.2 煤矸石路基施工工艺

1) 施工工艺流程

煤矸石路基施工主要有以下几个步骤：

下承层验收→测量放样→第一层包边土施工→第二层包边土培土→煤矸石装运、网格布料→重型推土机推平→拣出开采杂物和超粒径材料→压路机初压→平地机整平→压路机碾压→排水盲沟施工→检查验收。

2) 施工测量

施工测量包括恢复路基中线，检测下承层高程，测放中、边桩高程，并固定高程桩，为煤矸石路基的铺筑做准备。

3) 包边土施工

采用挖掘机装土，自卸汽车运输包边土。为了保证包边土的压实厚度，包边土分两层施工，第一层包边土按煤矸石层厚度的一半施工碾压，碾压完毕检验压实度，合格后，第二层包边土与煤矸石同时施工，上包边土前，根据压实厚度和每车土的运量确定单位车辆的卸料面积，用白灰线打出包边土范围。

4) 煤矸石运输、摊铺

采用装载机装煤矸石，自卸汽车运输。在试验段根据压实厚度和每车料的运量确定单位车辆的卸料面积，用白灰线打出方格。

施工作业实行“划格上料，挂线施工，平地机整平”，按每车 15m^3 计算，煤矸石灰线按纵向 10m，横向 3.5m 布置。根据松铺厚度在路基边缘纵向钉桩挂线施工，挂线桩采用 50mm × 50mm × 700mm 的木桩，并用红白油漆每 10cm 交错标注，沿路线每 20m 打一对，保证钉桩竖直，挂线平顺。然后按方格卸煤矸石，推土机按挂线高度将填料摊铺、整平。平地机纵向精平，从路两侧向中心刮平，避免煤矸石与包边土接合处集料集中。

5）控制含水率，洒水碾压

施工过程严格控制含水率，其加水量可按如下公式计算：

$$Q = (L \times B \times H \times \rho) \times 0.01(w - w_0)/(1 + 0.01w) \tag{7.1}$$

其中：Q——需要加水量，kg；

w_0——煤矸石原始含水率，%；

w——煤矸石要求达到的含水率，%；

L——摊铺长度，m；

B——摊铺宽度，m；

H——松铺厚度，m；

ρ——松铺湿密度，kg/m^3。

摊铺整平后，要检测煤矸石的含水率，根据最佳含水率，确定是否需要洒水及洒水数量。若含水率适中，可以直接进行碾压；若含水率偏低，一般要分两次洒水。第一次洒水为所用水量的 60% ~70%（一般略大于理论数值）。2 ~4h 后挖开数点检查，待渗透深度超过厚度的 3/4 时（以不黏轮为度），开始碾压 2 ~3 遍。压路机选用 20t 以上振动压路机为宜，强振不少于 2 遍，使煤矸石基本上完成破碎、重新组合的过程。然后第二次喷水，洒水量为需用量的 30% ~40%。考虑裸露时间长、气温高损耗水分，可以稍高些，待 4 ~8h 后即可碾压。用重型压路机强振 1 ~2 遍，静压 2 ~3 遍，要求表面无明显轮迹，不出现松散、翻浆、软弹等现象，使板体表面光洁密实。

6）防水处理

在煤矸石路基填筑施工期间，为防止施工现场受到冲刷或造成淤积，提前设置临时排水设施，以保持施工现场处于良好的排水状态，并沿路基设置横向碎石盲沟，设置临时排水设施，考虑与永久排水设施相结合，加强施工连续性。

7）顶面封层

达到路基高程封层部位后，应及时按照设计要求用黏土进行封层处理（间隔层土的压实按路基填土压实方法施工）。如不能及时封层，应做养护处理。

顶面封层可采用 40cm 厚 8% 石灰土或二灰土，一是为了提高路基强度，防止在路面结构层和煤矸石路基之间出现软弱层；二是为了提高封层防水效果，防止水分进入到煤矸石路基，造成煤矸石路基的破坏。

8）碾压注意事项

碾压前对填料层的松铺厚度进行检查、记录。

碾压时控制其含水率在最佳压实含水率 ±2% 之内。当料的实际含水率不位于上述范围内时，应均匀加水或将料摊开、晾干，使其达到上述要求后进行压实。

压路机的碾压行驶速度开始时宜用慢速，最大速度不宜超过 4km/h；碾压时直线段由两边向中间,小半径曲线段由内侧向外侧,纵向进退式进行,轮迹重叠0.3m,达到无漏压、无死角,确保碾压均匀。

7.3 煤矸石碾压施工机理

7.3.1 碾压机理

煤矸石在粒度构成上基本属于碎石类土,土的颗粒级配是制约其压密性的内在要素,其压实特性主要由集料中的细料,以及细料对集料空隙的充满程度决定。煤矸石颗粒级配具有粗大矸块含量比例高和细小颗粒含量比例低的特点,煤矸石的颗粒级配缺陷能够在压密过程中得到有效改善,有学者将这种压密性称之为"破碎压密"。煤矸石压实过程分为两个阶段。前一阶段煤矸石处于相对疏松状态,压密主要体现于颗粒接触状态的调整、颗粒的相互靠近和重新排列。当粗颗粒相互位移至紧密接触构成支撑骨架后,随着压力增加且超过矸石强度,则导致粗颗粒破碎,就会伴随有压力的重新调整,使矸石重新处于压密作用过程(阶段),进而使其进一步密实。煤矸石破碎的作用在于对原有级配缺陷进行改良,煤矸石在压密过程中经过碾压密实—破碎—再碾压—再压密这一渐进压密过程,粗大矸石比例降低,小颗粒比例提高,煤矸石的颗粒级配逐渐得到改善,其密实性得到提高。

通常,煤矸石粗大矸块含量比例高时,第一阶段在压实过程中很快就结束,压密过程主要由第二阶段组成,破碎率较高;随着粗粒料比例的下降,粒径变得丰富时,第一阶段会变长,破碎率随之下降。较粗颗粒间的空隙被较细的颗粒所填充,矸石可压密的程度就越高,比较容易获得较大的密度值。总之,煤矸石的压实过程就是一个颗粒级配改良的过程,使粗大矸石比例下降,细颗粒比例提高,从而达到渐进压密的效果。

一般来说,煤矸石经过压实,其强度和刚度会有所增加,但颗粒破碎严重的煤矸石,随压实而出现的颗粒破碎现象有可能会对其力学性能产生不良影响,这一点必须引起注意。颗粒破碎会促进颗粒的重新排列,其结果是孔隙比减小,结构更趋紧密,所以煤矸石填筑体在力学上更为稳定,但若过度压实使颗粒破碎持续增加,由于材料不断细化,使粗粒料所具备的"粗颗粒间的咬合"作用减弱。但在通常的能量水平下,主要以正面效果,即孔隙比减小引起的强度增长占优,故实际上强度不会因压实而降低。

煤矸石路基碾压厚度可以参照填石路基的规范要求,采用分层填筑,每层最大压实厚度为25~35cm,松铺系数由试验段得出。回填后的煤矸石要预处理,如掺加石灰、晾晒、分拣、破碎过大的石块,使颗粒分布均匀,含水率达到或接近最佳含水率,使得碾压时更容易压实,提高路基的稳定性。

分层填筑碾压中,单机碾压分为静力碾压(简称静压)和振动碾压(简称振压)两种方式。煤矸石路基的单机碾压工序通常是:预压—振压—稳压,预压和稳压是静压。预压的目的是为了让煤矸石松铺层有一定的压实度,预压阶段煤矸石松铺层为松散状态,如进行振动碾压,振动能被表面松散土体吸收,振动波不能有效地传到深层煤矸石,对深层煤矸石的压实不利。振动碾压到一定程度时,深层煤矸石的压实度不再变化,而表层的煤矸石会因振动变得松散。稳压的目的是使表层变松散的煤矸石再次被压实。

1）静压工作原理

静压是利用机械的自身重力所产生的静滚压力作用，迫使被压实材料产生永久性变形而达到压实的目的。这种压实方式的特点是循环时间长，材料应力状态的变化速度不大，而应力较大。但是由于压实效果受机械自重的限制，这种压实方式的压实深度和路基的密实程度有限。因此，静压常用于路基施工中的初压和稳压。

2）振压工作原理

振压是利用固定在一定质量物体上的振动器所产生的激振力，迫使被压实材料作垂直振动，急剧减少颗粒间的内摩擦力，使颗粒靠近，密实度增加，从而达到压实的目的。振压可使石料颗粒重新排列，填充空隙，降低空隙比，从而提高路基强度和减少变形。这种压实方式的特点是其作用面应力不大，过程时间短，加载频率较大，同时还可以根据不同的铺筑材料和压实层厚度，合理地选择振动频率和振幅，以提高压实效果，减少碾压遍数。

用振动波的理论进行解释，振动压路机通过振动轮的振动，将振动波传递给地基，并向四周传播。在振动过程中主要是纵波起压密作用，面波和横波使垫层表面松动，而纵波的传递深度即为振动压路机的振动传递深度。

视压实厚度和每日工作段长度选择压路机具。由于煤矸石有与碎石相近的级配，其压实特性主要由集料中的细料以及细料对集料空隙的充满程度决定，因此，适宜于使用振动压路机以振压为主，通过共振压实，有效减少煤矸石颗粒空隙，增大密实度，压实后检测承载力，要满足路基强度要求。

每层煤矸石压实成型后应及时按《公路工程质量检验评定标准》（JTG F80/1—2004）规定的检查项目进行检测验收，各项指标合格后可继续上层施工。

7.3.2 常用压路机分类

1）静力光面钢轮压路机

静力光面钢轮压路机可分为三轮式和双轮式。采用静力光面钢轮压路机碾压时，由于碾压轮与被压实材料的接触面大，单位压力较小，且压实工作由压实层的表面向下，上层的密实度大于下层，因此这种压路机的压实厚度较小。一般来说，普通的中型静力光面钢轮压路机较适宜于压实低黏性土和非黏性土，重型静力光面钢轮压路机适宜压实黏性土，而对于填石路基而言，单单使用这种压路机是不适宜的。

2）轮胎压路机

轮胎式压路机是利用充气轮胎及其悬挂装置的可变性，使轮胎与被压实材料之间保持一定接触面。与静力光面钢轮压路机相同，轮胎压路机的垂直压力使被压实材料发生形变，直到被压材料不断增大的抗力与所受垂直应力相等时停止形变，并达到压实目的。轮胎式压路机能使表面高低不平的部分得到均匀压实，由于轮胎的弹性产生揉压作用，使填料在各个方向产生位移，形成均匀而密实的表面结构，同时轮胎与填料的接触面较宽，承受压力的作用也较长，压实力影响的深度也较大。但是目前我国生产的轮胎式压路机的型号与数量均较少。

3）振动压路机

振动压路机按行驶方式可分为自行式、拖式和手扶式；按碾压轮形状可分为光轮式和捣实式（凸块式和羊脚式）。目前主要有两种类型的振动压路机：光轮式振动压路机与捣实式振动压路机。与静作用压路机相比，振动压路机具有以下特点：

(1)同等质量下的振动压路机比静作用压路机的激振力大,压实效果好;

(2)振动压路机的生产效率高,当路基达到相同的压实度要求时,其碾压遍数较少;

(3)具有滚压和振动的双重作用,用于砂类土、砾石和大粒径碎石时其效果远远优于静作用压路机等其他压路机械。

影响振动压路机压实效果的其他相关参数:

(1)频率。按照共振学理论,一般认为振动压路机的激振频率越接近填料的固有自振频率,路基的压实效果就会越好;而低于填料的固有自振频率时,压实效果会显著降低。虽然填料的固有自振频率较难测定,而且其是变化的,但利用共振现象对煤矸石路基进行压实是较为合理的。有关资料表明,粗密的砂砾和煤矸石的自振频率为30~34Hz,如表7.3所示,认为压路机的振动频率为30~40Hz时的压实效果好。但是在一定频率范围内,振动频率过高反而会降低压实效果,其原因是振动轮在过大的振动强度下脱离了地面,使表层受到严重不规则的冲击和过度碾压。

填料的自振频率 表7.3

填料类型	砂砾	砂卵石	粗砾石	煤矸石
自振频率(Hz)	31.0	24.7	30.0	30.8

(2)振幅。振幅为振动压路机振动轮上下移动的量,它是影响压实效果的一个非常重要的参数,与振动频率相比,振幅变化对压实效果的影响比频率变化所带来的影响要大。当频率不变时,随着振幅的增大,压实效果显著增大。这是因为振幅越大,就会使压实材料参加振动的质量越多,从而增加压实的影响深度,同时,还可以增加压实层厚度。一般来说,煤矸石路基的刚度越大,压路机的工作振幅也越大。

振动压路机的振幅一般在0.7~1.8mm。0.7~1.0mm属于小振幅,适合压实层厚较小的非黏性填料;1.0~1.8mm属于大振幅,适合压实层厚较大的黏性土和大粒径的填料。一般情况下,煤矸石路基采用振动压路机施工时的振幅至少为1.4mm。

7.3.3 碾压原则

压实的原则是:"先静后动,先轻后重,先慢后快,先边后中"。对人工铺设的煤矸石宜先用履带式机具或3~12t压路机静压1~2遍,稳压用振动压路机振碾3~4遍。机械摊铺的煤矸石层可直接用20t以上的中型或重型振动压路机碾压3~4遍,再以静作用压路机静碾1~2遍。碾压完毕后及时检查压实度,符合规定要求后,方可继续填筑上层煤矸石路基。

碾压顺序应遵循先低后高的原则,直线地段由边坡向路基中心碾压,曲线段由曲线内侧向外侧碾压。稳压时碾压轮迹横向应相互搭接,纵向后轮必须超过相邻段的接缝。

对路基局部边角地带,应采用小型手扶式振动压路机、蛙式打夯机碾压到规定的压实度。

碾压速度:压路机的行走速度为2~4km/h。

压实遍数:根据材料性质的不同,一般是振动4~6遍,静碾2~3遍,经检测后以达到规定的压实度为标准。

7.4 煤矸石路基施工现场质量控制

7.4.1 材料质量检验

煤矸石的物理化学变化十分复杂,对路基的稳定性存在潜在危害,在煤矸石路基施工中对原材料外观（如颜色、粒径、岩性）变化明显的地方，宜通过以下几个重要的试验指标对材料进行质量控制。

1）天然含水率

每层煤矸石路基填筑的时候，挖取煤矸石的年代、性质可能不尽相同。故天然含水率可能会有很大的差别，应按照检验频率严格控制上料的含水率，对于过干或过湿的填料，要注意含水率的调整。

2）粒径级配

天然煤矸石中大颗粒含量较多，随着风化、自燃状态的不同，煤矸石堆呈现出不同的级配。级配不良的煤矸石对路基的压实度影响很大，施工中应控制煤矸石的颗粒成分和塑性指数，最大粒径不宜大于填石路基的颗粒要求，较大颗粒的煤矸石应粉碎。

3）稳定性试验抽检

由于每层煤矸石的年代、构造可能不同，稳定性也存在较大区别，对填料变化明显的地方，应对煤矸石的崩解指数、压碎值等进行试验分析，以保证路基填料的稳定性。

7.4.2　最大粒径及材料均匀性

由于大部分煤矸石堆中粗颗粒含量较多，用作路基填筑的时候可参照填石路基规范规定，现场路基施工填料最大粒径 94 区宜控制在压实层厚度的 2/3 内，96 区最大粒径宜控制在 10cm 以内。平整过程中，应由专人剔除粒径大于 20cm 的矸石块、垃圾等，并由装载机配合，集中堆放，清理出场。对于在碾压过程中形成支点的矸石块要及时进行处理，确保碾压质量。在摊铺过程中，宜采用卸上推下的施工方法，利用推土机的均匀粗平，防止大粒径的煤矸石块聚集，减少人为的离析。对于大颗粒矸石集中的地方，应用细粒料填充处理，确保压实后密实，特别是对于土、矸石接合部位，更应该严格控制。摊铺过程中应及时发现问题，有明显离析的地方及时补充细料，填补空隙。摊铺过程必须保证无明显离析。

7.4.3　压实度检测

路基压实度是路基施工中一个极为重要的控制指标，直接影响路基的使用要求。从路基顶面到地基分为上下路床、上下路堤和地基，每一结构层的压实度及检测指标都应满足规范的规定。正确的压实方法是保证煤矸石路基压实度的一个重要条件，包括压实厚度、压路机具、压路机的碾压速度、碾压遍数等。

在土质路基施工中常用灌砂法检测路基压实度，从而检测路基填筑质量。煤矸石路基由于其含有较大粒径的矸石，虽然在碾压过程中部分矸石得到破碎，压实后基本处于土石混合的状态，也可运用灌砂法（灌水法）测定煤矸石的密实度，但对于大面积施工，灌砂法存在费时、费力、采样困难、数据离散性大、代表性差的缺点。而借鉴填石路基的沉降法控制压实度则能较为快捷、高效地控制煤矸石路基填筑的施工质量。

1）灌砂法

按照频率采用灌砂法进行检测（每层 100m 范围内检测 6 ~ 8 处）。

用挖坑灌砂法测定密度和压实度时，应符合下列规定：

（1）当集料的最大粒径小于 15mm，测定层的厚度不超过 150mm 时，宜采用 ϕ100mm 的小型灌砂筒测试。灌砂筒主要尺寸见表 7.4。

(2)当集料的最大粒径等于或大于15mm,但不大于40mm,测定层的厚度超过150mm,但不超过200mm时,应采用ϕ150mm的大型灌砂筒测试。煤矸石路基粗粒含量较大,宜采用大型灌砂筒测试。

灌砂筒主要尺寸表 表7.4

结　构		小型灌砂筒	大型灌砂筒
储砂筒	直径(mm)	100	150
	容积(mm^3)	2 120	4 600
流砂孔	直径(mm)	10	15
金属标定罐	内径(mm)	100	150
	外径(mm)	150	200
金属方盘基板	边长(mm)	350	400
	深(mm)	40	50
	中孔直径(mm)	100	150

注:如集料的最大粒径超过40mm,则应相应地增大灌砂筒和标定罐的尺寸。如集料的最大粒径超过60mm,灌砂筒和现场试洞的直径应为200mm。

试验步骤:

(1)在试验地点,选一块平坦表面,并将其清扫干净,其面积不得小于基板面积。

(2)将基板放在平坦表面上。当表面的粗糙度较大时,则将盛有量砂的灌砂筒放在基板中间的圆孔上,将灌砂筒的开关打开,让砂流入基板的中孔内,直到储砂筒内的砂不再下流时关闭开关。

(3)取走基板,并将留在试验地点的量砂收回,重新将表面清扫干净。

(4)将基板放回清扫干净的表面上(尽量放在原处),沿基板中孔凿洞(洞的直径与灌砂筒一致)。在凿洞过程中,应注意不使凿出的材料丢失,并随时将凿松的材料取出装入塑料袋中,不使水分蒸发。也可放在大试样盒内,全部取出材料的总质量为m_w,准确到1g。

(5)从挖出的全部材料中取有代表性的样品,放在铝盒或洁净的搪瓷盘中,测定其含水率(w,以%计)。

(6)将基板安放在试坑上,将灌砂筒安放在基板中间(储砂筒内放满砂到要求质量m_1),使灌砂筒的下口对准基板的中孔及试洞,打开灌砂筒的开关,让砂流入试坑内。在此期间,应注意勿碰动灌砂筒。直到灌砂筒内的砂不再下流时,关闭开关。仔细取走灌砂筒,并称量剩余的质量(m_2)、灌砂筒下部圆锥体内砂的质量(m_3),准确到1g。

(7)如清扫干净的平坦表面的粗糙度不大,也可省去(2)和(3)的操作。

(8)仔细取出试筒内的量砂,以备下次试验时再用。若量砂的湿度已发生变化或量砂中混有杂质,则应该重新烘干、过筛,并放置一段时间,使其与空气的湿度达到平衡后再用。

计算:

(1)计算填满试坑所用的砂的质量m_b(g)

$$m_b = m_1 - m_2 - m_3 \tag{7.2}$$

式中:m_b——填满试坑的砂的质量,g;

m_1——灌砂前灌砂筒内砂的质量,g;

m_2——灌砂后,灌砂筒内剩余砂的质量,g;

m_3——灌砂筒下部圆锥体内砂的质量,g。

(2)计算试坑材料的湿密度 ρ_w(g/cm³)

$$\rho_w = \frac{m_w}{m_b} \times \gamma_s \tag{7.3}$$

式中:m_w——材料的总质量,g;

m_b——试坑中取出的全部材料的质量,g;

γ_s——量砂的单位质量,g/cm³。

(3)计算试坑材料的干密度 ρ_d(g/cm³)

$$\rho_d = \frac{\rho_w}{1 + 0.01w} \tag{7.4}$$

式中:w——试坑材料的含水率,%。

当为水泥、石灰、粉煤灰等无机结合料稳定土的场合时,可按下式计算干密度 ρ_d(g/cm³):

$$\rho_d = \frac{m_d}{m_b} \times \gamma_s \tag{7.5}$$

式中:m_d——试坑中取出材料的烘干质量,g。

各种材料的干密度均应准确至0.01g/cm³。

(4)计算施工压实度

$$K = \frac{\rho_d}{\rho_c} \times 100 \tag{7.6}$$

式中:K——测试地点的施工压实度,%;

ρ_d——试样的干密度,g/cm³;

ρ_c——击实试验得到的试样的最大干密度,g/cm³。

该压实度应根据标准击实试验,由实地挖取的粗粒含量,去对照最大干密度与粗粒含量关系曲线,查得最大干密度。

2)沉降法

由于煤矸石有一定的级配,但级配不规则,如果用环刀法、灌砂法、核子密度仪法等常规方法检测压实度,检测结果离散性很大,不仅不能代表所检测路段的压实度,而且环刀法和灌砂法还对碾压完成的路基造成了破坏。因此,煤矸石路基的压实度检测无法用规范中要求的检测方法来执行。根据以往的施工经验,可用沉降观测法配合弯沉检测来评价其压实度。压实度检测方法:当每一煤矸石层按上述碾压方法压实至无明显轮迹时,以每次所选测点重复碾压后沉降量的代表值小于规定值为合格。其检测频率为8~10点/2 000m²。弯沉只在路基顶面进行检测,如果弯沉值满足设计要求,说明路基整体强度已满足要求。

路基每碾压一遍,利用水准仪测量碾压前后的高程,碾压前后的高程差即为该遍压实沉降量。碾压的沉降量与碾压遍数存在一定的关系,当碾压到一定的遍数后,碾压沉降量变得越来越小,此时再增加碾压遍数对压实效果提高不大。因此,在煤矸石填筑层的施工质量控制过程中,可采用压实沉降量进行施工控制,控制标准为前后碾压两遍的沉降量之差小于规定值(可通过试验或施工经验合理确定),碾压即可以停止。在实际施工中,碾压遍数确定之后,对于前面几次碾压可不进行观测，当碾压到最后2～3遍时再测量。用碾压沉降量作为压实质量的控制指标，采用的仪器简单，易于被现场工程人员掌握。

沿路面纵向每隔20m布设沉降观测点，横向在中桩、距中桩8m处、14m处，即每个段面5点，从虚铺开始记录每层的高程变化，连续两次观测高程无明显变化、无轮迹，视为压实完毕。沉降观测点采用埋钢球的方式布设。

全部施工至设计高程后，静置2d，再做弯沉试验检测其强度、做承载板试验检测现场回弹模量。静置过程中，应采取防止雨水浸泡措施，若被雨水浸泡，必须在静置晾晒2～3d之后再测试。

3）表面波波速法

表面波是一种在半无限介质中沿表面传播的弹性波，与体波相比，具有发散能量大、振幅及能量随传播衰减小、易于采集等特点。表面波在材料中的传播速度与材料的干密度、强度、弹性模量等工程力学参数存在良好的相关性，可建立相关方程式。因而，在现场可通过检测填筑层的表面波速，计算出其物理力学参数，即可对施工质量进行检测与评定。表面波波速与干密度基本呈二次线性关系，随着压实度的提高，表面波波速亦增加。不同的煤矸石其表面波速度与密度的相关关系表达式有所不同，因而在工程应用中，应根据施工用矸石及施工等条件，通过现场碾压试验确定。从而在大面积施工中采用检测表面波波速的方法来控制路基填筑质量。该方法检测速度快，可大面积检测，缺点是需要专业人员和专业设备，但总的来说是一种值得推广的新方法。图7.4为表面波波速与干密度关系图。

4）压实计法

压实计控制无黏性粗粒土压实质量是20世纪80年代才在国际上发展起来的新方法。压实计的读数是一个无量纲的值，与填料的密度、弹性模量等参数之间有很好的相关关系。目前，在堆石料、砾石料、碎石料、粉土以及混凝土等材料填筑中均有使用压实计作为控制方法的工程实例，图7.5为使用压实计测量工程时，其压实计读数与填筑材料密度的相关关系图。

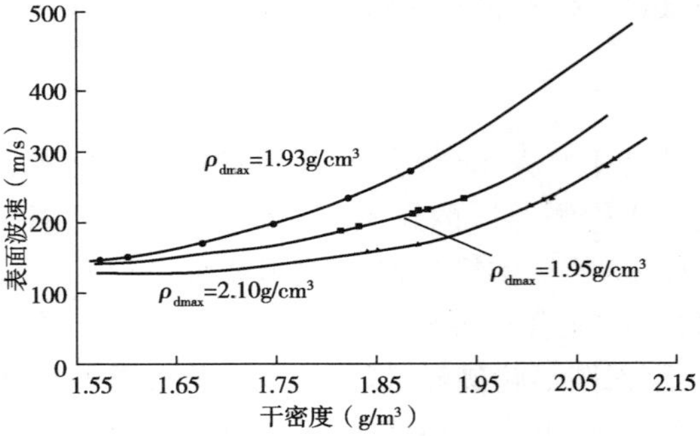

图7.4　表面波波速与干密度关系图

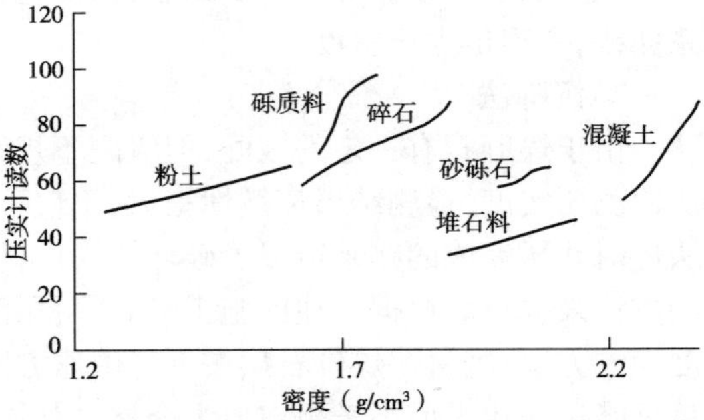

图7.5　压实计读数与材料密度关系图

从压实计使用的范围来看，在煤矸石路基填筑中能完全适用。压实计法能在施工过程中真正迅速反映路基压实情况，进行动态控制，是一种十分有效的质量控制方法，并且对操作人员无特殊的要求。但与表面波法一样，在施工前需根据现场碾压试验确定与压实度的相关关系。

5）弯沉测试法

利用贝克曼梁测定路基的回弹弯沉来评价煤矸石路基的整体承载能力，按照相关规范对选定路段进行弯沉测试，通过计算得出该路段的代表弯沉值，然后与规范要求值进行对比，如果小于规范要求值，说明该路段的路基整体承载能力达到要求；反之，则说明路基整体承载能力较差，或说明路基压实质量未达到相应的要求。

除了利用贝克曼梁法测定路基的回弹弯沉以外，还可以利用落锤式弯沉仪（FWD）测定路基的弯沉，从而评价路基承载能力，试验方法是：在落锤式弯沉仪（FWD）标准质量的重锤落下一定高度发生的冲击荷载的作用下，测定路基表面的瞬时变形，即测定在动态荷载作用下产生的动态弯沉及弯沉盆。另外，落锤式弯沉仪（FWD）测定路基的弯沉值可以转化为贝克曼梁法测定的回弹弯沉值。

7.5　煤矸石路基验收质量控制

鉴于目前还没有专门针对煤矸石路基的质量验收规范，所以，在考虑邯郸煤矸石材料具体特点的同时，建议主要按照填土路基的标准对青兰高速邯涉第九标段煤矸石路基进行验收检测，检测项目包括外观检测、沉降检测、弯沉检测以及压实度检测等，具体验收标准如下。

（1）外观检测：煤矸石路基碾压后必须达到表面平整、无轮迹，满足路基设计的相关要求，同时需对路基宽度、横坡、中线偏位、高程、平整度以及坡度等外观指标进行检测。

①路基宽度验收建议以米尺进行检测，检测频率为每 100m 检测 4 个断面，允许偏差以达到设计要求为准，检测频率及位置具体如图 7.6 所示。

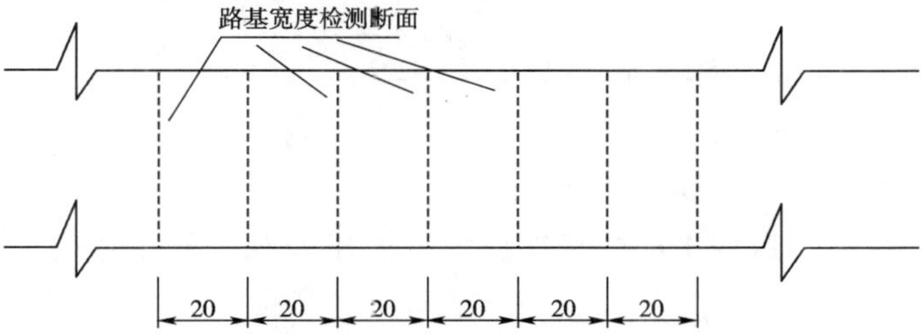

图 7.6　煤矸石路基宽度验收检测位置示意图（尺寸单位：m）

②横坡验收以水准仪进行检测，检测频率为每 100m 检测 4 个断面，横坡偏差须在 -0.3% ~ +0.3% 之间。

③中线偏位验收以经纬仪进行检测，检测频率为每 200m 检测 4 点，有弯道时需对 HY、YH 两点进行检测，中线偏位允许偏差在 -50 ~ +50mm 范围之内。

④路基纵段高程验收以水准仪进行检测，检测频率为直线段每 200m 检测 4 个断面，曲线段每 20m 逐桩检测，允许偏差在 -15 ~ +10mm 之间。

⑤路基平整度验收以 3m 直尺进行检测，检测频率为每 200m 测 2 个断面，每个断面测 10 尺，允许偏差在 -15 ~ +15mm 之间。

⑥路基边坡应做到坡面平顺、稳定，不得亏坡，曲线圆滑，验收以水准仪或检坡尺等仪器进行检测，检测频率为每 200m 测 4 处，允许偏差以达到设计规定值为准。

（2）弯沉检测：弯沉验收以贝克曼梁进行检测。

①代表弯沉值应满足小于 100（0.01mm）的要求。

②检测频率为:沿道路纵向每 20m 至少布置 1 个弯沉检测断面,每个检测断面沿道路横向左、中、右均匀布置 3 个弯沉测试点,具体检测频率和点位如图 7.7 所示。

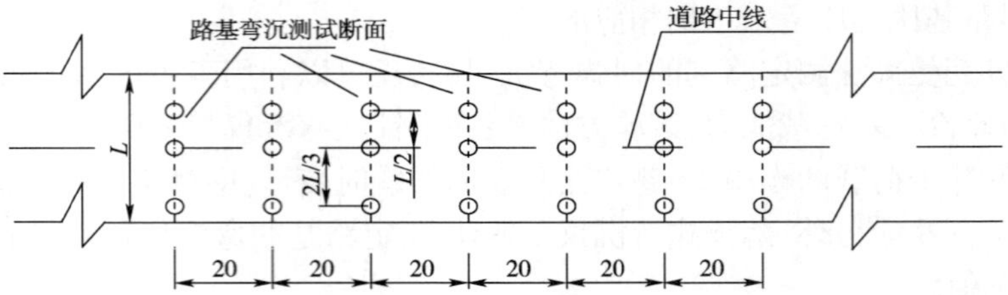

图 7.7 煤矸石路基弯沉验收检测点位示意图(尺寸单位:m)

(3)压实度检测:压实度验收检测以检查施工记录为主,对于路床顶面以下 0 ~ 0.8m 范围内,煤矸石路基工作区的压实度应同时采用灌砂法检验。检验频率为:单幅每层每 100m 长度范围内检测 3 处,必要时可加密检测。检测压实度应不小于重型击实试验求得的最大干密度的 95%。煤矸石路基压实度检测点位见图 7.8。

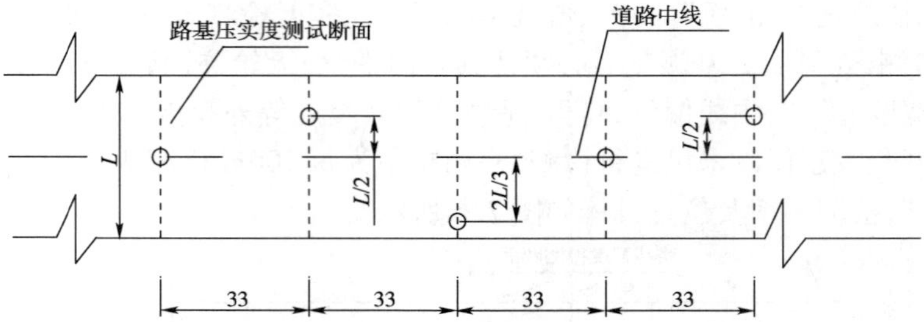

图 7.8 煤矸石路基压实度检测点位图(尺寸单位:m)

对上述外观及压实度等质量验收指标的允许偏差、检测频率以及检验方法等进行归纳,如表 7.5 所示,在操作过程中应严格按照设计要求及相关规范进行验收,并详细记录验收数据。

煤矸石路基竣工验收项目允许偏差表 表 7.5

序号	项 目	规定值或允许偏差	检验频率		检验方法
			范围(m)	点数	
1	纵段高程(mm)	+10,-15	直线每 200	4 个断面	水准仪
			曲线每 20	逐桩检测	
2	中线偏位(mm)	50	直线每 100	4 点	经纬仪
			弯道加 HY、YH 两点		
3	宽度(mm)	不小于设计值	每 100	4 处	米尺
4	平整度(mm)	20	每 200	2 个断面,每断面 10 尺	3m 直尺
5	横坡(%)	-0.3 ~ +0.3	每 100	4 个断面	水准仪
6	边坡	平顺且不陡于设计值	每 200	4 处	水准仪或检坡尺
7	弯沉(0.01mm)	不大于设计计算值	每 100	3 点	贝克曼梁
8	压实度	碾压工艺符合要求			施工记录

7.6 煤矸石路基施工注意事项

7.6.1 施工现场环境保护

(1)预防雨水对环境造成污染。煤矸石中含有多种有害物质,路堤施工时,特别是在雨季,雨水浸透煤矸石,流入路基两侧农田,把煤矸石颗粒带入耕地、河流,造成煤矸石对土地和水资源的严重污染。为此,施工中应采取预防措施,在路堤两侧修筑排水沟,挖沉淀池,同时密切注意天气情况,及时摊铺,及时碾压,做好路拱排水横坡。

(2)现场污水处理。雨季煤矸石排放的污水通过两侧的排水沟汇入沉淀池,利用物理和化学的方法处理达标后才能排放。

(3)粉尘对大气污染的处理。煤矸石运输过程中粉尘飞扬,对大气产生污染,过量粉尘还会影响农作物的生长。解决办法是加强储料场煤矸石含水率调节,控制运输时煤矸石含水率,并采取覆盖等防护措施。

7.6.2 煤矸石路基雨季施工注意事项

根据工地现场发现的情况,对煤矸石雨季施工提出如下建议:

(1)建议业主与气象部门联系,由气象部门提供近期和每天的天气情况,施工单位应根据气象条件调整施工计划。

(2)煤矸石路基施工要求先施工一层包边土,所以有个别路段在包边土施工完成后煤矸石没有立刻上料施工,这样就形成了一个两边高中间低的槽,并且包边土没有开出水口。由于煤矸石的透水性较大和包边土的阻挡作用,这样雨水就会完全渗入煤矸石路基中。过量的水会对路基形成危害。

建议在今后的施工中,要做好施工安排,包边土施工完成后,立刻进行煤矸石的施工,避免出现上述情况。对现有的这种槽状路段,下雨前要把两侧包边土每隔 15m 开出水口,尽可能地把路基上的水排出,雨后立刻进行该种路段的煤矸石填筑,消灭槽形路段。注意煤矸石填筑前要对包边土重新进行碾压并检测压实度。

(3)目前,工地现场有个别煤矸石路基路段的横坡很小,不利于路基的排水,路面水会大量渗入路基。要求煤矸石路基要有 2% ~4% 的横坡,以利于路基表面排水。

(4)在雨天来临前,对于煤矸石路基表面离析的位置,即石块聚集的位置,表面缝隙很大,必须撒薄层土碾压,填充缝隙,避免雨水从这些位置大量进入路基,并提高这些位置路基的稳定性。

(5)建议在雨天来临之前,特别对横坡很小的路段,在路基表面全部撒一薄层土进行碾压,填充煤矸石的缝隙,减少雨水进入路基。薄层土与煤矸石细料混合,煤矸石中的活性物质会与土结合,慢慢形成一定的强度。

7.6.3 煤矸石路基过冬注意事项

煤矸石路基已经完成,路面基层还没有铺筑,在含水率超过初始冻胀含水率的条件下,煤矸石路基可能会发生冻害,其表现形式为路基表层甚至有裂隙的煤矸石颗粒发生不均匀冻胀、开裂,可导致煤矸石的级配变化,随之工程力学特性也发生相应变化。土体冻胀必备的三大基本条件是:①具有冻胀敏感性的土;②超过土体塑限含水率和具有外部水分补给条件;③适宜的冻结条件(负温度)。这3个条件缺一不可。我们可以采用各种措施以削弱其中一个条件,就可以抑制和削弱土体的冻胀,达到防治冻害的目的。因此对煤矸石路基过冬提出如下建议:

(1)适当加快进度,尽量在冬季来临之前完成煤矸石路基上封层的施工,上封层的完成将起到很好的防水隔温效果。上封层需要做到表面平整,无坑洼现象,以防止雨水等在坑洼处积聚以致渗到煤矸石路基当中,在负温度作用下产生冻胀现象。

(2)路基表面(上封层)要有一定的横坡,并且路基应具有良好的排水系统。路基横坡必须按设计设置,以利于排水。

(3)对于没有完成上封层的煤矸石路段,应该采取适当的措施来消除各种导致冬季路基病害的隐患。以下一些建议可供参考。

①对于煤矸石路基表面离析的位置,即石块聚集的位置,表面缝隙很大,必须撒薄层土碾压,填充缝隙,避免雨水或融化的雪水从这些位置大量进入路基,再在负温度的作用下使路基发生冻胀破坏,并提高这些位置路基的稳定性。

②对于不能在冬季到来之前进行石灰土上封层处理的煤矸石路段,建议尽可能在路基表面全部撒一薄层土进行碾压,填充煤矸石的缝隙,减少雨水或融化的雪水进入路基。薄层土与煤矸石细料混合,煤矸石中的活性物质会与土结合,慢慢变得有一定的强度。

③路基表面需有不小于2%的横坡。对可能出现的槽状路段,雨雪天气前要把两侧包边土每隔15m开出水口,尽可能地把路基上的雨水或融化后的雪水排出。

(4)冬季来临之后,建议安排人员对煤矸石进行定期巡查,巡查包括路基表面有无积水、路基排水系统是否顺畅等内容,应及时发现路基在冬季可能出现的各种病害,并进行妥善处理。

(5)与气象部门保持联系,由气象部门提供近期的天气情况,在雨雪等不利天气到来之前,加强煤矸石路基的防冻措施,以做到有备无患。

(6)在来年开始进行上层施工之前,对煤矸石路基表层需进行复压,消除冬季雨雪对表层的影响。

总而言之,根据工地现场的实际情况,为避免煤矸石路基出现冻害,整治渗水是首要解决的问题。只要渗水问题得到有效解决,其他问题便会迎刃而解。其次,冬季之前完成上封层的施工,避免煤矸石路基直接裸露在环境中,对煤矸石过冬防冻能起到积极的作用。

7.6.4 煤矸石路基施工中其他注意事项

1)压实度超百

压实度超百是煤矸石填筑的一个非常明显的现象,但经过超尺寸颗粒的校正后,灌砂法检测压实度可以作为煤矸石路基检测的方法,超百点只是特别点。压实度超百的原因分析如下。

击实试验取样与路基施工填料存在差异。填料中粒径大于40mm的煤矸石石块含量过多,而击实试验采用40mm以内的煤矸石,最大干密度相对偏低,击实试验的击实标准不能代表实际填料的击实标准,按此击实标准计算压实度肯定有超百现象,所以必须对超尺寸粒径进行校正。5~40mm颗粒含量与干密度关系曲线不能完全体现两者之间的关系。由于击实过程中将部分大颗粒煤矸石击碎,故在击实试验后比击实试验前的5~40mm颗粒含量变少,造成击实试验结果的最大干密度相对偏低,所以校正后还有可能出现超百现象,但其影响不太大。所以通过超尺寸颗粒的校正后,灌砂法检测压实度能够反映煤矸石路基压实效果,可以采用校正后的最大干密度通过灌砂法进行压实度的检测。

2)表面松散、不平整

压实后的路基表面,常出现轮迹、松散、坑槽、翻浆,压路机稳压后,埋有超粒径处凸出,其周围无法压实,平整度差等现象。煤矸石摊铺后,局部级配较差,细料少,集料集中,碾压后表面不密实、松散;或者细料多,集料少,碾压后表面浮灰多,平整度差,还可能造成压实系数不同,碾压后平整度差。施工中应采取以下有效措施:

(1)选择超粒径少、级配较好的矸石山。从煤矸石山装料开始控制,挖掘机装料时选择超粒径少或无,以及级配较好的煤矸石。

(2)填筑下部路堤时,横坡稍大,以利于排水;稳压后,应采用细料将表面空隙填实,包边土应与煤矸石同时碾压,并达到压实度要求。

(3)注意拣除超粒径煤矸石块及开采附属物,推土机初平、平地机精平过程中发现有超粒径煤矸石块,必须派人挖除,装载机配合,集中堆放,清理出场,保证大粒径煤矸石块不超过层厚的2/3。

(4)煤矸石含水率偏大时,路基会出现"弹簧"现象,应及时翻晒或换填处理。在天气干燥的情况下,路基表面应经常洒水并压实,防止浮土现象的发生。

(5)平地机精平时纵向从路两侧向中心刮平,避免煤矸石与包边土结合处集料集中。采用压路机先碾压1~2遍,使表面部分粗颗粒被碾碎后用平地机精平。

3)施工中监理单位应注意的问题

(1)煤矸石的填筑厚度要严格控制。由于煤矸石的离散性较大,其中大料很多,所以对煤矸石路基压实的主要控制方法是沉降法,如果填筑厚度过大,虽然沉降量达到了要求,但该层下部位置并没有达到要求的密实度。

(2)注意检查煤矸石碾压前的含水率,含水率可控制在-1%~+4%之间。

(3)要注意施工单位采用的碾压机械,要保证实际施工中采用的压路机的击振力不小于试验路段采用的压路机;否则,击振力过小,沉降控制就失去了意义。

(4)注意要求施工单位对超出要求粒径的石料的拣除工作。由于过大粒径在碾压时的支撑作用,该部位的密实度和稳定性就会较差。

8 冲击压实技术在煤矸石填筑路基中的应用

煤矸石是一种特殊的类似于碎石土的填料,天然煤矸石存在着明显的颗粒级配缺陷,其粗大颗粒含量较大,细小颗粒比例过低,级配曲线变化比较明显,煤矸石天然堆积呈松散状态,空隙很大。但是煤矸石与一般碎石土不同的是,煤矸石粗大软岩颗粒在碾压的过程中会发生破碎,细粒料含量增加,级配条件不断得到改善,从而有效地提高压实度。煤矸石的压密性与一般工程用土的压密性有实质差异,压密过程和结果受矸石本身颗粒破碎特性的影响显著。另外,煤矸石的组成和性质较为复杂,化学成分随产地变化而有所不同,力学性质也会有差异。

传统的压实方法有静压和振压两种方法。采用静压这种方式,材料应力状态的变化速度不大,而应力较大。但是由于压实效果受机械自重的限制,这种压实方式的压实深度和路基的密实程度有限。另外,长期以来,振动压路机的发展对满足碾压填筑体的密实度要求来说,几乎到了极限。与传统压实技术不同,冲击压实机是以高振幅、低频率的方式将极高的能量施加到煤矸石路基中,以达到传统压实设备难以企及的压实深度和效果。冲击压路机的压实能量大,作用效果好,填筑层厚,影响深度大,对填土含水率要求不高,基本上回填天然土,刮平后进行碾压,就能达到要求的压实度。而煤矸石的压实过程就是一个颗粒级配改良的过程,使粗大矸石比例下降,细颗粒比例提高,从而达到渐进压密的效果。采用冲击压路机压实煤矸石路基可以显著提高煤矸石路基的压实度、整体强度和承载力,加速煤矸石路基的下沉,减少煤矸石路基的工后沉降。

因此,为了确定煤矸石填筑高速公路路基的合理碾压方式,在青兰高速邯涉段第九合同段铺筑煤矸石填筑路基冲击压实试验段,选取路基填筑冲击压实与路基普通振动压实后冲击增强补压两种碾压方式,系统研究冲击压实技术在煤矸石填筑路基中的应用效果。

8.1 冲击压路机概述

冲击压路机是指压路机的压实轮为非圆形(out of round)(一般是由曲线为边而构成的三、四、五边正多边形),其在牵引和自行驱动力作用下滚动,并对地面进行周期性冲击碾压的施工机械设备。

8.1.1 冲击压路机类型与主要技术参数

1)冲击压路机的类型

冲击压路机有多种类型,按分类方法不同,大体上可分为以下几类。

(1)按功率分类,有25kJ、20kJ等多种。

(2)按压实轮的形状分类,有三边形(图8.1)、四边形、五边形和六边形4种。

(3)按压实轮的构造分类,有实体、空体、可填式等多种。

(4)按牵引方式分类,有牵引式和自行式两种。

图 8.1　三边形冲击压路机

2）冲击压路机的主要技术参数

冲击压路机的类型不同，技术参数不同，压实效果也不相同。常用的两种蓝派冲击压路机的主要技术参数如表 8.1 所示。

常用冲击压路机的主要技术参数表　　表 8.1

压实机类型	三边形	五边形	压实机类型	三边形	五边形
压实轮外形状	LICP3	LICP5	行驶速度（km/h）	12～15	1～15
整机质量（t）	27	24	势能（kJ）	25	20
压实轮质量（t）	12	10	动能（kJ）	200	130
振幅（cm）	22	20	冲击力（kN）	2 500	2 000
频率（击/s）	1.7	2.6			

（1）三边形冲击压路机

蓝派 LICP3 型主要技术参数如表 8.1 所示。整机长 8.6 m、宽 3m、高 3.34 m，总质量 27 t，压实轮轴组件质量为 12 t，压实轮为三瓣非圆曲线轮廓，其公称直径 2 m，最大、最小半径差 22 cm，单轮公称宽度 1 m，工作中牵引机用 265 kW 牵引动力以 12～15km/h 的速度行驶。压实轮对土基施以冲击、揉压、碾压综合作用，其最大冲击力 2500 kN，暂且不考虑前一次；冲击后压实轮轮心抬高过程中蓄能器储存多余能量，第二次冲击中这部分能量释放叠加到三边柱形冲击压路机，其冲击动能已具有 130～200 kJ，影响深度在 3.5～5.0m。

该机工作中压实轮会对土基产生大振幅冲击剪切，并以冲击波的形式向下传播，使 2m 多范围内的填层产生振动响应；进而克服土石颗粒之间的吸附力与黏聚力，使土石颗粒运动的位移增大，强迫排出土石颗粒之间的空气和水，细颗粒逐渐填充到粗颗粒孔隙之中，从而使土体得到压实。该机压实轮每小时可覆盖土基 24 000 m^2，若以 20 遍为压实的收敛遍数，则每个台班可压实土基 8 000～10 000 m^2。

（2）五边形冲击压路机

五边形冲击压路机有牵引式和自行式两种，大多用于旧水泥混凝土路面破裂及稳固。LICP5 型的主要技术参数见表 8.1。

牵引式五边形冲击压路机的主要技术参数和三边形冲击压路机的参数基本相同。而自行式的五边形冲击压路机与牵引式有所不同，主要区别是整机尺寸长为 6.5 m，整机质量为 24 t，对土基的力学参数是冲击力为 2 200～2 500 kN，工作效率与牵引式基本相同，其优点是掉头灵活、作业更加方便。

由于冲击轮边数越少，落差越大，冲击力及影响深度越大，但单位时间冲击次数少，故3、4边冲击压路机适合于冲压路基土方；冲击轮边数越多，落差越小，冲击力及影响深度越小，但单位时间冲击次数越多，故五、六边形冲击轮适合于旧沥青、水泥路面冲压破碎。

8.1.2 冲击压路机在特殊路基中的应用

到目前，冲击压实技术已在我国14个省、市共60多项工程中得到了应用。这些工程在专业类型方面涉及道路、机场、水坝等。机场工程包括香港新赤腊角机场、首都机场、广州白云机场、重庆万州机场、贵州兴义机场、新疆且末机场和华北某军用机场等；在公路方面有八达岭高速公路、京珠高速公路、山西宣大高速公路、广东莞深高速公路、重庆渝黔高速公路、黑龙江大齐高速公路等高等级公路。在工程性质方面涉及填土压实、软土处理、地基补强、破碎原路面等。在土质方面涉及黄土、块片石、砂土、黏土、软弱土等。下面通过冲压技术在各种土质中的应用情况来具体介绍其在我国的研究及应用概况。

1）黄土路基中的应用

我国华北、西北有大片的黄土地区，这种土在自重应力或附加应力作用下，遇水容易发生湿陷并沉陷，严重影响路基质量，从而导致路面的破坏。

山西宣大高速公路湿陷性黄土路段采用冲压技术处理，得到如下结果：填前地基冲压40遍后，地表下1m内地基的平均压实度达到91%，平均弹性模量计到80MPa，形成连续、均匀、密实的加固硬层，其技术指标已超过路基上路床标准，完全符合黄土地基加固质量要求。该研究表明，冲击压实技术处理湿陷性黄土地基有效影响深度约为1m，冲压遍数以40遍为宜。

山西宣大高速公路还以黄土为填料，对路基进行了传统压路机分层压实后的冲击压实技术补强处理，得到如下结果：分层压实后冲压20遍，每层厚度为0.8～1.0m，补压以后效果非常明显，平均下沉量为3.9cm，现场干密度提高了10.42%，DCP的击数增加了12.7%，模量值E增加了30MPa；而从20～40遍，下沉量、干密度、DCP击数的增加较为缓慢。该研究表明，传统压路机分层压实后每层补压厚度以0.8～1.0m、遍数以20遍为宜。

2）块石与碎石土中的应用

石料填方路基难以压实的原因在于石料级配不好，冲击压路机由于冲击能量大，能取得很好的压实效果。

香港新赤腊角机场施工时，有一部分填料是风化花岗岩，采用冲击压实机冲压20遍时，层厚1.0m内的平均回弹模量为80MPa，冲压40遍后，提高到170MPa，远超过规定的模量值，这是冲击压实技术首次在中国的应用，并且取得了成功。

贵州兴义机场填方总高度为40m，采用块片石作为填料，冲击压实机冲压时每层虚铺厚度为1.2m，并且填料中粒径超过0.6m占总填料的18%，填料不均匀系数为5.1，曲率系数为1.5。经试验段试验结果表明，冲击压实机冲击12～16遍后，压实度便达到了民航机场压实度要求。

重庆五桥机场用泥岩碎石土作为填料，通过对虚铺厚度为0.6m、0.9m、1.0m的冲压比较，得出在含水率远低于最佳含水率情况下，每层虚铺厚度可达1.0m，并且平均冲压27遍，便可达到压实度要求。

以上研究表明：冲击压实技术能很好地应用于块片石填料压实，其填厚可达1.0m左右，并且需要的冲压遍数较少，一般在30遍之内。

3）粗砂中的应用

砂土是理想的筑路材料，也是较容易压实的土质。八达岭高速公路路堤高达34m，填料为完全风化的花岗岩形成的粗砂，每层虚铺厚度1.2m，冲压10遍后，平均累计沉降为8.5cm；冲压20遍后，平均累计沉降为10.9cm；冲压30遍后，平均累计沉降为12.7cm；冲压30遍后，90cm深度内平均压实度为96.3%，1.5m深度内平均压实度为86%，整个填土路堤压实度沿高度全部达到95%以上，均匀密实，路堤在冲压后的工后沉降率小于千分之一。

4）粉土中的应用

粉土塑性指数低，黏性小，作为路基填料施工时不易压实成型，含水率大时更难压实。宁夏盐兴公路改建工程中，其部分地基为低液限粉土，冲击压实到50遍时地基累计沉降为24.5cm，冲击压实60遍时累计沉降27.3cm，差值只有1.8cm，满足工程要求。其压实度在地表下30cm深度处，冲压30遍时即达到98.9%，在地表下80cm深度处则冲压50遍才到90.3%。该研究表明，粉土冲压需要遍数较多，但仍能顺利完成。

新疆且末机场在使用冲击压实技术处理粉土道基时，也取得了很好的效果。

5）软土、黏土中的应用

黏土的压实不论对哪种机械来说都是比较困难的，因为它具有较高的黏性和不透水性，当它的含水率大、孔隙比大、并且压缩性达到一定指标时，便形成软土。

贵州兴义机场原土基是红黏土，天然含水率为40%，空隙比为1.4，经击实试验，最大干密度为1.78g/cm^3，最佳含水率为22%。由于天然含水率大于最佳含水率18%等原因而形成软土。采用其他机械设备不理想，最后决定采用冲击压实技术，在原地基表面铺20cm的砂石料作为排水层，冲击压实12遍后表层土压实度便到达95%以上，达到了压实度的要求。

华北某军用机场原地面下有一层深度为1.0～1.2m的高压缩性低液限黏土，天然含水率为26%，压缩系数为1.32MPa，压缩模量仅为1.90MPa，空隙比为1.07，击实试验得出其最大干密度为1.86g/cm，最佳含水率为14%。因土层天然含水率高出最佳含水率12%等原因而形成软土。几经权衡，采用了冲击压实技术，在翻松晾晒、压压停停等措施下，在天然含水率高出最佳含水率12%的情况下，原地压实段冲压30遍，填土段冲压40遍后，消除了土层高压缩性，使土层达到了压实度要求，并且该工程还节约了部分资金。

京沈高速路玉田段有长约16km的浅层软土段，采用冲击压实技术处理后取得了很好的效果。

黑龙江大齐高速公路用低塑限黏土作为路堤填筑填料，该土最佳含水率为11.5%。采用冲压技术进行分层压实，虚铺厚度为0.8m、1.0m，在含水率低于最佳含水率5%的情况下，经冲压40遍后达到了压实度要求。

8.2 冲击压路机作用机理及特性

8.2.1 冲击压路机作用机理

冲击压实是工作机构从一定的高度落在被压实材料的表面上，使其受冲击后产生很大的应力，达到压实的目的。由于冲击时应力作用时间很短，工作装置会使被压实材料产生比振动压实大得多的冲击压实力和冲击能量。

土体在压实过程中,压实机械所产生的应力使一定深度范围内的土体颗粒重新排列并挤密,土的密度和强度随之提高,土体渐渐由塑性状态变为弹塑性状态,直到弹性状态。土体只有在弹性状态下才能够承受一定的荷载而不变形。很显然,加大作用于土体的冲击能量,可以增加影响深度,提高土体的密实度,从而更容易使土体达到弹性状态。正是利用这一原理,冲击压路机由牵引车和压实机作业中牵引车带动压实轮滚动,压实轮轮廓非圆曲线对地表面施以揉压、碾压、冲击的综合作用,使土体从上部至下部深层随压力波的传递得到压实。这种机械的冲击能较传统的振动压路机大 6 ~ 10 倍,影响深度大 3 ~ 4 倍。

传统压路机压实轮为圆形,有的带有羊角,主要依靠振动力和静重压力的共同作用克服土颗粒间的摩擦力,使土颗粒产生位移并填充空隙而达到密实状态。而冲击压实机最显著的特点是压实轮形状是将传统圆形轮改为非圆形——三边形、四边形或五边形,这种轮子有一系列交替排列的凸点和冲压面。在牵引车带动压实轮滚动过程中,如压实轮轮廓曲线从最小半径处起步,随后接触点半径逐步增大,地表作用在压实轮上的支持力也逐步增大,称为揉压过程,当其滚动到最大半径时,出现瞬间的支持力等于重力的碾压过程,此时压实轮的质心也处于最高点。在整个揉压过程中,压实轮的动能等于随质心平动的动能与绕质心转动的动能之和。在大部分揉压作用过程中,由于接触点半径逐步增大,压实轮的线速度与转动惯量随之增大,其动能要比一般碾压过程大得多。当压实轮继续滚动,下一轮瓣轮廓曲线最小半径处将冲击地表面土体,从而产生冲击作用。其冲击力相当于压实轮自重产生静压力的 20 ~ 30 倍。在这种“揉压—碾压—冲击”的综合作用下,土石颗粒重新组合,强迫排出聚积在土石颗粒之间的空气和水,细颗粒逐渐填充到粗颗粒孔隙之中,从而使土体得到压实,其工作原理如图 8.2 所示。

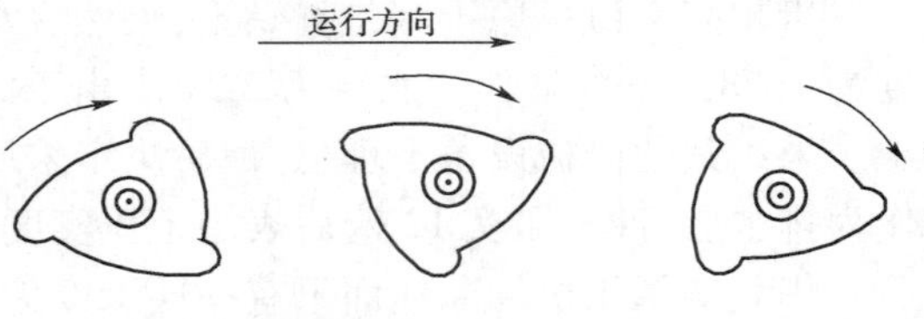

图 8.2　冲击压实机工作的基本原理图

冲击压实机的冲击能是由压实机轮轴组件的质量、压实轮向量半径差所产生的势能所决定的,可按下式计算:

$$E = mgh \tag{8.1}$$

式中:E——势能,kJ;

m——冲击压实机轮轴组件的总质量,kg;

g——重力加速度,通常取 9.8m/s^2;

h——轮子内外半径差值,m。

当冲击压实机的轮轴组件质量 m 为 12t,压实轮向量半径差值 h 为 22cm 时,由上式计算得该冲击压实机冲击能为 25kJ。这也是三边形冲击压实机的冲击能量。

冲击压实机行进时压实轮对土体所产生的冲击力,根据动量和冲量原理可按下式计算:

$$N = (mv_1 - mv_{11})/T \tag{8.2}$$

式中:N——冲击力,N;

v_1——压实轮的终速度,m/s,$v_1 = 0$;

v_{11}——压实轮的始速度,m/s;

T——时间变量,s。

压实轮的始速度与其线速度有关,线速度由牵引车的牵引速度决定,通常为 9 ~ 15km/h。

当按 12km/h 计算时，压实轮的始速度为 3.33m/s。冲击作用时间与压实轮作用于土体的长度有关，若取作用长度为 0.033 3m，则冲击作用的时间为 0.01s。将上述压实轮的始速度及作用的时间代入 $N=(mv_1-mv_{11})/T$，则冲击力计算如下：

$$N=(mv_1-mv_{11})/T\approx 4\ 000\ 000\text{N}=4.0\times 10^3\text{kN}$$

即以轮轴组件质量为 12t 的三边形轮子计算，该冲击压实机的冲击力最大可达 4.0 × 10kN，但实际上受各种条件的限制，冲击力一般小于 4.0×10^3kN，在 $3.0\sim 4.0\times 10^3$kN 之间。

冲击压路机用这样大的冲击能和冲击力以低频大振幅的方式作用在土石混合料中，产生强大的冲击波向深层填料传播，能量在土石混合料中传递时克服土石颗粒之间的吸附力、黏聚力、接触力，使疏松的土石颗粒咬合状态变得紧密，土颗粒及细石颗粒逐渐填充到粗石颗粒孔隙之中，使填料得到压实，从而达到快速高效地压实土石混填料的目的，避免由于压实度不够、压实不均匀等引起的路堤较大变形、路基稳定性以及路面开裂这些影响交通安全医素的产生，提高路面的服务水平。

8.2.2　冲击压实对压实效果的关键影响因素

通过对冲击压路机的研究，对被冲击压实材料表面上所产生的最大应力、冲击持续时间和冲击效率对压实具有决定性的意义。下面分别对这三个关键因素进行理论分析。

1)压实材料表面上的最大应力

冲击压实时，被压材料表面的最大应力可根据以下几点假设进行近似计算：

(1)冲击为非弹性的；

(2)被压实材料为非变形体，用变形模量 E 表示；

(3)在材料变形的过程中，不考虑其表层的硬化；

(4)压实过程为一立柱体的变形，立柱体的表面积等于夯板的底面积，高度等于被压层的厚度；

(5)应力沿被压层深度的分布，近似地按直线规律变化；

(6)“冲击压实机构—被压材料”系统中的动能全部转化为形变的势能；

(7)被压实材料的底层位于绝对刚性的基础上。

厚度为 dz 的被压土层的形变势能可按照下式计算：

$$\mathrm{d}Ep=\frac{\sigma_z^2 A\mathrm{d}z}{2E} \tag{8.3}$$

式中：A——冲击压实的底面积；

E——形变模量。

分层内的应力 σ_z 由应力分布图求得(图 8.3)；

$$\sigma_z=\frac{z}{\delta}\sigma_0\left(1-\frac{1}{\alpha}\right)+\frac{\sigma_0}{\alpha} \tag{8.4}$$

式中：σ_0——被压材料表面上的最大应力；

α——被压材料上层和下层应力值之比，$\alpha=\sigma_0/\sigma_1$；

δ——被压土层厚。

被压材料立柱体变形的全势能为：

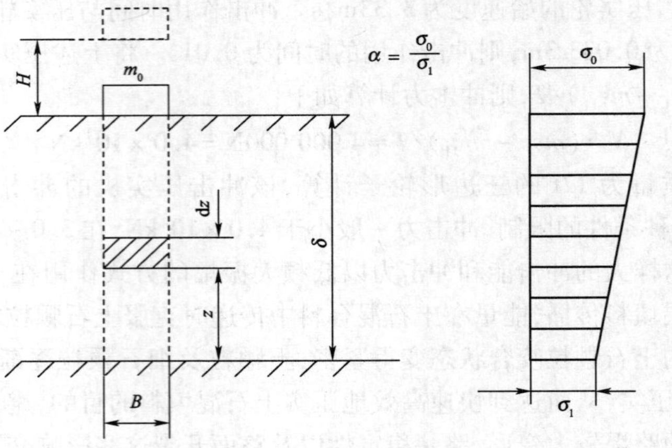

图8.3　应力分布图

$$Ep = \int_0^\delta \frac{A\sigma_z^2}{2E}dz \tag{8.5}$$

代入 σ_z 值并积分计算得到：

$$Ep = \frac{\sigma_0^2 A\delta}{6E}\left(1 + \frac{1}{\alpha} + \frac{1}{\alpha^2}\right) \tag{8.6}$$

根据"冲击压实机构—被压实材料"形成的系统的动能为：

$$Ek = \frac{mv^2}{2} \tag{8.7}$$

式中：m——系统的质量；

v——系统的速度。

从冲击压实理论可知，被压材料的导入质量（当柱底固定实）等于 $m_1/3$。

m_1 为被压材料柱的质量。"冲击压实机构—被压材料"系统的总质量为：

$$m = m_0 + m_1/3 \quad (m_0 \text{ 为工作机构的质量}) \tag{8.8}$$

根据动量守恒定律可以求得系统的总速度：

$$(m_0 + m_1/3)v = m_0 v_0 \tag{8.9}$$

$$v = v_0 \frac{m_0}{m_0 + m_1/3} \tag{8.10}$$

式中，v_0为冲击压实机构从 H 高度自由下落与被压实材料接触时的速度。

$$v_0 = \sqrt{2gH} \tag{8.11}$$

则"冲击压实机构—被压材料"系统的动能为：

$$E_k = gH\frac{m_0^2}{m} \tag{8.12}$$

最终根据能量守恒定律，势能转化为动能，经过整理得：

$$\sigma_0 = m\sqrt{\frac{6EgH}{mA\delta\left(1 + \frac{1}{a} + \frac{1}{a^2}\right)}} \tag{8.13}$$

通过上式可以看出,被压实材料表面上得最大应力视工作机构主要参数的情况而定,冲击轮的重量、下落高度、冲击接触面积、被压材料的厚度、材料的变形模量和沿被压实层深度分布的应力等,都对被压实材料表面应力产生影响。

2)冲击持续时间

为确定冲击持续时间要应用动量守恒定律:

$$m_0(v_1 - v_2) = \int_0^t F\mathrm{d}t \tag{8.14}$$

式中:m_0——工作机构的质量;

t——冲击持续时间;

v_1——冲击开始时工作机构的速度;

v_2——冲击结束时工作机构的速度;

F——冲击过程中的力,$F=\sigma A$。

冲击开始时工作机构的速度 $v_1 = v_0 = m_0\sqrt{2gH}$;冲击结束时工作机构的速的 $v_2 = 0$。这时 $\int_0^t \sigma A\mathrm{d}t = m_0\sqrt{2gH}$

冲击过程中,应力从零递增到最大值,近似地认为是按照直线规律变化。这样,积分上式,左边部分变为:

$$\int_0^t \sigma A\mathrm{d}t = \sigma At\,|_0^t \approx \frac{\tau\sigma_0 A}{2} \tag{8.15}$$

使上式两边右边部分相等,得冲击持续时间公式:

$$t = \frac{2m_0\sqrt{2gH}}{\sigma_0 A} \tag{8.16}$$

当沿应力被压实层深度均匀分布时,可得如下近似公式:

$$t = 2\sqrt{\frac{m_0\delta}{EA}} \tag{8.17}$$

从式(8.17)可见,冲击持续时间与工作机构下落高度无关,工作机构的重量越重,被压实层的厚度越大,冲击持续时间越长,工作机构的底面积和变形模量越大,冲击持续时间越短。

通过试验表明,冲击时间与土壤的压实度、湿度及其颗粒大小有关。对于最佳含水率的土,冲击压实时间如表 8.2 所示。

不同土质的冲击压实时间 表 8.2

土壤状态	冲击时间		土壤状态	冲击时间	
	砂性土	黏性土		砂性土	黏性土
松土	0.016	0.023	实土	0.008	0.01

3)冲击效率

冲击效率为工作机构给出的能量与被压实材料在压实时所接受的能量之比。由理论力学可知,非弹性冲击的冲击效率可用下列关系表示:

$$\eta = \frac{m_0}{m_1 + m_2} \tag{8.18}$$

式中：m_0 ——工作机构的质量；

m_2 ——被冲击压实材料的导入质量，$m_2 = m_1/3$；

m_1 ——被压材料柱质量。

引入系数 $\beta = m_0/m_1$，则冲击效率为：

$$\eta = \frac{3\beta}{3\beta + 1} \tag{8.19}$$

图 8.4 表示冲击效率和工作机构质量与被压实土壤质量之比的曲线关系。

从图 8.4 中可以看出，当 $\beta < 1$ 时，冲击效率急剧下降，因此在冲击压实作业时，系数 β 值不应小于 1 ~ 2。

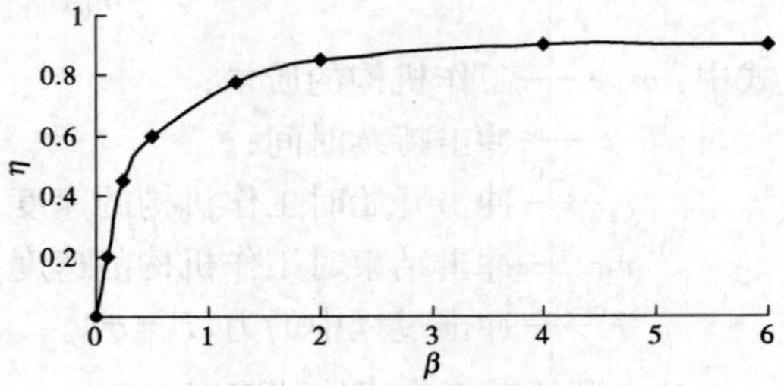

图 8.4　冲击效率和工作机构质量与被压实土壤质量之比的关系曲线

利用冲击压实作业中工作机构传给被压实材料的动能，即可确定工作机构的最佳质量。

$$E_k = \frac{1}{2}(m_2 v_2^2) \tag{8.20}$$

式中：m_2 ——参加冲击过程的土的导入质量；

v_2——冲击开始时土壤的速度。

对于非弹性冲击：

$$v_2 = v_0 \frac{m_0}{m_0 + m_2} \tag{8.21}$$

式中：v_0——工作机构与土壤接触时自由落体速度，$v_0 = \sqrt{2gH}$。

将 v_2 值代入动能 E_k 公式，得到：

$$E_k = v_2^2 \frac{m_0^2 m_2}{2(m_0 + m_2)^2}$$

当 $m_0 = m_2$ 时，E_k 具有最大值。

8.2.3　三边形冲积压实机工作装置的运动学及动力学分析

冲击式压实机按其工作装置的外轮廓线形状分为三边形、四边形和五边形等机型。一方面轮边数的不同导致冲击行程的不同；另一方面在行驶速度相同的情况下，不同边数冲击压实机的工作装置其工作频率肯定不同。尽管不同机型的冲击压实机在工作性能上有一定的差异，但它们的作用机理却是相同的，都是利用非圆廓形的工作轮在滚动时重心的升高和下降，周期性地冲击被压实材料，使被压实材料达到密实的目的。研究三边形冲击压实机的动力特性不乏其普遍意义。另有资料表明：根据我国目前普遍施工单位的设备规模，三边形轮廓的冲击压实机较易匹配牵引主机。国内现有的机型也以三边形工作装置轮廓为主导产品。

由于冲击式压实机工作装置的重量大，因此加速起步性能对于滚动冲击压实机有着十分现实的重要意义，加速起步性能的好坏，直接关系到该机型的牵引特性。所以，有必要对冲击式压实机的工作装置进行加速起步阶段的运动学及动力学分析。

冲击式压实机的设计要求为：工作装置按设计要求的频率和行走速度进行压实工作，正常工作阶段要求工作装置和牵引主车的行驶速度相匹配。对于牵引拖拉机，正常的工作状态为匀速行驶,动力输出稳定。研究工作装置在正常平稳工作状态下的动力特性,是进行冲击压实机工作性能设计的必要前提。

下面以三边形冲击式压实机为研究对象,分两个阶段,即加速起步阶段和正常平稳工作阶段,分别对其进行运动学和动力学分析,从中找到此种非圆截面廓形的冲击式压实机的运动规律和动力特性,为冲击式压实机的结构参数及动力参数的设计奠定理论基础。

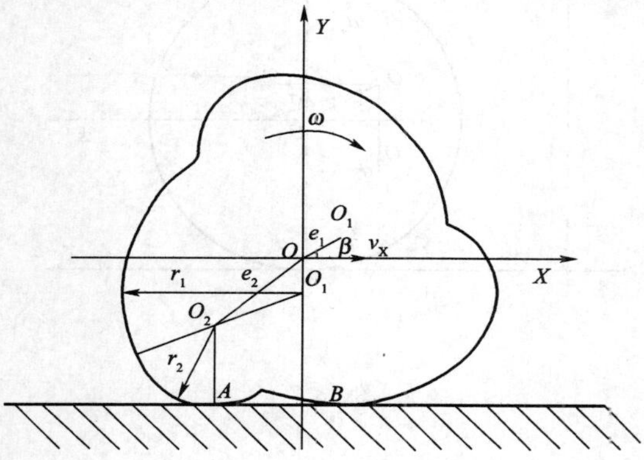

图 8.5 冲击轮横截面图

冲击轮横截面如图 8.5 所示。假设工况为:冲击轮在恒力的作用下从静止开始启动,经过一定的加速阶段后,水平速度达到牵引车的速度,并和牵引车同速前进,质心到达最高点后冲击轮自由下落,下落阶段不和牵引车发生关系,即牵引车不对冲击轮产生牵引力,冲击轮也不对主车有冲击影响。加速阶段完成后,冲击轮进入正常平稳工作阶段。此时冲击轮质心的水平速度和牵引车保持一致,分两个弧段作平面运动,质心到最高点后冲击轮自由下落。

1)加速起步阶段冲击轮运动过程

(1)沿着以大圆弧即半径为 r_1,形心为 O_1 平面运动;

(2)经过一定转角 φ_1 后,接着随半径为 r_2,O_2 为形心做平面运动;

(3)平面运动可分解为随质心的平动和绕质心的转动;

(4)从静止启动开始到第二运动阶段的部分弧段(质心到达最高点处为止)为加速起步阶段;

(5)在此阶段冲击轮受到水平恒力 P 的作用;

(6)因牵引力为恒力,此时为了便于分析与计算,牵引力为净牵引力克服滚动阻力后的牵引力。

2)正常平稳工作阶段冲击轮运动过程

(1)~(3)同加速起步阶段;

(4)从上一次冲击完成到质心到达最高点为受力阶段,之后到再次冲击地面为止为冲击轮自由下落阶段,下落阶段冲击轮和主车不发生关系;

(5)受力阶段假设质心的速度等于牵引车的速度为恒速 v;

(6)正常平稳工作阶段要分析冲击轮所需的牵引力特性,故此时应把滚动阻力分析在内。

冲击压路机充分发挥作用需要在一定的行驶速度下,因而重点研究冲击压路机在正常平稳工作阶段的运动过程。

运动平稳阶段的运动学及动力学分析如下。

在进行运动平稳阶段的运动学及动力学分析之前,先作如下假设:冲击轮质心水平速度保持不变。下面分阶段进行分析。

①以大圆弧 r_1 为半径,以 O_1 为形心的第一阶段,转角为 50°,建立坐标系如图 8.6 和图 8.7所示。

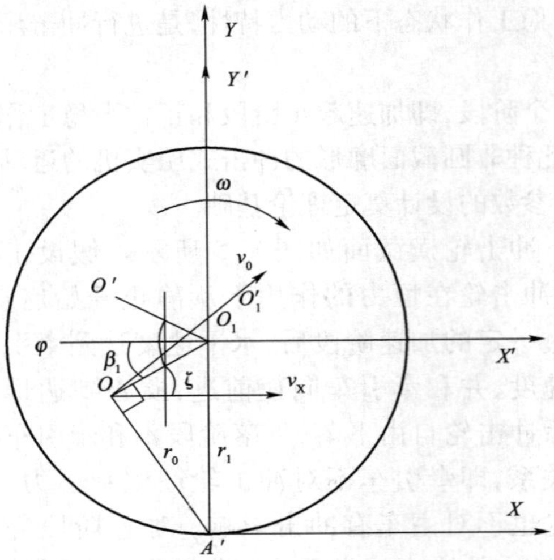

图 8.6

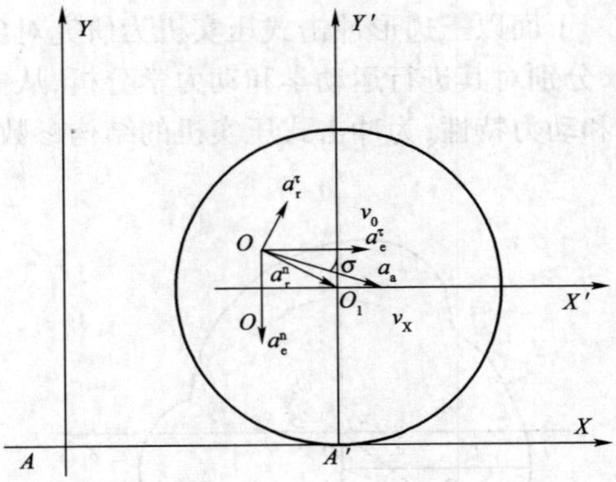

图 8.7

a. 角速度的求解

$$v_x = v$$

$$v_0 = \frac{v_x}{\cos\zeta}$$

$$\cos\zeta = \cos < OAO_1 = \frac{r_0^2 + r_1^2 - e_1^2}{2r_0r_1}$$

$$r_0 = \sqrt{r_1^2 + e_1^2 - 2r_1e_1\cos(\frac{\pi}{2} - \beta_1 + \varphi)} = \sqrt{r_1^2 + e_1^2 + 2r_1e_1\sin(\varphi - \beta_1)}$$

可得:

$$v_0 = \frac{v \cdot \sqrt{r_1^2 + e_1^2 + 2r_1e_1\sin(\varphi - \beta_1)}}{r_1 + e_1\sin(\varphi - \beta_1)}$$

$$\omega_{\varphi 1} = \frac{v_0}{r_0}$$

又有:

$$\omega_{\varphi 1} = \frac{v}{r_1 + e_1\sin(\varphi - \beta_1)}$$

b. 角加速度的计算

$$\varepsilon_{\varphi 1} = \frac{d\omega_{\varphi 1}}{dt} = \frac{-v^2 \cdot e_1\cos(\varphi - \beta_1)}{[r_1 + e_1\sin(\varphi - \beta_1)]^2}$$

c. 质心绝对加速度的计算

下面求解质心的加速度 a_a 及其水平方向的夹角 σ;由牵连运动为平动时,点的加速度合成定理可得:

$$\vec{a}_a = \vec{a}_e + \vec{a}_r \text{(矢量形式)}$$

加速度在 X、Y 轴上投影可得:

$$a_a\cos\sigma = a_e^\tau + a_r^\tau\sin(\varphi - \beta_1) + a_r^n\cos(\varphi - \beta_1)$$

$$a_a\sin\sigma = -a_e^n - a_r^\tau\sin(\varphi - \beta_1) + a_r^\tau\cos(\varphi - \beta_1)$$

$$a_e^n = 0$$

$$a_e^\tau = r_1\varepsilon_\varphi$$

$$a_r^\tau = e_1\varepsilon_\varphi$$

$$a_r^n = e_1\omega_\varphi^2$$

联立方程求解得：

$$\sigma = a\tan\left[\frac{a_r^\tau\cos(\varphi-\beta_1) - a_r^n\sin(\varphi-\beta_1)}{a_r^\tau\sin(\varphi-\beta_1) + a_r^n\cos(\varphi-\beta_1) + a_e^\tau}\right]$$

$$= a\tan\left[\frac{e_1\varepsilon_\varphi\cos(\varphi-\beta_1) - e_1\omega_\varphi^2\sin(\varphi-\beta_1)}{e_1\varepsilon_\varphi\sin(\varphi-\beta_1) + e_1\omega_\varphi^2\cos(\varphi-\beta_1) + r_1\varepsilon_\varphi}\right]$$

$$a_a = \frac{e_1\varepsilon_\varphi\cos(\varphi-\beta_1) - e_1\omega_\varphi^2\sin(\varphi-\beta_1)}{\sin\sigma}$$

②第二阶段：以小圆弧 r_2 为半径，O_2 为形心的第二阶段的运动分析，转角为 18.03°。

a. 角速度 $\omega_{\varphi2}$

$$v_x = v$$

$$v_0 = \frac{v_x}{\cos\zeta}$$

$$\cos\zeta = \cos < OAO_2 = \frac{r_0^2 + r_2^2 - e_2^2}{2r_0r_2}$$

$$r_0 = \sqrt{r_2^2 + e_2^2 - 2r_2e_2\cos(\pi - \beta_2 + \varphi)}$$

$$= \sqrt{r_2^2 + e_2^2 + 2r_2e_2\cos(\varphi - \beta_2)}$$

$$\Rightarrow \omega_{\varphi2} = \frac{v_0}{r_0} = \frac{v}{r_2 + e_2\cos(\varphi-\beta_2)} \tag{8.22}$$

b. 求解角加速度 $\varepsilon_{\varphi2}$

上式等号两边对 t 求导可得：

$$\varepsilon_{\varphi2} = \frac{d\omega_{\varphi2}}{dt} = \frac{0 - v\cdot e_2[-\sin(\varphi-\beta_2)]\cdot\frac{d\omega}{dt}}{[r_2 + e_2\cos(\varphi-\beta_2)]^2}$$
$$= \frac{-v\cdot e_2[-\sin(\varphi-\beta)]\cdot\omega_{\varphi2}}{[r_2+e_2\cos(\varphi-\beta_2)]^2} = \frac{v^2\cdot e_2\sin(\varphi-\beta_2)}{[r_2+e_2\cos(\varphi-\beta_2)]^2} \tag{8.23}$$

c. 求解绝对加速度 a_a

建立坐标系如图 8.8 和图 8.9 所示。

$\vec{a}_a = \vec{a}_e + \vec{a}_r$（矢量形式）则有：

$$a_e^n = 0$$

$$a_e^\tau = r_2\varepsilon_\varphi$$

$$a_r^\tau = e_2\varepsilon_\varphi$$

$$a_r^n = e_2\omega_\varphi^2$$

$$a_a\cos\sigma_2 = a_e^\tau + a_r^\tau\sin(\varphi-\beta_2) + a_r^n\cos(\varphi-\beta_2)$$

$$a_a\sin\sigma_2 = -a_e^n - a_r^\tau\sin(\varphi-\beta_2) + a_r^\tau\cos(\varphi-\beta_2)$$

联立解得：

$$\sigma_2 = a\tan\left[\frac{e_2\varepsilon_\varphi\cos(\varphi-\beta_2) - e_2\omega_\varphi^2\sin(\varphi-\beta_2)}{e_2\varepsilon_\varphi\sin(\varphi-\beta_2) + e_{21}\omega_\varphi^2\cos(\varphi-\beta_2) + r_2\varepsilon_\varphi}\right] \tag{8.24}$$

$$a_a = \frac{e_2\varepsilon_\varphi\cos(\varphi-\beta_2) - e_2\omega_\varphi^2\sin(\varphi-\beta_2)}{\sin\sigma_2} \tag{8.25}$$

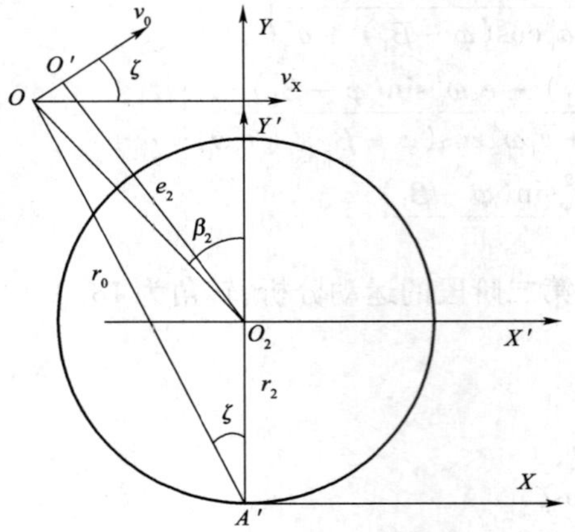

图 8.8

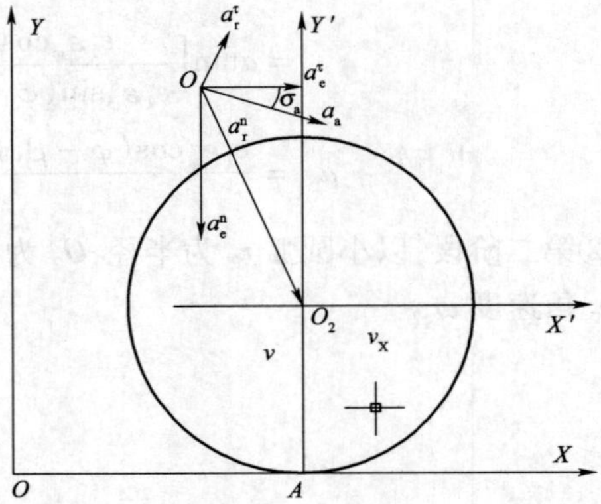

图 8.9

3）自由下落阶段冲击轮运动学及动力学分析

此时假设条件为：$P=0$；变量 $\varphi=0\sim67.980$；建立坐标系如图8.10和图8.11所示。冲击轮正常平稳工作情况下的自由落体阶段的运动学及动力学分析与加速阶段的工况分析相比较，计入了滚动阻力的影响。O 为质心的位置，(O) 为任意时刻的质心位置。

（1）求解角速度 $\omega_{\varphi2}$

质心过最高点即 $\varphi=0$ 时的动能：

$$T = \frac{1}{2}mv_0^2 + \frac{1}{2}J_0\omega_{\varphi2}^2 = \frac{1}{8}\mathrm{m}\omega_{\varphi2}^2(4r_0^2+1) \qquad (\varphi_2 = 18.03°)$$

其中：$\omega_{\varphi2}$ 为质心过最高点时的角速度。

$$r_0 = e_2 + r_2$$

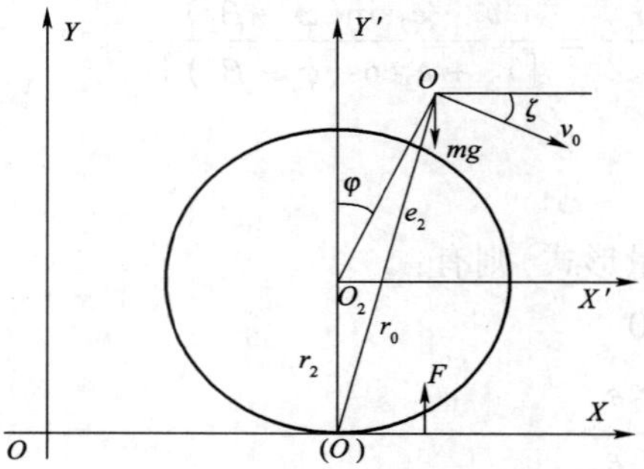

图 8.10

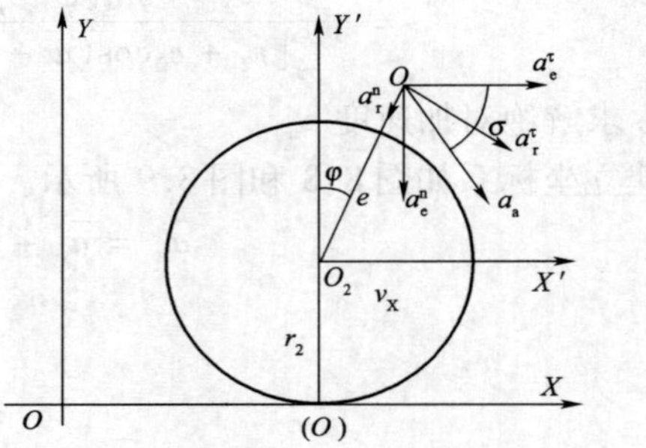

图 8.11

冲击轮在自由下落阶段会受到滚动阻力的影响。由于质心位置的下降，冲击轮的势能一方面转化为动能,另一方面要克服滚动阻力所做的负功。

滚动阻力所做的功为:

$$\begin{aligned}\omega_{\varphi} &= \int_0^{\varphi} F \cdot f \cdot r_{\mathrm{d}} \cdot \mathrm{d}\varphi = \int_0^{\varphi} m(g - a_{\mathrm{a}\varphi}) \cdot f \cdot r_{\mathrm{d}} \cdot \mathrm{d}\varphi \\ &\approx \int_0^{\varphi} m(g - a_{\mathrm{a}}\sin\sigma) \cdot f \cdot r_2 \cdot \mathrm{d}\varphi \quad (J)\end{aligned} \tag{8.26}$$

式中:g ——重力加速度,$\mathrm{N \cdot m/s^2}$;

a_{a} ——质心加速度,$\mathrm{N \cdot m/s^2}$;

φ ——质心加速度与水平方向的夹角,rad;

f——滚动阻力系数;

r_{d}——冲击轮动力半径,公式中以圆弧半径 r_2 近似代替。

则由动能定理可得:

$$\begin{aligned}&T + mge_2(1 - \cos\varphi) - W_{\varphi} = \frac{1}{2}mv_{(0)}^2 + \frac{1}{2}J_0\omega_{\varphi 3}^2 \\ &r_0 = \sqrt{e_2^2 + r_2^2 + 2r_2e_2\cos\varphi} \\ &v_{(0)} = r_0\varphi_{\varphi 3}\end{aligned} \tag{8.27}$$

由式(8.26)和式(8.27)联立可解得:

$$\omega_{\varphi 3} = \sqrt{\frac{\omega_{\varphi 2}^2[4(e_2 + r_2)^2 + 1] + 8e_2g(1 - \cos\varphi) - 8\int_0^{\varphi}(g - a_{\mathrm{a}}\sin\sigma) \cdot f \cdot r_2 \cdot \mathrm{d}\varphi}{4(e_2^2 + r_2^2 + 2e_2r_2\cos\varphi) + 1}} \tag{8.28}$$

(2)加速度的计算

对动点 C 运用动量矩定理有:

$$\begin{aligned}&\frac{\mathrm{d}L_{\mathrm{c}}}{\mathrm{d}t} = -M_{\mathrm{c}}(mg \vdots F) \\ &L_{\mathrm{c}} = -J_0\omega_{\varphi} - mv_{(0)}r_0\sin\frac{\pi}{2} = -(J_0 + mr_0^2)\omega_{\varphi} \\ &\Rightarrow -(J_0 + mr_0^2)\varepsilon_{\varphi} = -mge_2\sin\varphi + F_{\varphi} \\ &F_{\varphi} = m(g - a_{\mathrm{a}}\sin\sigma) \cdot f \cdot r_2 \\ &\varepsilon_{\varphi} = \frac{mge_2\sin\varphi - m(g - a_{\mathrm{a}}\sin\sigma) \cdot f \cdot r_2}{m(0.25 + e_2^2 + r_2^2 + 2e_2r_2\cos\varphi)} \\ &\quad = \frac{ge_2\sin\varphi - (g - a_{\mathrm{a}}\sin\sigma) \cdot f \cdot r_2}{0.25 + e_2^2 + r_2^2 + 2e_2r_2\cos\varphi}\end{aligned} \tag{8.29}$$

(3)质心绝对加速度的计算

下面求解质心的绝对加速度 a_{a},与水平方向的夹角 σ 。

建立坐标系如图 8.10 和图 8.11 所示。

$$a_{\mathrm{e}}^{\mathrm{n}} = 0$$

$$a_{\mathrm{e}}^{\tau} = r_2\varepsilon_{\varphi}$$

$$a_{\mathrm{r}}^{\tau} = e_2\varepsilon_{\varphi}$$

$$a_r^n = e_2\omega_\varphi^2$$

$$a_a\cos\sigma = a_e^\tau + a_r^\tau\cos\varphi - a_r^\tau\sin\varphi$$

$$a_a\sin\sigma = -a_e^\tau - a_r^\tau\sin\varphi - a_r^\tau\cos\varphi$$

联立各方程解得：

$$\sigma = a\tan\left[-\frac{e_2\varepsilon_\varphi\sin\varphi + e_2\omega_\varphi^2\cos\varphi}{r_2\varepsilon_\varphi + e_2\varepsilon_\varphi\cos\varphi + e_2\omega_\varphi^2\sin\varphi}\right] \tag{8.30}$$

$$a_a = \frac{e_2\varepsilon_\varphi\sin\varphi - e_2\omega_\varphi^2\cos\varphi}{-\sin\sigma} \tag{8.31}$$

8.2.4 冲击压路机冲击力及冲击能量计算

冲击式压路机是一种新型的压实机械，它利用冲击轮的特殊外形，在牵引车的牵引下，其重心上下移动对地面产生动能和势能联合作用的冲击压实力和强大的冲击能量，从而产生比振动压实大得多的压实效果，可代替强夯和振动压实，广泛用于铁路、公路、机场、水坝、水库等场地的原土、补强、检测压实。尤其对湿陷性黏土有独特的作用。冲击力和冲击能是衡量压实能力的两个主要参数，也是压实机结构设计计算和施工选型的重要依据。下面对这两个重要参数进行分析和计算。

在未计算前先做如下假设：

(1)冲击轮水平方向为恒速度，大小与牵引车的速度相同；

(2)冲击轮冲击地面时绕 A 点旋转，能量完全被土壤吸收，无反弹现象；即旋转角速度由最大变为0；质心垂直方向的分速度冲击后由最大变为0。

1)冲击力的计算

三边形冲击压实机冲击轮的横截面如图8.12所示，对称地分配在压实机的两侧。冲击轮由三瓣相同的曲线组成，如图示 ω 方向旋转一周，完成三个循环过程。A、B 为冲击轮与地面的接触点；O 为整个冲击轮的中心；O_2、r_2 为小圆弧的中心和半径：O_1、r_1 为偏心大圆弧的中心和半径。O_1 为接地点 B 所在圆弧段大圆的形心位置，$O\ O_1$ 和 $O\ O_1'$ 长度相等，为半径 r_1 的大圆弧的形心距质心的距离，即偏心距 e_1；O_2 为半径为 r_2 的小圆弧的形心距质心的距离，即偏心距 e_2；φ 为冲击轮下落阶段的转角，ζ 为质心的速度方向和水平方向的夹角。

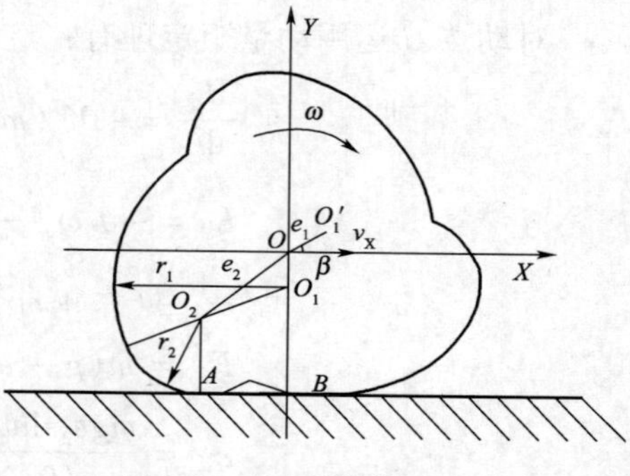

图8.12 冲击轮横截面图

根据冲量定理可知：

$$M(t)\times\Delta t = J_A\times\omega_2 - J_A\times\omega_1 \tag{8.32}$$

式中：$M(t)$ ——冲击轮绕 A 点的总转矩，N·m；

Δt ——冲击作用时间，s；

J_A ——冲击轮绕 A 点的转动惯量，kg·m²；

ω_2 ——冲击作用前质心绕 A 点的角速度，rad/s；

ω_1 ——冲击作用前质心绕 A 点的角速度,rad/s。

由上式可得:

$$M(t) = \frac{J_A\omega_2 - J_A\omega_1}{\Delta t} \tag{8.33}$$

则相应的两个冲击轮的冲击力为:

$$F(t) = \frac{M(t)}{AB} = \frac{J_A\omega_2 - J_A\omega_1}{AB\Delta t} \tag{8.34}$$

式中:AB——冲击轮支点 A 与冲击作用点 B 间的距离,即作用力臂。

确定压实机冲击时间是关键问题,它不仅与压实机冲击物料的种类有关,而且与其含水率、密实度有关。

计算瞬时角速度 ω_2 和瞬时半径 OA,根据瞬心定理,A 点为冲击瞬时的接地点 $v_a=0$,只要求出瞬时速度 v_c,瞬时角速度 ω_2 便可以求出。

$$v_c = v_x/\cos\zeta$$

$$\omega_2 = v_c/OA = v_x/OD$$

式中:$OD = e_2\cos\varphi + r_2$;

$AB = e_2\sin\varphi + e_1\cos\beta$。

角度由冲击轮的结构参数决定。

将上式代入冲击力计算公式可得:

$$F(t) = \frac{J_A \cdot v_x}{OD \cdot AB \cdot \Delta t} \tag{8.35}$$

2)冲击能量的计算

冲击轮的质心处于最高点时,冲击轮的能量包括:水平的平动能、转动能和势能,通过最高点后,主车和副车不发生联系,即冲击轮自由下落,在下落的过程中,势能转化为动能;冲击地面后,能量只有平动的动能。冲击轮从最高点至冲击地面前这一过程中,会由于地面的塑性变形而损失一部分能量,冲击地面前后的能量值之差即为地面吸收的冲击能。由前文的运动分析可知,冲击轮在下落过程中水平速度保持不变,所以,冲击能 N 计算如下:

$$N = \frac{1}{2}J_A\omega^2 + Mg \cdot h - \frac{1}{2}ky^2 \quad (\mathrm{J}) \tag{8.36}$$

$$J_A = J_0 + MR^2 \tag{8.37}$$

式中:h——质心在垂直方向上的最大变化值,m;

$$\omega = \frac{v}{r + e_2} \quad (\mathrm{rad/s}) \tag{8.38}$$

k——土壤的弹性系数;

y——土壤的塑性变形值,m;

M——冲击轮的质量,kg。

8.2.5　冲击压实技术的优越性

连续式冲击压实技术作为一种新型的压实技术,优越性主要表现为:

(1)能高深度压实原地基。对破损公路的修复改建亦可通过该机直接将原路面破碎并压实,然后铺设新路面。

(2)能进行石方压实。冲击式压实机的巨大冲击力作用于石方填层,极强的冲击波能大大提高石方颗粒之间的嵌锁紧密程度,减少路堤沉降变形和沉降差异。

(3)能实现高效填方压实。如今修建的高速公路和机场场道常常会遇到几十米至上百米的高填方,使用这种连续冲击式压实机,每层填方厚度可达1~1.5m,每小时填方1 000^{3}以上。

(4)可适当放宽对含水率的要求。由于冲击式压路机所具有的巨大冲击能量,对于不同土质最佳含水率的要求可在上下两个方向放宽3%~5%。

(5)具有自检性。冲击式压实机通过低频率、大振幅、高能量冲击土体,在路基下形成一个约2m厚的连续稳定的加强层,这对提高公路、铁路和机场场道寿命极为重要。而表面则凭借所获得的沉降量直观地检测路基的压实质量,并在这种检测中使其得到补压,这被筑路行业称之为“检测性增强补压”,这种大面积的100%的检测是其他任何路基检测手段力所不及的。

冲击式压路机是一种冲击和揉搓作用相结合的压实方法,可代替强夯、振动和振荡压实,广泛用于铁路、公路、机场、水坝等场地原土、补强、检测压实,尤其对湿陷性黏土有独特的压实效果。由于该机型的高效性和很好的压实效果,使得冲击式压实机在全世界范围内被大量应用。

8.3 冲击压实技术在煤矸石路基中的应用及效果

8.3.1 煤矸石路基冲击碾压试验段选择及施工

1)铺设试验段的目的

通过试验段的实施,对不同压实方法对煤矸石路基压实效果进行评定。

(1)对比分析冲击碾压和普通压实方法对煤矸石路基压实效果及路用性能的影响。

(2)研究确定冲击碾压方案,对三种碾压工艺进行技术经济对比分析。

(3)综合技术经济等各方面的因素,确定最佳冲击碾压遍数。

(4)确定施工质量控制和检测方法。

2)试验段碾压方法

根据现有压实设备,初步拟订选取以下两种压实方法(普通振动压实试验段上年已经进行)。

(1)路基填筑冲击压实

冲击压实,厚度为0.8m(有效压实厚度0.6m);拟碾压25遍,当碾压到10遍、15遍、20遍、25遍(20遍以后视沉降观测情况和压实度值决定有无必要再碾压)时分别取样进行压实度、筛分、压碎值试验,以得出最佳冲击碾压遍数。

(2)路基增强补压

根据现有施工现场情况,研究决定在已填筑的煤矸石路基表面进行增强补压;冲击压实拟碾压20遍,在冲击碾压前和当碾压到10遍、15遍、20遍时分别四次取样进行压实度、筛分、压碎值试验,以得出最佳冲击碾压遍数。

分别做两个试验段,每个试验段长度不小于120m。

3)主要试验设备

推土机、自卸汽车、洒水车、振动压路机、冲击压路机(WCT25)(图8.13和表8.3)。

冲击压路机压实能量与牵引速度关系表 表8.3

机型	牵引速度(km/h)						
YCT25	12	10	9	8	7	6	5
	500	350	280	220	170	125	87

图8.13 试验路用的冲击压路机

4)试验路段的选择

煤矸石试验路段见图8.14。

图8.14 煤矸石试验路段

根据结构物的分布和现场施工条件,选取如下路段进行试验段施工。

(1)路基填筑冲击压实试验段桩号范围(246m):K98+744~K98+990。

(2)路基增强补压试验段桩号范围(150m):K96+250~K96+400。

5)两个试验段的施工

(1)路基填筑冲击碾压

①施工工艺流程

下承层验收→测量放样→包边土第一层至第四层培土碾压→煤矸石装运、网格布料→重型推土机推平→拣出开采杂物和超粒径材料→压路机初压→平地机整平→冲击压路机碾压→检查验收。

②施工测量

恢复中线,检测下承层,测放中、边桩高程,并固定高程桩。

③包边土施工

采用挖掘机装土，自卸汽车运输包边土。包边土分四层施工，每层厚0.2m，第一层包边土压实度验收合格后施工第二层包边土，直至第四层。为方便包边土施工，包边土按上下层错台1m，垂直边坡最小厚度1m设置，考虑单侧超填宽度0.3m，每层包边土水平施工宽度为1.0m+1.8m+0.3m=3.1m包边土范围。上包边土前，用白灰线打出布土网格，根据压实厚度和每车土的运量确定单位车辆的卸料面积。

④煤矸石运输、摊铺、整平

采用装载机装煤矸石，自卸汽车运输，重型推土机推平，平地机整平。施工作业实行“画格上料，挂线施工，平地机整平”工艺，在试验路段根据压实厚度和每车料的运量确定单位车辆的卸料面积，用白灰线打出方格。按每车15m^3计算，上土灰线按纵向8m，横向5m布置。根据松铺厚度在路基边缘纵向钉桩挂线施工，挂线桩采用木桩，并用红白油漆每10cm交错标注，沿路线每20m打一对，保证钉桩竖直，挂线平顺。然后按方格卸煤矸石，推土机按挂线高度将填料摊铺(图8.15)、平整。

图8.15　试验路煤矸石摊铺

⑤施工排水盲沟

在碾压之前按设计要求进行排水盲沟的施工(图8.16)，设置好反滤土工布，与包边土同步碾压。路基施工完毕后做好与路基防护工程的接合，确保排水功能。

图8.16　试验路段排水沟

⑥碾压

推土机初平→18t压路机静压1遍→冲击压路机碾压(碾压厚度为0.8m，其遍数以达到规范要求的压实度为准)→推土机粗平→压路机光面静压1遍。

为了保证安全,冲击压路机碾压范围距路基边为 1.5m。碾压路线为左半幅的内侧到右半幅的外侧,然后顺序移动(图 8.17)。碾压重叠轮迹 0.5m,碾压速度 10~12km/h。

图 8.17 试验段冲击碾压

(2)路基增强补压

在按正常的振动压路机分层施工达到规定的压实度的路段上,进行冲击碾压。为了保证安全,冲击压路机碾压范围距路基边为 1.5m。碾压路线为左半幅的内侧到右半幅的外侧,然后顺序移动。碾压重叠轮迹 0.5m,碾压速度 10~12km/h。

6)质量检验

本次试验段主要对压实度、煤矸石级配变化和压碎值三项指标进行质量检验。

(1)压实度(灌砂法 沉降法)

采用灌砂筒法和沉降法进行煤矸石压实度检测。

①路基填筑冲击压实段

该试验段为冲击压实段,冲击碾压前测高程,当碾压遍数达到 10 次、15 次、20 次、25 次时,进行沉降检验;取三个点做灌砂法试验(具体取点方位见图 8.18),每个点按 20~50cm、50~80cm 分两层进行取料。做好厚度和样品资料记录,以便进行评定。

②增强补压

在冲击碾压前测高程和初始压实度,碾压遍数达到 10 次、15 次、20 次时,进行沉降检验,同时选 3 个点取料进行灌砂法试验,每个点按照 20~50cm、50~80cm 分两层进行取料(图 8.19)。做好厚度和样品资料记录,以便进行评定。根据挖取的试坑内煤矸石中 5~40mm 占 40mm 以下的颗粒含量,在标准击实修正曲线中查找对应的最大干密度以及超粒径校正公式来计算现场煤矸石的压实度,以精确地评价路基压实度(图 8.20)。

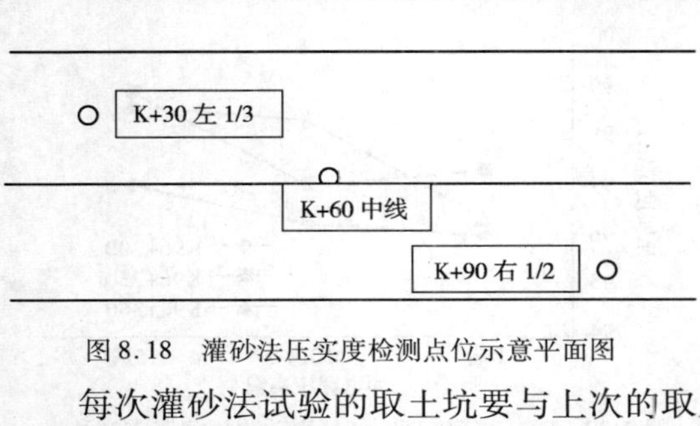

图 8.18 灌砂法压实度检测点位示意平面图

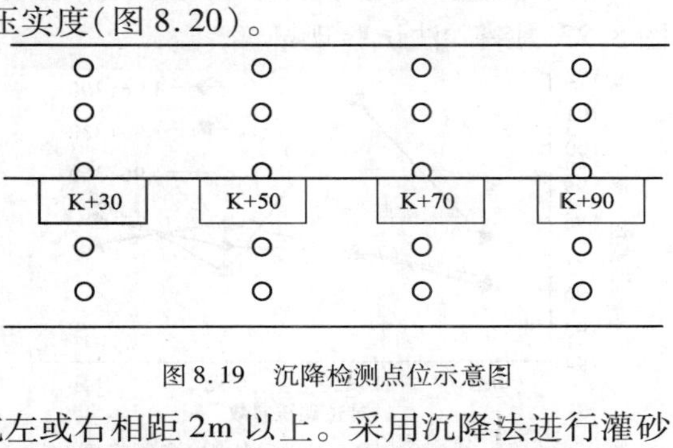

图 8.19 沉降检测点位示意图

每次灌砂法试验的取土坑要与上次的取土坑左或右相距 2m 以上。采用沉降法进行灌砂法测压实度的对照检测,沿路面纵向每隔 20m 布设沉降观测点,横向在中桩、距中桩 8m 处、

图 8.20　试验路现场沉降观测

14m 处，即每个段面 5 点，沉降观测点采用 40cm 长 $\phi16$ 的钢筋，钢筋顶端埋深 10cm，钢筋绑红布条的方式布设沉降观测点。

(2)压碎值

为了了解煤矸石压碎值在碾压前后的变化情况，取每层填筑煤矸石碾压前后的试样进行试验，试验段压碎值检测频率与压实度检测相同，试样可取自筛分试验所用的煤矸石进行试验，每层碾压前后取点数与灌砂法同。

8.3.2　冲击压实对煤矸石路基压实度影响效果分析

试验段施工过程中，自 25t 冲击压路机碾压开始，基本上每 5 遍碾压后开始进行压实度检测。为使压实度检测结果科学可靠，我们采用灌砂法和沉降法两种方法控制压实度。

采用灌砂法检测压实度时，检测频率为每次三个点，每个点按照 20 ~ 50cm、50 ~ 80cm 分两层进行取料，每次灌砂法试验的取土坑要与上次的取土坑相距 2m 以上。做好厚度和样品资料记录，以便进行评定。根据挖取的试坑内煤矸石中 5 ~ 40mm 占 40mm 以下的颗粒含量，在标准击实修正曲线中查找对应的最大干密度以及超粒径校正公式来计算现场煤矸石的压实度，以精确地评价路基压实度。

采用沉降法进行灌砂法测压实度的对照检测，沿路面纵向每隔 20m 布设沉降观测点，横向在中桩、距中桩 8m 处、14m 处，即每个段面 5 点，沉降观测点采用 40cm 长 $\phi16$ 的钢筋，钢筋顶端埋深 10cm，钢筋绑红布条的方式布设沉降观测点。在冲击碾压前测高程和初始压实度。

1)冲击压实增强补压试验段压实度检测及结果分析

(1)灌砂法现场检测压实度结果及分析

灌砂法检测冲击增强补压煤矸石路基试验段压实度的试验结果如图 8.21、图 8.22 所示。图 8.23 为灌砂法试验现场。

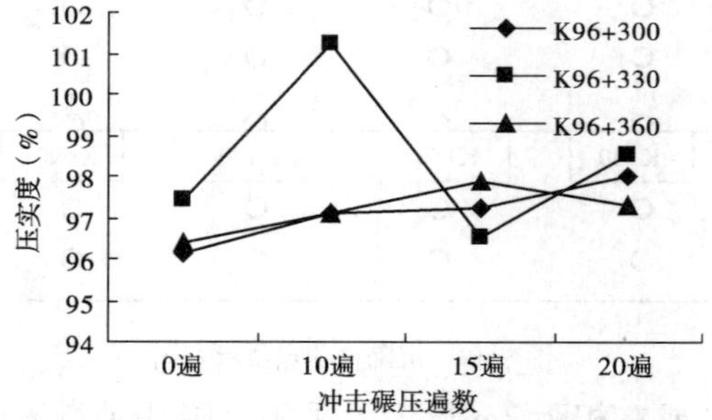

图 8.21　第一层 20 ~ 50cm 处灌砂法检测压实度结果

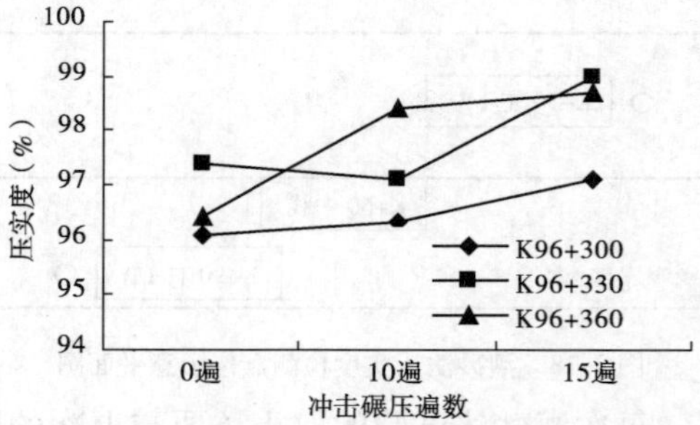

图 8.22　第二层 50 ~ 80cm 处灌砂法检测压实度结果

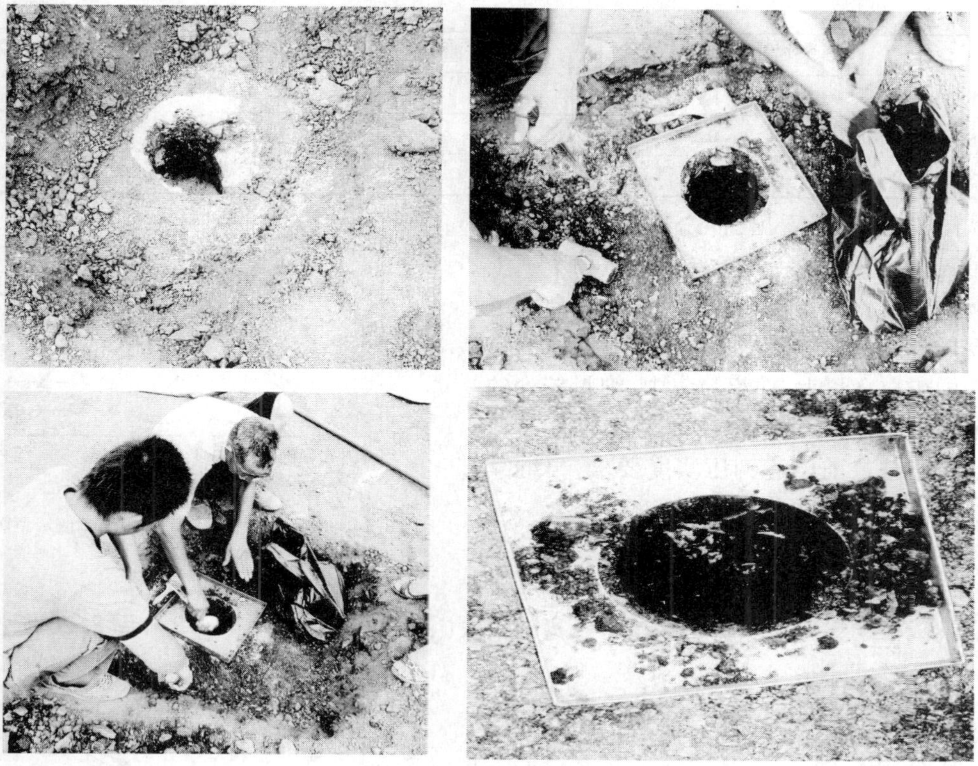

图 8.23　灌砂法试验现场

结果表明，冲击增强补压对煤矸石路基表面 20～50cm 处压实度影响的离散性较大，如第 10 遍到第 15 遍的过程中，K96+300 和 K96+360 路段表现出来的是压实度增长，而 K96+330 路段压实度反而减少；又如第 15 遍到第 20 遍的过程中，K96+300 和 K96+330 路段表现出来的是压实度增长，而 K96+360 路段压实度减少。因此，仅用灌砂法作为压实度控制方法是不够的，必须同时以沉降法进行压实度的控制。在路基深度较大的 50～80cm 处，路基压实度具有较好的规律性，基本上压实度是随着碾压遍数的增长而增长。出现个别压实度超百现象可能是由于以下原因：

①灌砂法压实度检测取样填料中超粒径的煤矸石含量过多，挖取时容易将超大粒径的颗粒挖出，从而影响压实度评定；

②煤矸石摊铺后，局部级配较差，细料少，集料集中，碾压后表面不密实、松散；

③煤矸石路基细料多、骨料少，碾压后表面浮沉多，平整度差，导致个别点压实度超百。

（2）沉降法现场检测压实度结果及分析

路基施工沉降观测法是填石路基中常用的控制路基压实度的检测方法。沉降法检测冲击增强补压煤矸石路基试验段压实度的试验结果如表 8.4 和图 8.24 所示。

增强补压试验段沉降观测数值表（mm）　　表 8.4

桩号	未碾压	碾压 10 遍	碾压 15 遍	碾压 20 遍
K96+300	0	22.4	23	24

续上表

桩号	未碾压	碾压 10 遍	碾压 15 遍	碾压 20 遍
K96 + 320	0	16.6	17.4	19.4
K96 + 340	0	18.8	19.4	22.4
K96 + 360	0	23.4	24.4	25.4

从图 8.24 可以看出，冲击补压到 10 遍时沉降量较大，10 遍以后沉降趋于平缓。个别工程实例试验段路基沉降观测表明，沉降高度可能出现反弹，所测高程反而增加，一方面原因是煤矸石中粗粒含量大，在粗粒集中、细料较少的地方不容易压实，易发生反弹；另一方面则是该点煤矸石路基之前已达到压实度要求，再继续碾压时出现的高程反弹。

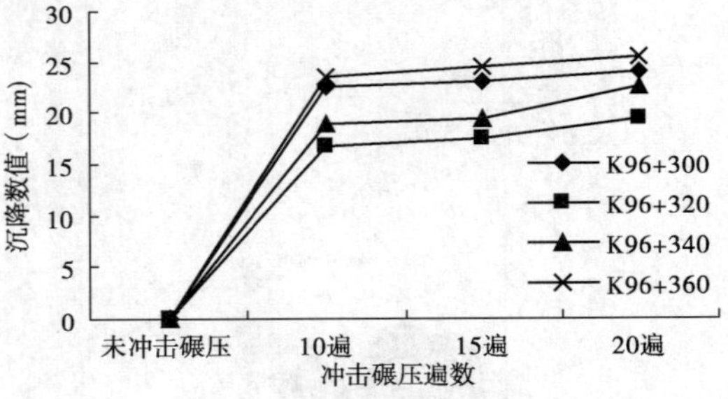

图 8.24　增强补压试验段沉降观测差值示意图

2）冲击压实试验段压实度检测及结果分析

（1）灌砂法现场检测压实度结果及分析

灌砂法检测煤矸石填筑路基冲击压实试验段压实度的结果如图 8.25 和图 8.26 所示。

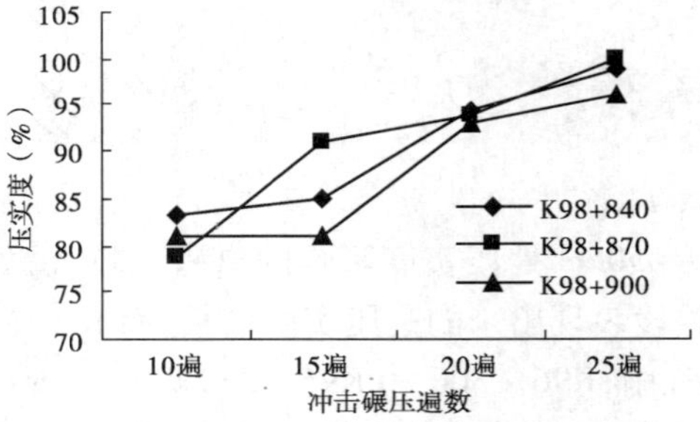

图 8.25　第一层 20 ~ 50cm 处压实度检测结果

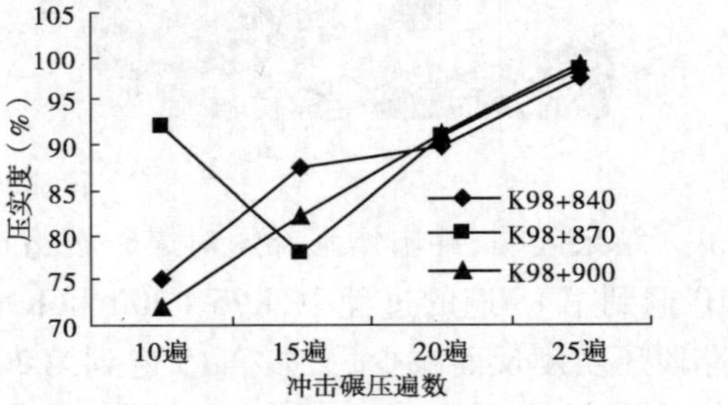

图 8.26　第二层 50 ~ 80cm 处压实度检测结果

从图 8.25 和图 8.26 可以看出，冲击碾压 15 遍以前，压实度增长速度较快，反映在图中为折线的斜率较大，15 遍以后折线走向区域缓和，说明压实度增长速度开始减缓，当达到 25 遍时全部在 96% 以上，基本上能达到规范所要求的压实度。因此灌砂法所测压实度，可以确定最佳压实遍数在 25 遍左右。但是仅依靠灌砂法所测得的压实度确定最佳碾压遍数还是不够的，一是由于煤矸石在碾压过程中发生破碎，个别所测的压实度存在超百现象，二是因为灌砂法测压实度平行试验点位之间差异性较大。因此有必要在使用灌砂法测压实度的同时，使用沉降观测法进行对照试验。

（2）沉降法现场检测压实度结果及分析

沉降法检测煤矸石填筑路基冲击压实试验段压实度的试验结果如图 8.27 所示。

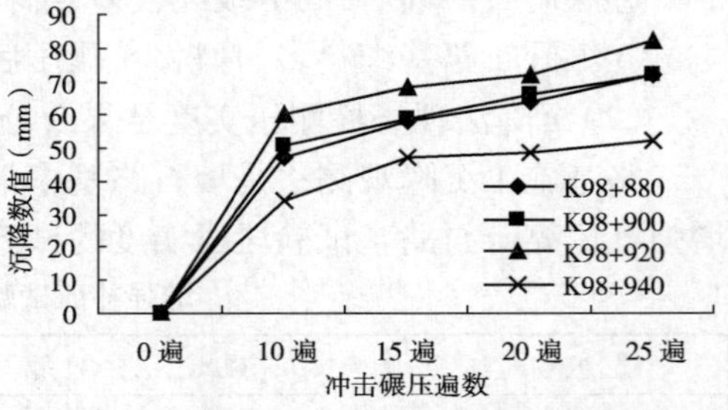

图 8.27　冲击压实试验段沉降观测差值示意图

由沉降观测结果可知，冲击碾压试验段路基

在碾压之前到第10遍碾压煤矸石路基的沉降变化斜率最大,以后每增加5遍碾压沉降变化趋于平稳,如K98+880处,第15遍到第20遍的总沉降量仅为5.4mm,平均每次碾压沉降量仅为1.08mm。根据沉降观测资料,可以得到冲击压实填筑路基松铺系数为1.13。

8.3.3　冲击压实对煤矸石路基级配影响分析

煤矸石由于其组成的特殊性,在碾压过程中会发生破碎,导致煤矸石的级配发生改变。因此有必要对碾压前后的煤矸石进行取样筛分。对于两种碾压方法,筛分所用试样均可取自灌砂法分层挖取的煤矸石进行试验,绘制碾压前后的煤矸石级配曲线,检验碾压前后煤矸石级配的变化。

1)冲击压实增强补压试验段路基筛分结果及分析

煤矸石路基筛分试验结果及分析:

煤矸石由于其特殊性,在碾压的过程中煤矸石会发生破碎,导致煤矸石的级配发生改变。筛分试验所用试样均取自灌砂法分层挖取的煤矸石,级配数据如图8.28和图8.29所示。

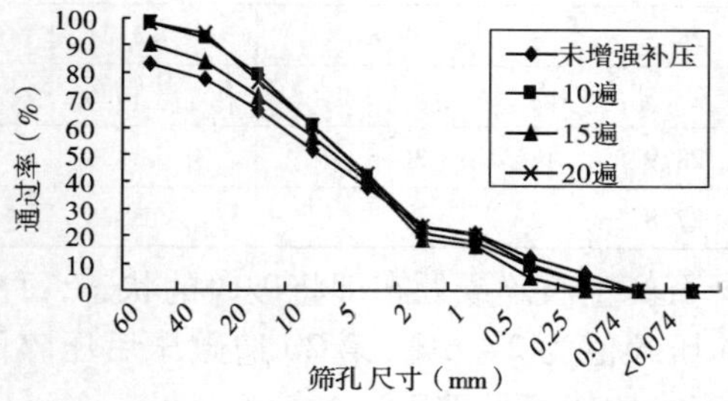

图8.28　K96+330处20~50cm深度级配变化

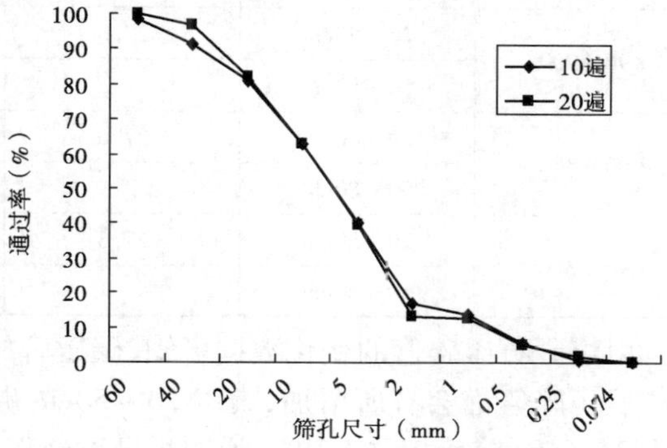

图8.29　K96+330处50~80cm深度级配变化

从各个筛孔的通过率可以看出,煤矸石表层20~50cm压实前后大于40mm和小于1mm的颗粒在压实前后变化不大,1~40mm之间的颗粒在碾压过程中发生破裂,其中以5~10mm之间的颗粒增加较多,使煤矸石填料级配更好。煤矸石深层50~80cm压实前后级配变化不大。

2)冲击压实试验段路基筛分结果及分析

具体筛分结果见图8.30和图8.31。

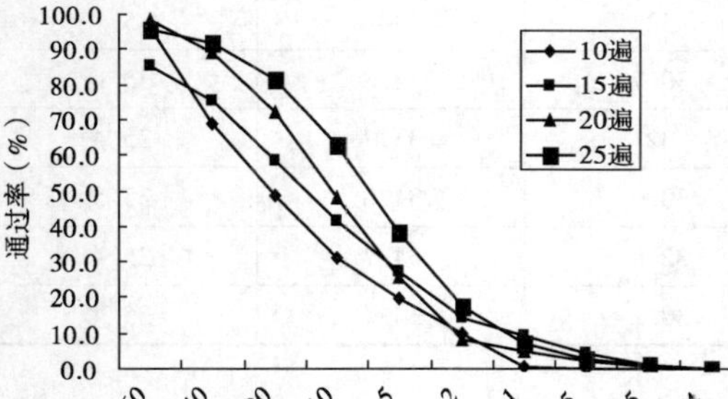

图8.30　K98+900处20~50cm深度级配变化

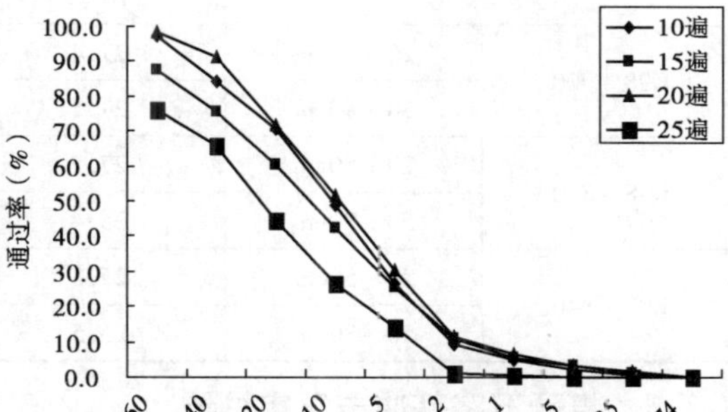

图8.31　K98+900处50~80cm深度级配变化

由图8.30中K98+900处20~50cm的级配变化可知,大于2mm的煤矸石发生了较大的破碎;小于2mm的煤矸石级配变化曲线较为缓慢。经过碾压,超过40mm的超大粒径煤矸石大幅度减少,2~20mm之间的颗粒含量有较大的增长,随着碾压遍数的增加,煤矸石进一步破碎,煤矸石级配曲线中间筛孔的通过率也渐渐变大,使得级配更加良好。

8.3.4 冲击压实对煤矸石路基压碎值的影响分析

压碎值反映了石料在逐渐增加的荷载下抵抗压碎的能力,它是衡量材料力学性质的指标之一。为了了解煤矸石压碎值在碾压前后的变化情况,取每层填筑煤矸石碾压前后的试样进行试验,试验段压碎值检测频率与压实度检测相同,试样可取自筛分试验所用的煤矸石进行试验,每层碾压前后取点数与灌砂法同。

1)冲击压实增强补压试验段路基压碎值试验结果(表8.5)及分析

增强补压试验段压碎值试验结果(%) 表8.5

桩号		未增强补压	10遍	15遍	20遍
K96+300	20~50cm	27.8	28.7	30.9	32
	50~80cm		27.9		30.3
K96+330	20~50cm	27.6	28.3	29.8	31.1
	50~80cm		27.5		30.6
K96+360	20~50cm	27.3	28.9	30.5	31.8
	50~80cm		27.8		30.5

由煤矸石压碎值的变化数据可知,碾压后的煤矸石产生破碎或处在即将破碎的状态,每次碾压后压碎值都会有所增加,表层20~50cm碾压前压碎值为27.6%,第20遍碾压后压碎值变为31.6%,前后相差4.0%,说明煤矸石经碾压后变得比较容易破碎。

2)冲击压实试验段路基压碎值试验结果(表8.6)及分析

由试验结果可以看出,碾压10遍后的压碎值平均为26.3%,碾压25遍后的平均值为35.4%,前后相差9.1%,说明煤矸石在碾压过程中发生了破碎,其自身的结构发生了变化,经碾压后变得比较容易破碎,导致终压后的压碎值大于碾压前的。这样使得煤矸石路基级配更加良好,有利于煤矸石路基的压实。

冲击压实试验段压碎值试验结果(%) 表8.6

桩号		10遍	15遍	20遍	25遍
K98+900	20~50cm	27.4	32	34	35.1
	50~80cm	24.7	30.7	34.8	35.6
K98+870	20~50cm	27.7	32	33.7	35.4
	50~80cm	25.4	30.6	34.6	35.5
K98+840	20~50cm	27.3	32.8	34.7	35.4
	50~80cm	25.5	30.2	34.1	35.4

8.3.5 煤矸石路基冲击压实总结

(1)为使压实度检测结果科学可靠,分别采用灌砂法和沉降法对压实度进行对比检测。灌砂法检测结果表明:冲击增强补压对煤矸石路基表面处压实度影响的离散性较大,在路基深度较大处，压实度基本上是随着碾压遍数的增长而增长。沉降法检测结果表明：冲击补压到10遍时沉降量较大，10遍以后沉降趋于平缓。对于煤矸石填筑路基冲击压实试验段，沉降法和灌砂法试验结果表明，最佳碾压遍数应当在25遍左右。

（2）检测结果表明，补压对于压实度的改善效果较为有限，而且增强补压是在按振动压实修筑的路基上进行额外补压，在费用上会有所增加。因此，建议煤矸石填筑路基采用冲击压实代替普通振动压实作为压实手段。

（3）在检测方法上，同时以沉降法和压实度法作为煤矸石路基压实度的控制方法是有必要的，建议以沉降观测作为主要控制手段，以灌砂法试验为对照。

（4）两种压实方法对于煤矸石级配变化的影响相差不是很大。随着碾压遍数的增加，煤矸石进一步破碎，煤矸石级配曲线中间筛孔的通过率也渐渐变大，使得级配更加良好。

（5）压碎值检测结果表明，冲击压实试验段经过终压后平均值为35.4%，而冲击增强补压试验段压碎值在31%左右，说明经过冲击碾压后煤矸石更易破碎。

9 煤矸石路基试验路铺筑

为了更深入地了解煤矸石填筑路基的路用性能，课题组于 2007 年 11 月在青兰高速邯涉段第九合同段 K93 + 790 ~ K94 + 692.3、K95 + 200 ~ K100 + 900 处铺筑煤矸石填筑路基试验段。试验段总长度为 6.602 3km，煤矸石路基横断面如图 9.1 所示。

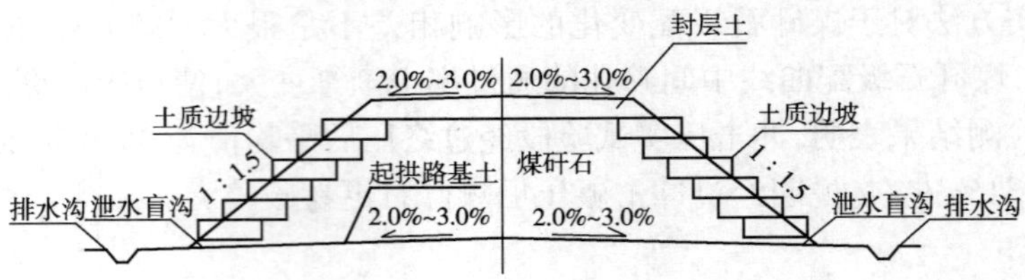

图 9.1 煤矸石试验段断面示意图

9.1 青兰高速邯涉段简介

1）国家高速公路网（7918 网）介绍

国家高速公路网（简称“7918 网”）采用放射线与纵横网格相结合的布局形态，构成由中心城市向外放射以及横连东西、纵贯南北的公路交通大通道，总规模 8.5 万 km，其中主线 6.8 万 km，地区环线、联络线等其他路线 1.7 万 km，具体如下。

首都放射线 7 条：

北京—上海、北京—台北、北京—港澳、北京—昆明、北京—拉萨、北京—乌鲁木齐、北京—哈尔滨。

南北纵向线 9 条：

鹤岗—大连、沈阳—海口、长春—深圳、济南—广州、大庆—广州、二连浩特—广州、包头—茂名、兰州—海口、重庆—昆明。

东西横向线 18 条：

绥芬河—满洲里、珲春—乌兰浩特、丹东—锡林浩特、荣成—乌海、青岛—银川、青岛—兰州、连云港—霍尔果斯、南京—洛阳、上海—西安、上海—成都、上海—重庆、杭州—瑞丽、上海—昆明、福州—银川、泉州—南宁、厦门—成都、汕头—昆明、广州—昆明。

此外，规划方案还有：辽中环线、成渝环线、海南环线、珠三角环线、杭州湾环线共 5 条地区性环线、2 段并行线和 30 余段联络线。

国家高速公路网规划完成后，可以形成“首都连接省会、省会彼此相通、连接主要地市、覆盖重要县市”的高速公路网络。这个网络能够覆盖 10 多亿人口，直接服务区域 GDP 占全国总量的 85% 以上，实现东部地区平均 30min、中部地区平均 1h、西部地区平均 2h 抵达高速公路，客货运输的机动性将有显著提升。国家高速公路网是中国公路网中最高层次的骨干通道，主要连接大中城市，包括国家和区域性经济中心、交通枢纽、重要对外贸易口岸；主要承担区域间、省际以及大中城市间的快速客货运输，保障提供高效、便捷、安全、舒适的服务。

高速公路网络是国家的重要战略资源。国家高速公路网的形成有利于加快建设全国统一市场，对发展生产力、增强竞争力具有十分重要的作用，从长远看，对中国人民生活方式的现代化也将产生重要影响。

2）青兰高速简介

青兰高速公路是国家高速公路网（7918 网）中“横 6”的组成部分，是河北省“五纵六横七条线”高速公路主骨架中的重要组成路段，也是邯郸市“十一五”交通规划的“两纵一横一环”高速公路网中的主要路段。该工程建成后，对完善国家和河北省高速公路网络，改善区域交通条件，促进沿线地区矿产资源开发和经济协调发展具有极大意义。

此次开工建设的邯郸市至涉县段（图 9.2 和图 9.3）为二期工程，建设规模 99km，总概算为 72.897 亿元，分主线和支线两部分。主线东接冀鲁界至邯郸段高速公路（一期），向西经邯郸县、复兴区、武安市、峰峰、涉县，在涉县招岗村西接涉县至长治段高速公路，全长 76.423km；支线自邯郸市西出口互通向南，经邯郸县、磁县，在磁县高臾乡北与京珠高速公路相连，长 22.7km，计划 2009 年建成通车。

图 9.2　国家高速公路网规划（7918）中的青兰高速邯涉段

青兰高速邯涉段主线按四车道高速公路标准建设，计算行车速度 120km/h，路基宽 $(0.75+3.5+2\times3.75+1.25+2.0/2)\times2=28\text{m}$。横断面各部分组成：土路肩 0.75m，硬路肩 3.5m，单向行车道宽 2×3.75m，左侧路缘带 1.25m，中央分隔带 2.0m。

第九合同段，起讫桩号为 K93 + 790 ~ K94 + 692.3、K95 + 200 ~ K100 + 900，总长度 6.602 3km，路基填方量约为 90 万 m^3。其中，路床封层 8%，石灰土 7.5 万 m^3，基底调坡层 8 万 m^3，煤矸石 68.5 万 m^3，包边土 6 万 m^3。

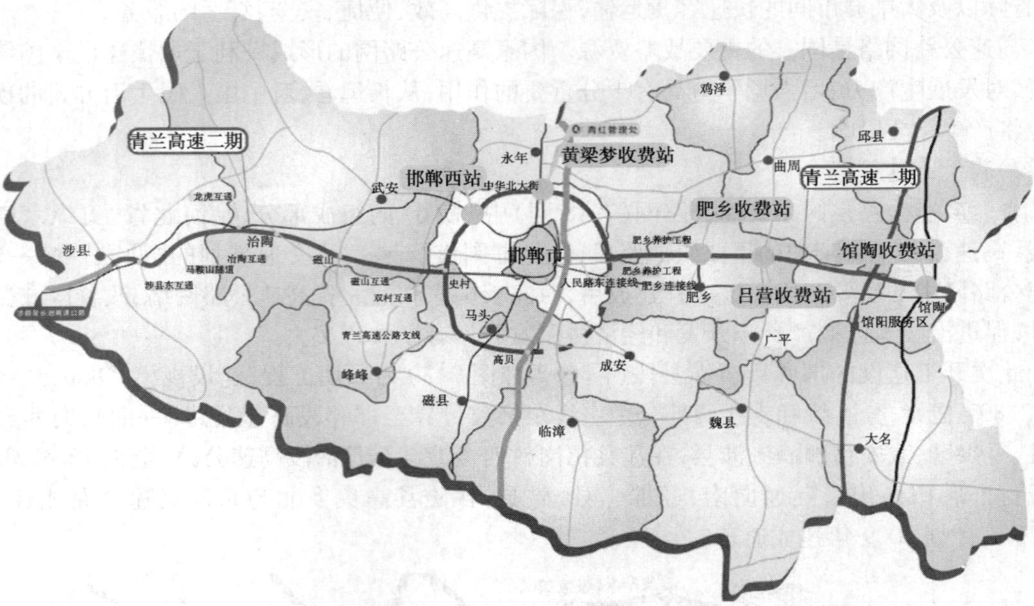

图 9.3 邯郸地区青兰高速路线图

青兰高速邯涉段地处河北省邯郸市至涉县区域,其地下多是岩石,故土地资源异常缺乏,而道路沿线煤矸石资源丰富,足以满足高速公路填筑路基用。如果能大规模使用煤矸石填筑路基,一方面解决了高速公路路基用土的问题,另一方面也解决了当地煤矸石的堆积污染等问题,是个一举多得的好办法。

9.2 青兰高速煤矸石路基施工方案

9.2.1 煤矸石试验段施工目的

通过试验段的施工,可以确定以下参数:

(1)确定正常施工时采用的煤矸石松铺厚度、压实厚度和压实遍数。

(2)确定合理的机械设备配置、机械组合以及辅助人员配备。

(3)通过多种施工检测方法的对比,确定施工质量控制和检测方法。

9.2.2 试验段压实厚度确定

考虑试验段在冬季施工,根据冬季的施工经验,包边土在日平均气温低于 -3℃时,应停止施工,煤矸石由于其特殊的透水性,可以在偏低于最佳含水率下进行路基施工,但要注意不能有冰冻现象。根据现有的压实设备,现拟订试验段压实厚度为 135cm,其中下面两层每层 30cm 压实度为 94%,上面三层每层 25cm 压实度 96%。试验段结构示意图见图 9.4。

9.2.3 施工工艺

煤矸石路基的施工不同于其他路基施工,包边土施工的加入使得其施工工艺较为复杂,

图9.4 试验段结构示意图

图9.5为煤矸石试验段路基施工工艺流程示意图。

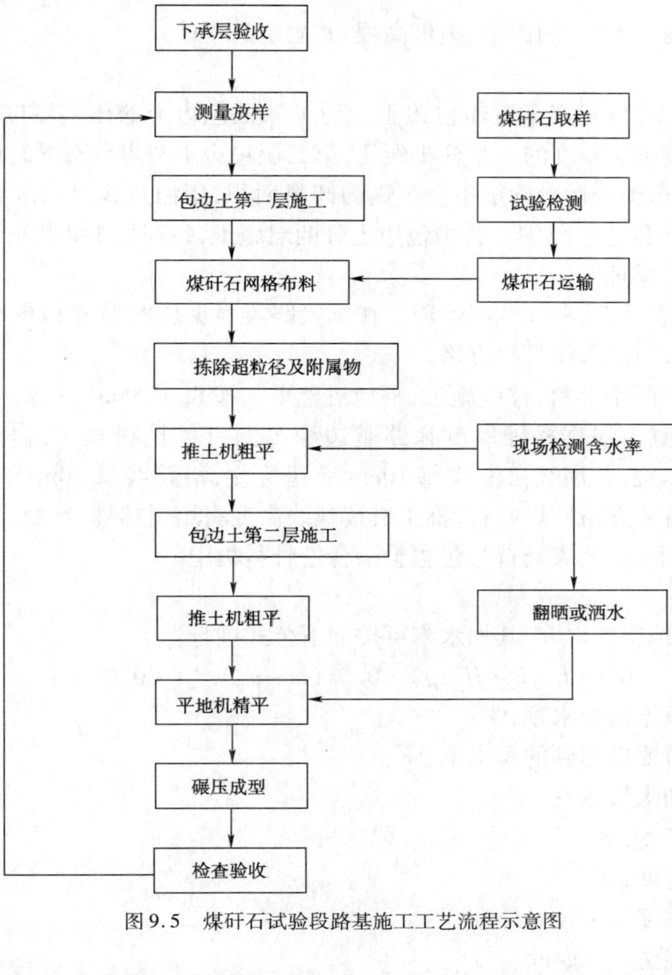

图9.5 煤矸石试验段路基施工工艺流程示意图

1)基底处理

进驻施工现场后,应对路基原地面的地质水文情况进行调查,并针对不同情况进行处理,主要有以下两种情况。

(1)干燥地段:对于一般干燥和排水良好的地段,在煤矸石进料之前,对原地面进行整平碾压,使之达到相关规范要求的压实度和平整度。验收合格后,用黏性土填筑成3%的土质路拱,以便施工过程中能及时排除雨水和地表水,为填筑路堤煤矸石提供条件。

(2)潮湿地段:若原地面清理后,土壤含水率大,直接碾压或翻晒后含水率仍很大,无法压实,出现大面积弹簧翻浆现象的,可取用较大块的煤矸石进行处理,具体处理如下。

①在清理后的原地面虚铺一层厚度为30cm左右,粒径在10~12cm的大块矸石,然后用羊足碾碾压或大吨位振动压路机进行碾压4~5遍,目测是否稳定。若不稳定,采用同样方法铺筑第二层矸石。一般情况下,两层30cm左右的大块矸石基本能使基底达到稳定状态。

②采用红色煤矸石。该煤矸石吸水性强,把潮湿路段犁开后加入红煤矸石,然后进行碾压。

③若局部基地软湿层较厚(4cm以上)时,则需将软湿土壤挖除换填粒径较大的矸石。

2)施工测量

恢复中线,检测下承层,测放中、边桩高程,并固定高程桩。

3)包边土施工

采用挖掘机装土,自卸汽车运输包边土。为了保证包边土的压实厚度,包边土分两层施工,第一层包边土按土层厚度的一半施工碾压,第二层包边土与煤矸石同时施工,上包边土前,根据压实厚度和每车土的运量确定单位车辆的卸料面积,用白灰线打出垂直宽度1m,水平宽度1.8+0.3=2.1m包边土范围。其中包边土分两层施工,每层按1/2煤矸石厚度碾压成型。

4)煤矸石运输、摊铺

采用装载机装煤矸石,自卸汽车运输。在试验路段根据压实厚度和每车料的运量确定单位车辆的卸料面积,用白灰线打出方格。

施工作业实行"画格上料,挂线施工,平地机整平",按每车15m^{3}计算,煤矸石灰线按纵向10m,横向3.5m布置。根据松铺厚度在路基边缘纵向钉桩挂线施工,挂线桩采用50mm×50mm×700mm的木桩,并用红白油漆每10cm交错标注,沿路线每20m打一对,保证钉桩竖直,挂线平顺。然后按方格卸煤矸石,推土机按挂线高度将填料摊铺、平整。平地机精平纵向,从路两侧向中心刮平,避免煤矸石与包边土结合处骨料集中。

5)含水率控制

施工过程严格控制含水率,其加水率可按如下公式进行:

$$Q=(L\cdot B\cdot H\cdot \rho)\cdot 0.01(w-w_0)/(1+0.01\,w)$$

其中:w_0——煤矸石原始含水率,%;

w——煤矸石要求达到的含水率,%;

Q——需要加水量,kg;

L——摊铺长度,m;

B——摊铺宽度,m;

H——松铺厚度,m;

ρ——松铺湿密度,kg/m^3。

计算出所需加水量后,用水车将水均匀浇洒于摊铺后的土面上,渗透后,检测含水率。当含水率大于最佳含水率时,将煤矸石翻拌、晾晒,使其达到最佳含水率,然后进行下一步路基碾压工作。

6)碾压

(1) 施工顺序如下:

推土机初平→18t压路机静压1遍→平地机精平→18t压路机弱振两遍,20t压路机强振碾压 4 遍(压实遵照先轻后重、先边后中、先慢后快、由弱振 2 遍,第 3 遍开始强振的原则,试验段过程中第 2 遍碾压后逐层进行压实度检测,直至满足施工要求压实度)→压路机静压 1 遍。

(2)碾压注意事项:

碾压前对填料层的松铺厚度进行检查、记录。

碾压时控制其含水率在最佳压实含水率 ±2% 之内,当料的实际含水率不位于上述范围内时,应均匀加水或将料摊开、晾干,达到上述要求后进行压实。图 9.6 为现场使用的两种型号的压路机。

压路机的碾压行驶速度开始时宜用慢速,最大速度不宜超过 4km/h;碾压时直线段由两边向中间,小半径曲线段由内侧向外侧,纵向进退式进行,轮迹重叠 0.3m,达到无漏压、无死角,确保碾压均匀。

图 9.6　现场使用的两种型号的压路机

7)施工过程中的注意事项

施工过程中,注意拣除超粒径煤矸石块及开采附属物,推土机初平、平地机精平过程中仍发现有超粒径煤矸石块,应进行人工破碎或派人挖除,装载机配合,集中堆放,清理出场。

稳压后采用细料将表面有空隙处填实。

在天气干燥的情况下,路基表面经常洒水并压实,防止“浮土”现象的发生。图 9.7 为路基施工图。

图 9.7　路基施工图

摊铺后的煤矸石必须及时碾压,做到当天摊铺,当天碾压完毕,以防止水分蒸发影响压实效果。

9.2.4 现场压实度检测位置确定

根据《公路工程质量检验评定标准》(JTG F80/1—2004)中对路基检测的要求：路堤施工段落短时，分层压实度应点点符合要求，且样本数不少于6个。本试验段使用的检测方法是在100m长的试验段中，压实度检测8个点。为防止现场定点的人为干扰，在试验段铺筑前进行室内定点如下：

K95+740检测3点，分别距中线左2m，左12m，右10m。

K95+780检测2点，分别距中线左6m，右5m。

K95+840检测3点，分别距中线右2m，右12m，左10m。

试验段压实度检测点位示意如图9.8所示。

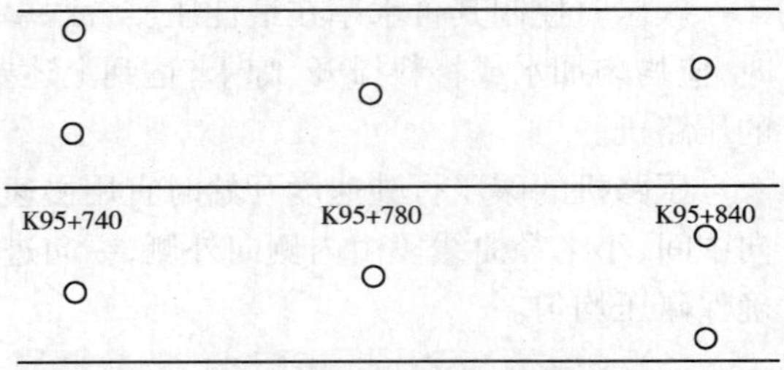

图9.8 压实度检测点位示意图

9.2.5 安全保证措施

1)安全管理体系(图9.9)

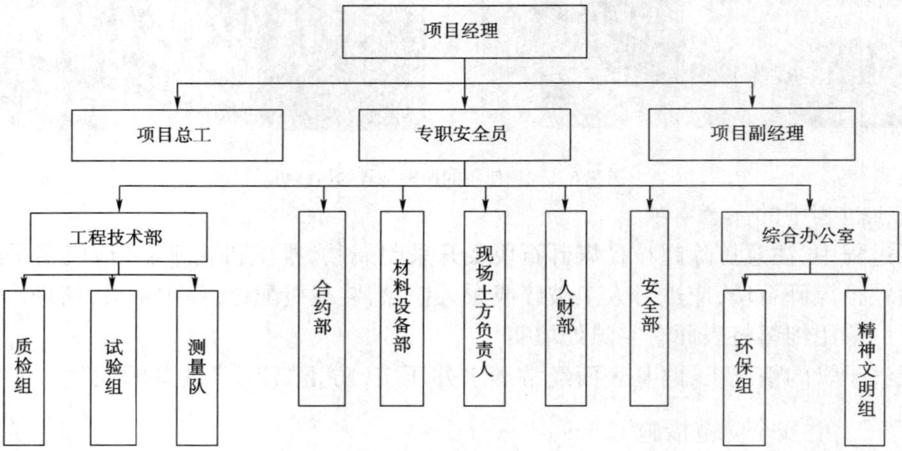

图9.9 安全管理体系

2)现场开采安全措施

煤矸石的开采与装卸分别设专人指挥调度、合理调配。煤矸石在开采装车时，注意施工安全，防止对周围建筑、农田、居民造成危害；开采遵循从顶部到下部，层层向下开采的原则，以防止料堆坍塌、滑坡。

3)安全生产措施

(1)施工现场的布置符合防火、防爆等安全规定及文明施工的要求。施工现场的生产、生活及办公用房、仓库、材料堆放场、停车场、修理间应按批准的总平面布置图进行布置。

(2)现场道路平整、坚实、保持畅通，施工现场设立安全标志，危险区必须悬挂“危险”、“禁止通行”和“严禁烟火”等标志，夜间设红灯警示。

(3)施工现场的临时用电应严格按照《施工现场临时用电安全技术规范》(JGJ 46—2005)的规定执行。

(4) 汽车装土、卸土时,停卸地点平整坚实,在危险地段卸土设专人指挥。

(5)严格各种作业的操作规程,严防违规作业和机械伤人。

4)施工机械安全措施

(1)各种机械操作人员和车辆驾驶人员均持证上岗,不准将机械设备交给无操作证的人员操作;对机械操作人员建立档案,设专人管理。

(2)操作人员按照机械说明规定,严格执行工前检查制度和工作中注意观察、工后检查保养的制度。

(3) 保持机械操作室整洁,严禁堆放易燃易爆物品。不酒后操作机械,机械不带病运转,不超负荷运转。

(4)定期组织机电设备、机械车辆安全大检查,对检查中查出的安全问题按照"三不放过"原则进行调查处理,制定防范措施,防止机械事故的发生。

5)施工用电安全技术措施

(1)施工用电按《施工现场临时用电安全技术规范》(JGJ 46—2005)要求进行设计、检测。操作电气设备,须符合如下规定:

① 非专职电气操作人员,不得操作电气设备。

② 掌上型电气设备的操作手柄和工作中必须接触的部位,要有良好绝缘,使用前进行绝缘检查。

③ 各种施工机械和低压电气设备加装漏电保护。

④ 电气设备有良好的接地保护,每班均由专人检查。

⑤ 施工现场自备发电机,防止突然停电造成安全事故。

(2)加强工地外用电管理,照明、高压电力线路的架设顺直,线路架设高度和照明度符合标准,严防运行机械损坏输电线路。

(3)临时用电线路的安装、维修、拆除,均由经过培训取得上岗证的专业电工完成,非电工不准进行电工作业。

6)人身、消防安全防范措施

(1)做好特种作业人员用品管理及使用人员的安全防护工作,特种作业人员要全部持证上岗,提高员工的安全防范意识。

(2)易燃易爆物品要妥善保管,正确使用,并符合"安规"要求。加强易燃易爆物品的管理,定期进行核对。

9.2.6 文明环保保证措施

1)环保保证体系

环保保证体系见图9.10。

2)文明施工措施

制订严格的项目经理部文明施工管理条例和计划,全体进场员工必须认真遵守、严格执行,坚决做到文明施工,充分体现出现代化施工企业的精神风貌。

(1)制订严格的文明施工管理制度、条例、办法等,主要条款书写在标牌上,挂在工区内醒

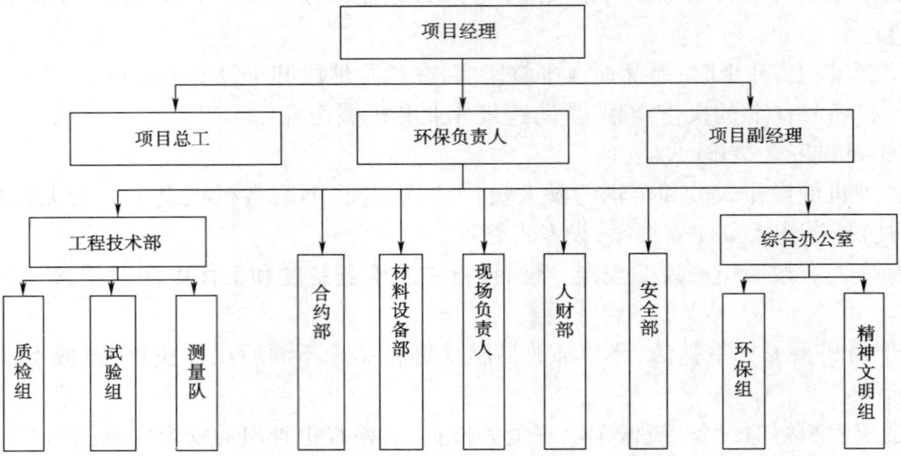

图 9.10　环保保证体系

目位置，时刻提醒职工认真遵守。

(2)施工现场严格按标准化工地进行建设，和当地搞好关系，确保施工顺利进行，使我们的工程真正成为民心工程。

(3)做好施工现场各类机械设备和车辆分类划区安放停置工作，各种施工材料、构件均挂牌分类整齐堆放，按照不同材料相应要求确定其堆放方式及存放条件。

(4)组织职工经常进行文明教育，以良好的精神风貌积极投入工程建设中。

(5)设置正规醒目的标牌，书写本标段工程有关内容，如合同段名称、项目经理部名称、经理及总工程师等名称，并简介工程范围，工程量等。

(6)施工现场管理人员一律佩证上岗，兼职维持工区内施工秩序，防止无关人员进入工区。各作业区、办公室、仓库、工作室等悬挂统一标牌，以示标识。

3)环保措施

整个施工过程中，环境保护措施如下：

(1)施工中，密切与当地政府联系，并取得工作上的支持，注意使用的乡村道路及施工便道，及时洒水养护，减少粉尘对环境和周围居民生活的影响。

(2)在施工期间，对易飞扬的粉尘材料在运输和堆放时进行覆盖，防止粉尘对环境造成污染。

(3)加强施工现场管理，保持施工现场整洁，做到材料堆放整齐，机械设备停放有序，特殊施工地段有明显标志。

(4)注意保护自然资源。生活污水、生活垃圾按规定排放或堆放，粪便集中处理，防止污染水源。

(5)认真了解施工区域内可能存在的电信、电力、自来水等管线，并在施工中给予高度重视与保护，发现不明的管线，及时上报驻地监理工程师并记录在档，按监理工程师指令进行管线保护并开展后续工作。

(6)所有临时工程、临时设施及临时弃土，都要在工程全部完工后清除并恢复原貌。

9.3　原材料质量检验

为了保证原材料的准确性，试验段铺筑期间，必须进行煤矸石原材料检验试验，主要是对自然含水率、级配、崩解性指标做相关检验，防止不同煤矸石层材料的不均匀性影响煤矸石路基的稳定。

9.3.1　天然含水率

天然含水率检测有利于确定煤矸石的路基工作状态，调节路基含水率到最佳含水率后进行碾压。每层煤矸石填筑时，均抽取具有代表性的样品进行检验。试样取自灌砂法挖取的煤矸石，每层取8个点，点位与压实度检测点位相同。对每层的含水率平均，试验数据如表9.1所示。

试验段含水率测定（%）　　表9.1

层位	1	2	3	4	5	6	7	8	平均值
第一层	4.5	3.5	5.4	4.3	3.4	4.0	3.1	3.5	3.94
第二层	4.2	4.4	4.9	3.9	3.3	3.5	3.3	2.9	3.80
第三层	5.0	4.1	5.1	3.6	3.8	3.6	3.0	3.1	3.91
第四层	4.0	3.8	5.3	4.1	3.1	3.7	3.4	3.2	3.83
第五层	4.5	3.4	5.3	4.4	3	3.9	4.1	3.1	3.96

注：表中，1代表K95+740左2m位置，2代表K95+740左12m位置，3代表K95+740右10m位置，4代表K95+780左6m位置，5代表K95+780右5m位置，6代表K95+840左10m位置，7代表K95+840右2m位置，8代表K95+840右12m位置。

从试验数据可以看出：煤矸石的自然含水率在3.80%～3.90%之间，各层之间含水率比较稳定，比之最佳含水率6.9%略低一些。煤矸石路基中细料毕竟所占比例较小，粗粒含量较大，所以在施工过程中，在保证煤矸石层不会冻结的情况下，要及时补充煤矸石的水分（图9.11），但不能超过最佳含水率，以保证煤矸石路基的压实度。

图9.11　煤矸石路基洒水补充水分

9.3.2　界限含水率

《公路路基施工技术规范》（JTG F10—2006）中规定：液限大于50、塑性指数大于26的土，以及含水率超过规定的土，不得直接作为路基填料。需要应用时，必须采取满足设计要求的技术措施，经检查合格后方可使用。本试验的目的是联合测定煤矸石的液限和塑限，用于划分土类，计算天然稠度和塑性指数，试验结果见4.2.2节。排除离散性较大的“1号表层”，该矿区煤矸石液限大概在20～25之间，远小于50；塑性指数在10左右，可以直接用来填筑路基。

9.3.3 原材料 CBR 试验

室内 CBR 试验法是按路基施工时的含水率及压实度要求在试筒内置备试件，并在加载前浸泡在水中饱水 4d。标准压实试件在荷载压强—贯入量曲线上读取规定贯入量时的荷载压强与标准压强的比值，以百分数表示，标准压强是优质碎石经大量试验得到的，当贯入量为 2.5mm时，标准压强为 7MPa，当贯入量为 5.0mm 时，标准压强为 10.5MPa。为了模拟路面结构对土基的附加压力，在浸水过程中及压入试验时，在试件顶面施加环形砝码，其重量应根据预计路面结构的重量来确定，详见 4.2.5 节内容。

9.3.4 煤矸石的击实特性

本试验采用重型击实法 II-2，确定煤矸石的最大干密度和最佳含水率，用来指导施工，详见 4.2.3 节内容。

9.3.5 压碎值

集料压碎值用于相对量石料在逐渐增加的荷载下抵抗压碎的能力，它是衡量石料力学性质的指标之一。试验方法与试验结果详见 4.2.4 节内容。

9.3.6 膨胀性

岩土体的膨胀通常分成两种，一种是黏粒含量较高的土体，遇水后黏粒接合水膜增厚而引起膨胀，称为粒间膨胀；另一种是岩土体中含有的黏土矿物遇水后，水进入到矿物的结晶格子层间而引起膨胀，称为内部膨胀。对煤矸石来说，其多为碎石状、角砾状，小于 0.5mm 的颗粒一般在 10% 以下，所以它发生粒间膨胀的可能性很小，而内部膨胀则是煤矸石膨胀性研究的关键。

自由膨胀率为松散的烘干土粒在水中和空气中分别自由堆积的体积之差与在空气中自由堆积的体积之比，以百分数表示，用以判定无结构力的松散土粒在水中的膨胀特性。

试验方法与试验结果详见 4.2.6 节内容。

9.3.7 崩解性试验

煤矸石的岩性、年代不同，会导致崩解性不一样，每层的煤矸石填料在压实前后均进行了崩解性试验。试验取点位与压实度检测相同，试验数据如表 9.2 所示。

崩解性试验结果（崩解性指数%） 表 9.2

层 位	粒径(mm)	碾压前	碾压后
第一层	60	1.24	0.34
	40	0.85	1.18
	20	5.15	4.31
第二层	60	4.20	5.36
	40	0.51	0.75
	20	9.72	3.62

续上表

层 位	粒径(mm)	碾 压 前	碾 压 后
第三层	60	2.23	1.08
	40	1.46	2.04
	20	3.65	4.71
第四层	60	5.94	4.68
	40	1.23	3.54
	20	8.54	4.52
第五层	60	6.08	5.47
	40	1.38	4.29
	20	5.74	1.28

煤矸石的崩解性取决于其岩性,由每一层的崩解试验(图 9.12)可以知道:在压实前后崩解率变化不明显,可认为没有变化,且崩解性指数较小。用作路基填筑的时候,即使受到水损害,也不会发生大的崩解,产生结构性破坏。

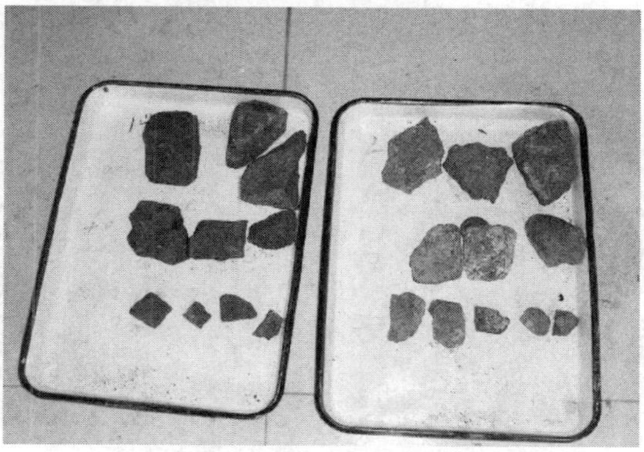

图 9.12 崩解性试验完成后试件

9.3.8 矿物成分

我们委托河北煤炭地质研究所进行成分分析试验,煤矸石的化学组成如表 9.3 所示。

煤矸石矿物成分试验结果(%) 表 9.3

取样处	SiO_2	Fe_2O_3	Al_2O_3	CaO	MgO	C
1 号表层	61.7	2.93	25.77	1.38	0.92	4.46
1 号 2m 处	62.38	2.73	25.85	0.89	1.12	3.22
2 号表层	59.58	5	25.18	0.89	0.96	5.02
2 号 2m 处	59.3	5.8	24.89	0.89	1.36	3.3

通过对两个矿区煤矸石化学成分比较,可以得出以下结论:

SiO_2 含量在 59% ~63% 之间,平均值为 60.75%,两个矿区里表层相差不大;Al_2O_3 含量在24%～26%之间，平均值为25.45%，两个矿区含量也非常接近，SiO_2 和 Al_2O_3 总含量在83%～89%之间。总体来说，所采样品中，SiO_2 和 Al_2O_3 的总含量相差不大。Fe_2O_3 的含量比较低，一般在2%～6%之间，以陶二矿含量略为大些。CaO 和 MgO 含量较低，一般在1%左右，C 含量较低，在3%～5%之间。

通过以上的分析可以得出，邯郸矿区两个煤矸石堆的化学物质含量基本相同，都是以氧化物 SiO_2、Fe_2O_3、Al_2O_3 为主要成分，而 MgO、CaO 含量很低，具有火山灰活性。该矿区煤矸石中，SiO_2、Al_2O_3、Fe_2O_3 总含量均远远大于70%，性能比较稳定，且没有明显的不适用于路基填筑的组分。

9.3.9 填料均匀性

由于施工现场煤矸石超粒径现象比较普遍，根据第5章中对原材料质量控制的探讨，94区最大粒径宜控制在不超过压实厚度的2/3，96区路基的最大粒径宜控制在10cm以内。现场发现有超粒径煤矸石块以机械破碎为主，辅助人工挖除。摊铺过程中，采用了卸上推下的施工方法，利用推土机的均匀粗平（图9.13），一方面可以碾碎易碎的煤矸石大块，另一方面可以防止大粒径的煤矸石块聚集，减少人为的离析。有明显离析的地方，可及时补充黏土等细集料，填补空隙。

图9.13　煤矸石路基粗平

9.4 施工质量控制

试验段压实质量控制采用灌砂法和沉降法同时控制，以探求两者之间的关系。两种压实度检测方法的检测过程和注意问题如下所述。

9.4.1 最大干密度校正

根据煤矸石的击实特性，不同粗粒含量的煤矸石其最大干密度相差较大，所以在最大干密度计算过程中，拟采用标准击实试验以及超粒径修正公式进行修正，具体如下。

利用煤矸石击实特性中对煤矸石试样按照粒径5～40mm颗粒占0～40mm的20%、30%、40%、50%、60%、70%、80%分别进行击实试验绘制出的标准击实曲线，来确定最大干密度。

超尺寸颗粒的校正：

当试样中大于规定最大粒径的超尺寸颗粒的含量为5% ~30%时，按下式对试验所得最大干密度和最佳含水率进行校正（超尺寸颗粒的含量小于5%时，可以不进行校正）。

$$\rho_{dm}' = \rho_{dm}(1 - 0.01p) + 0.9 \times 0.01pG'_{\alpha} \tag{9.1}$$

式中：ρ_{dm}'——校正后的最大干密度，g/cm³；

ρ_{dm}——试验所得的最大干密度，g/cm³；

p——试样中超尺寸颗粒的百分率，%；

G'_{α}——超尺寸颗粒的毛体积相对密度。

现场检测压实度时，根据挖取的试坑内煤矸石中5~40mm占40mm以下颗粒含量，在标准击实修正曲线中查找对应的最大干密度以及超粒径校正公式来计算现场煤矸石的压实度，以精确地评价路基压实度。

9.4.2 灌砂法压实度检测

试验段施工工程中，自20t压路机强振碾压开始，每一遍碾压后开始进行压实度检测，施工中采用两种方法控制压实度，即灌砂法和沉降法。

《公路工程质量检验评定标准》（JTG F80—2004）规定如下：

路基、路面压实度以1~3km长的路段为检验评定单元，按本标准各有关章节要求的检测频率，进行现场压实度抽样检查，求算每一测点的压实度K_i。粗粒土及路面结构层压实度检查可以采用灌砂法、水袋法或钻孔取样蜡封法。检验评定段的压实度代表值K（算术平均值的下置信界限）为：

$$K = \bar{k} - \left(\frac{t_{\alpha}}{\sqrt{n}}\right)S \geqslant K_0 \tag{9.2}$$

式中：$\bar{k}$——检验评定段内各测点压实度的平均值；

t_{α}——t分布表中随测点数和保证率（或置信度α）而变的系数；采用的保证率：高速公路、一级公路，基层、底基层为99%，路基、路面面层为95%；其他公路：基层、底基层为95%，路基、路面面层为90%；

S——检测值的标准差；

n——检测点数；

K_0——压实度标准值。

路基、基层和底基层：$K \geqslant K_0$，且单点压实度K_i全部大于等于规定值减2个百分点时，评定路段的压实度合格率为100%；当$K \geqslant K_0$，且单点压实度全部大于等于规定极值时，按测定值不低于规定值减2个百分点的测点数计算合格率。$K < K_0$或某一单点压实度K_i小于规定极值时，该评定路段压实度为不合格，相应分项工程评为不合格。

路堤施工段落短时，分层压实度应点点符合要求，且样本数不少于6个。灌砂法检测（图9.14）的时候，应挖到与下一层的交界处，且尽量不要挠动大块的煤矸石，避免超粒径煤矸石对压实度检测的影响。对试验完后的煤矸石进行保存，以备重复试验用。

按照室内定点采用灌砂法进行检测，每层检测8个点。第一层压实度实测结果如表9.4所示。

图9.14　灌砂法现场试验

第一层压实度检测结果(%)　　　　表9.4

桩号 / 压实度	K95 +740 左2m	K95 +740 左12m	K95 +740 右10m	K95 +780 左6m	K95 +780 右5m	K95 +800 左10m	K95 +800 右2m	K95 +800 右12m	平均值
1	93.5	93.4	88.5	89.7	90.4	94.6	93.6	93.1	92.1
2	93.1	94.1	95.3	94.7	96.4	92.6	92.8	90.5	93.7
3	94.2	93.4	95.7	90.2	93.8	93.2	94.8	96.2	94.0
4	96.8	94.7	93.8	94.7	94.1	93.9	95.7	96.8	95.1

压实度评定如下。

第一遍压实度代表值 K 为:

$$K = \bar{k} - \frac{t_\alpha}{\sqrt{n}}S = 92.1 - 0.67 \times 2.08 = 90.7 < 94 = K_0$$,压实度评定不合格。

第二遍压实度代表值 K 为:

$$K = \bar{k} - \frac{t_\alpha}{\sqrt{n}}S = 93.7 - 0.67 \times 1.72 = 92.5 < 94 = K_0$$,压实度评定不合格。

第三遍压实度代表值 K 为:

$$K = \bar{k} - \frac{t_\alpha}{\sqrt{n}}S = 94.0 - 0.67 \times 1.73 = 92.8 < 94 = K_0$$,压实度评定不合格。

第四遍压实度代表值 K 为:

$$K = \bar{k} - \frac{t_\alpha}{\sqrt{n}}S = 95.1 - 0.67 \times 1.15 = 94.3 > 94 = K_0$$

单点压实度全部大于规定值减2个百分点。压实度评定合格,合格率为100%。

第二层压实度检测结果如表9.5所示。

第二层压实度检测结果(%)　　　　表9.5

桩号 / 压实度	K95 +740 左2m	K95 +740 左12m	K95 +740 右10m	K95 +780 左6m	K95 +780 右5m	K95 +800 左10m	K95 +800 右2m	K95 +800 右12m	平均值
1	94.8	92.3	89.9	98.3	93.3	95.4	95.0	94.9	94.2

续上表

桩号 / 压实度	K95 +740 左 2m	K95 +740 左 12m	K95 +740 右 10m	K95 −780 左 5m	K95 +780 右 5m	K95 +800 左 10m	K95 +800 右 2m	K95 +800 右 12m	平均值
2	93.1	94.1	101.9	99.4	99.7	102.9	93.3	101.4	98.2
3	103.3	98.9	104.9	100.7	103.6	100.5	99.3	101.9	101.6
4	101.1	102.2	100.4	97.6	99.7	98.4	102.2	101.6	100.4

压实度评定如下。

第一遍压实度代表值 K 为：

$$K = \bar{k} - \frac{t_\alpha}{\sqrt{n}}S = 94.2 - 0.67 \times 2.31 = 92.7 < 94 = K_0$$，压实度评定不合格。

第二遍压实度代表值 K 为：

$$K = \bar{k} - \frac{t_\alpha}{\sqrt{n}}S = 98.2 - 0.67 \times 3.82 = 95.7 > 94 = K_0$$

单点压实度全部大于规定值减 2 个百分点。压实度评定合格，合格率为 100%。

第三遍压实度代表值 K 为：

$$K = \bar{k} - \frac{t_\alpha}{\sqrt{n}}S = 101.6 - 0.67 \times 2.01 = 100.2 > 94 = K_0$$

单点压实度全部大于规定值减 2 个百分点。压实度评定合格，合格率为 100%。

第四遍压实度代表值 K 为：

$$K = \bar{k} - \frac{t_\alpha}{\sqrt{n}}S = 100.4 - 0.67 \times 3.49 = 99.3 > 94 = K_0$$

单点压实度全部大于规定值减 2 个百分点。压实度评定合格，合格率为 100%。

第三层压实度检测结果如表 9.6 所示。

第三层压实度检测结果(%) 表 9.6

桩号 / 压实度	K95 +740 左 2m	K95 +740 左 12m	K95 +740 右 10m	K95 +780 左 6m	K95 +780 右 5m	K95 +800 左 10m	K95 +800 右 2m	K95 +800 右 12m	平均值
1	92.3	89.4	93.4	91.2	92.5	92.8	90.4	93.1	91.9
2	94.2	91.4	93.5	94.8	93.6	92.5	94.9	95	93.7
3	95.7	94.8	96.8	96.3	97.4	95.9	97.9	94.6	96.2
4	98.4	96.1	96.9	97.5	97.6	98	100.4	101.5	98.3

压实度评定如下。

第一遍压实度代表值 K 为：

$$K = \bar{k} - \frac{t_\alpha}{\sqrt{n}}S = 91.9 - 0.67 \times 1.32 = 91.0 < 96 = K_0$$，压实度评定不合格。

第二遍压实度代表值 K 为：

$$K = \bar{k} - \frac{t_\alpha}{\sqrt{n}}S = 93.7 - 0.67 \times 1.19 = 92.9 < 96 = K_0$$，压实度评定不合格。

第三遍压实度代表值 K 为：

$$K = \bar{k} - \frac{t_\alpha}{\sqrt{n}}S = 96.2 - 0.67 \times 1.09 = 95.5 < 96 = K_0$$，压实度评定不合格。

第四遍压实度代表值 K 为：

$$K = \bar{k} - \frac{t_\alpha}{\sqrt{n}}S = 100.4 - 0.67 \times 3.49 = 99.3 > 96 = K_0$$

单点压实度全部大于规定值减 2 个百分点。压实度评定合格，合格率为 100%。

第四层压实度检测结果见表 9.7。

第四层压实度检测结果（%） 表 9.7

桩号 / 压实度	K95 +740 左 2m	K95 +740 左 12m	K95 +740 右 10m	K95 +780 左 6m	K95 +780 右 5m	K95 +800 左 10m	K95 +800 右 2m	K95 +800 右 12m	平均值
1	90.6	91.8	92.4	89.7	91.8	91.9	93.4	92.6	91.8
2	91.6	93.7	94.8	91	92.8	91.9	93.9	96.8	93.3
3	100.5	94.5	93.8	92.9	94.7	93.4	94.8	97.5	95.4
4	99.7	99.4	97.6	98.4	93.5	101.4	94.7	97.9	97.8

压实度评定如下。

第一遍压实度代表值 K 为：

$$K = \bar{k} - \frac{t_\alpha}{\sqrt{n}}S = 91.8 - 0.67 \times 1.09 = 91.0 < 94 = K_0$$，压实度评定不合格。

第二遍压实度代表值 K 为：

$$K = \bar{k} - \frac{t_\alpha}{\sqrt{n}}S = 93.3 - 0.67 \times 1.78 = 92.1 < 94 = K_0$$，压实度评定不合格。

第三遍压实度代表值 K 为：

$$K = \bar{k} - \frac{t_\alpha}{\sqrt{n}}S = 95.4 - 0.67 \times 2.37 = 93.7 < 94 = K_0$$，压实度评定不合格。

第四遍压实度代表值 K 为：

$$K = \bar{k} - \frac{t_\alpha}{\sqrt{n}}S = 97.8 - 0.67 \times 2.44 = 96.1 > 94 = K_0$$

单点压实度全部大于等于规定极值，按测定值不低于规定值减 2 个百分点的测点数计算合格率。压实度评定合格，合格率为 87.5%。

第五层压实度检测结果见表 9.8。

第五层压实度检测结果(%)　　表9.8

桩号 / 压实度	K95 +740 左2m	K95 +740 左12m	K95 +740 右10m	K95 +780 左6m	K95 +780 右5m	K95 +800 左10m	K95 +800 右2m	K95 +800 右12m	平均值
1	89.5	88.7	91.4	90.8	92.4	91.9	90.5	91.5	90.8
2	92.5	94	91.4	90.5	93.4	94.8	95.7	93	93.2
3	96.8	97.3	95.9	93	102.4	99.4	97.4	97.5	97.5
4	99.4	95.8	96.7	98.4	97.6	99.4	101.8	100.5	98.7

压实度评定如下。

第一遍压实度代表值 K 为:

$$K = \bar{k} - \frac{t_\alpha}{\sqrt{n}}S = 90.8 - 0.67 \times 1.35 = 89.9 < 96 = K_0$$,压实度评定不合格。

第二遍压实度代表值 K 为:

$$K = \bar{k} - \frac{t_\alpha}{\sqrt{n}}S = 93.2 - 0.67 \times 1.60 = 92.0 < 96 = K_0$$,压实度评定不合格。

第三遍压实度代表值 K 为:

$$K = \bar{k} - \frac{t_\alpha}{\sqrt{n}}S = 97.5 - 0.67 \times 3.23 = 95.3 < 96 = K_0$$,压实度评定不合格。

第四遍压实度代表值 K 为:

$$K = \bar{k} - \frac{t_\alpha}{\sqrt{n}}S = 98.7 - 0.67 \times 2.50 = 97.0 > 96 = K_0$$

单点压实度全部大于规定值减2个百分点。压实度评定合格,合格率为100%。

压实度检测汇总见表9.9。

压实度检测汇总表　　表9.9

检测遍数	第一层	第二层	第三层	第四层	第五层
第一遍	不合格	不合格	不合格	不合格	不合格
第二遍	不合格	合格	不合格	不合格	不合格
第三遍	不合格	合格	不合格	不合格	不合格
第四遍	合格	合格	合格	合格	合格

由灌砂法压实度检测试验数据可知,第四遍检测后,煤矸石路基均能达到规定的压实度。个别压实度超百现象首先是击实试样取样与路基施工灌砂法压实度检测取样存在差异,填料中超粒径的煤矸石含量过多,挖取时容易将超大粒径的颗粒挖出,从而影响压实度评定;再者,煤矸石摊铺后,局部级配较差,细料少,集料集中,碾压后表面不密实、松散,或者细料多、集料少,碾压后表面浮沉多,平整度差,导致个别点压实度超百。

9.4.3 沉降法压实度检测

路基施工沉降观测法是填石路基中常用的控制路基压实度的检测方法,在本试验段中采用沉降观测法与灌砂法进行对照检测。

沿路线方向纵向每隔 20m 布设沉降观测点，横向在中桩、距中桩 8m 处、距煤矸石填筑断面边 1m 处，即每个段面 5 点（图 9.15），从虚铺记录开始测量每遍高程变化（表 9.10），连续两次观测高程无明显变化视为压实完毕，沉降观测点应采用埋 5cm 钢球的方式布设，由于实际条件的限制，施工现场采用埋设 10cm × 10cm 钢板（图 9.16）。图 9.17 为工作人员现场高程监测，图 9.18 为压实遍数与总沉降量的关系曲线。

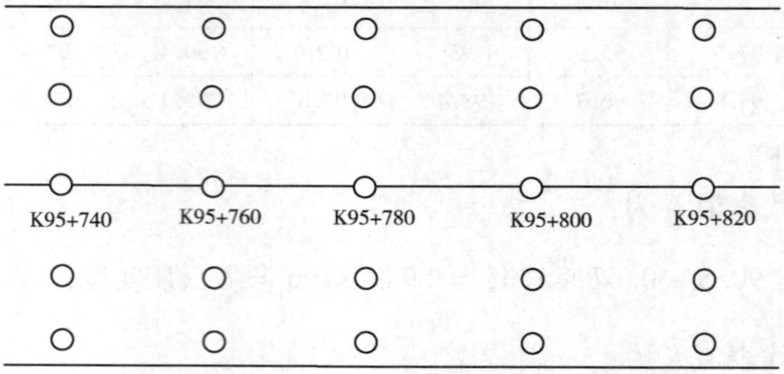

图 9.15　沉降观测法路面检测点位示意图

图 9.16　煤矸石埋设钢板

图 9.17　工作人员现场高程监测

沉降观测结果（平均值：mm）　　表 9.10

碾压次数	第一层	第二层	第三层	第四层	第五层
第一遍	31	38	35	40	34
第二遍	7	6	4	3	5
第三遍	3	2	2	2	4
第四遍	2	-2	2	1	2
总沉降量	43	44	43	46	45

由图 9.18 和表 9.10 中的数据分析可知，按照工艺流程第四遍高程检测后，煤矸石层沉降已趋于平稳，同时由灌砂法也可发现，此时煤矸石的压实度已达到规范要求。表 9.10 中有 1 个数据为负值，即碾压过程中路基高度出现反弹，所测高程反而增加，原因一方面是煤矸石中粗粒含量大，在粗粒集中、细料较少的地方不容易压实，易发生反弹；另一方面则是该点煤矸石

路基之前已达到压实度要求，再继续碾压时出现高程反弹。沉降观测数据与压实度反应的煤矸石路基工作状态一致。由此可提出沉降法检测标准：94 区最大沉降量宜不大于 4mm，96 区最大沉降量宜不大于 3mm，并可由此确定试验段煤矸石的虚铺系数。

94 区煤矸石路基虚铺系数约为：

$$\frac{30}{30-\frac{4.2+4.6}{2}}=1.17$$

96 区煤矸石路基虚铺系数约为：

$$\frac{25}{25-\frac{4.3+5.0+4.5}{3}}=1.23$$

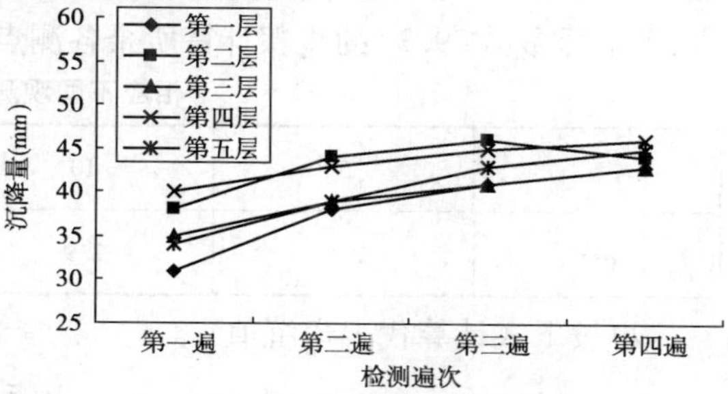

图 9.18 压实遍数与总沉降量关系曲线

9.4.4 弯沉检测

该方法是在路基顶面，应用弯沉仪测定双轮荷载作用下轮隙中心处的表面回弹弯沉值，也可进一步按弹性半空间体公式计算路基的静回弹模量值。

贝克曼梁利用杠杆工作原理，由载重汽车对路面加载，通过百分表观测路面回弹弯沉，见图 9.19。

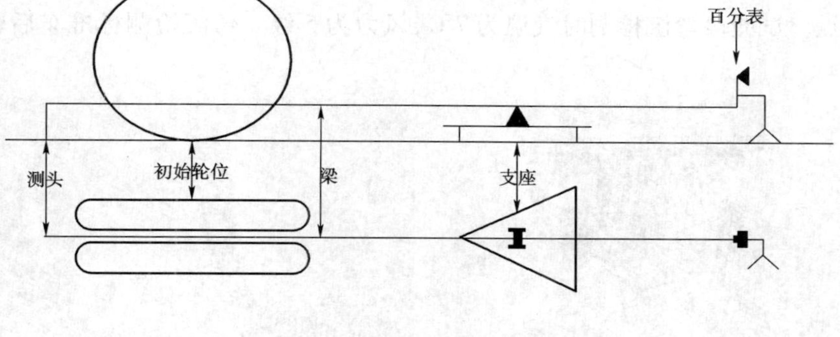

图 9.19 贝克曼梁弯沉法现场装置图

百分表的初始读数和终读数之间差值的 2 倍即为路表面的回弹弯沉值 L_i。按下式计算测定值的算术平均值 $\overline{L}$、单次测量的标准差 S 和自然误差 r_0：

$$\overline{L}=\frac{\sum L_i}{N} \tag{9.3}$$

$$S=\frac{\sqrt{\sum(L_i-\overline{L})^2}}{N-1} \tag{9.4}$$

$$r_0=0.675\times S \tag{9.5}$$

式中：$\overline{L}$——回弹弯沉的平均值，0.01mm；

S——回弹弯沉测定值的标准差，0.01mm；

r_0——回弹弯沉测定值的自然误差，0.01mm；

L_i——各测点的回弹弯沉值，0.01mm；

N——测点总数。

在计算各测点的测定值与算术平均值的偏差值 $d_i = L_i - \bar{L}$ 时，一并计算较大的偏差与自然误差之比 d_i/r_0。当某个测点观测值的 d_i/r_0 值大于表9.11的 d/r 极限值时则应舍弃该测点，然后重复式(9.3)的步骤计算所余各测点的算术平均值 $\bar{L}$ 及标准差 S。

相应不同观测次数的 *d/r* 极限值 表9.11

N	5	10	15	20	25
d/r	2.5	2.9	3.2	3.3	3.8

再按下式计算代表弯沉值：

$$L_r = \bar{L} + Z_\alpha S \tag{9.6}$$

式中：L_r——测试路段的弯沉代表值；

$\bar{L}$——舍弃不合要求的测点后所余各测点弯沉的算术平均值；

S——舍弃不合要求的测点后所余各测点弯沉的标准差；

Z_α——与保证率有关的系数，对高速公路，取 $Z_\alpha = 2.0$。

试验段路基竣工2d后，进行弯沉检测(图9.20)。路基顶面的实测代表弯沉值应小于设计弯沉值，本试验段的设计弯沉值为245.10(0.01mm)。弯沉检测频率满足要求，检测频率为：沿道路纵向每20m布置1个弯沉检测断面，每个检测断面沿道路横向每个车道均匀布置4个弯沉测试点。试验段弯沉检测时气温为7℃，风力为5级。弯沉检测标准车后轴重100kN，轮压0.7MPa。

图9.20 现场实测弯沉

青兰高速公路试验段按照频率进行弯沉测试的结果如表 9.12 所示。

弯沉检测结果 表 9.12

序号	测点桩号		回弹弯沉（左轮 0.01mm）	回弹弯沉（右轮 0.01mm）
1	K95 +740	左行车道	76	64
2		左超车道	78	87
3		右超车道	61	73
4		右行车道	75	52
5	K95 +760	左行车道	70	26
6		左超车道	62	55
7		右超车道	57	44
8		右行车道	62	70
9	K95 +780	左行车道	86	62
10		左超车道	52	36
11		右超车道	68	58
12		右行车道	69	80
13	K95 +800	左行车道	88	88
14		左超车道	82	86
15		右超车道	64	60
16		右行车道	96	50
17	K95 +820	左行车道	54	68
18		左超车道	90	44
19		右超车道	48	59
20		右行车道	74	84
21	K95 +840	左行车道	79	90
22		左超车道	69	50
23		右超车道	76	59
24		右行车道	90	84
弯沉平均值(0.01mm)			71.92	63.71
标准差(0.01mm)			12.94	17.70
代表弯沉值(0.01mm)			97.81	99.11
全路段代表弯沉值(0.01mm)			99.59	

由弯沉检测值可知,煤矸石路基的回弹弯沉最大值为96,最小值为26,全路段代表弯沉值为99.59,远比土路基的回弹弯沉小,远远小于路基顶面的设计弯沉值。这是因为煤矸石路基中粗粒含量较多,致密的压实能使路基易形成骨架结构,使煤矸石路基的整体承载能力增强。

9.4.5 防水措施

(1)在煤矸石路基填筑施工期间,为防止施工现场受到冲刷或造成淤积,提前设置临时排水设施,以保持施工现场处于良好的排水状态,并在路基每隔20m设置横向30cm×30cm的碎石盲沟,设置临时排水设施,考虑与永久排水设施相结合。

(2)煤矸石路基施工要求先施工一层包边土,所以有个别路段在包边土施工完成后煤矸石上没有立刻上料施工,这样就形成了一个两边高中间低的槽,并且包边土没有开出水口。由于煤矸石的透水性较大和包边土的阻挡作用,雨水会完全渗入煤矸石路基中,过量的水会对路基造成危害。

建议在今后的施工中,要做好施工安排,包边土施工完成后立刻进行煤矸石的施工,避免出现上述情况。对现有的这种槽状路段,下雨前要把两侧包边土每隔15m开出水口,尽可能地把路基上的水排出,雨后立刻进行该种路段的煤矸石填筑,消灭槽形路段。注意煤矸石填筑前要对包边土重新进行碾压并检测压实度。

9.5 试验段路基沉降观测

试验段路基沉降观测的目的为:

(1)采用煤矸石填筑路堤,填料之间不易嵌锁密实,路堤要做到密实、均匀、稳定,难度较大,填方路堤必须压实到弹性状态才能保证路堤本身不发生过大工后沉降,通过观测取得填方沉降数据,可以揭示填方压实后的状态。

(2)关于煤矸石路堤在施工中沉降规律的研究开展较少,通过沉降观测可以取得大量数据,利于开展煤矸石路堤沉降规律的研究。

因此,为观测煤矸石路基沉降情况,进一步验证煤矸石路基碾压效果,在试验路K96+241~K96+490段采用随机取样的方法布设观测点,测其高程。检测频率为每20m检测3个点,大约每月检测1次,共检测4次。检测结果见表9.13。

结果表明,前两次检测的沉降量较大,最大可达14mm,随着时间的推移,沉降量逐渐减小,最后一次检测的沉降量基本可以忽略,这说明煤矸石路基在较短的时间内很快达到稳定状态。四次观测总沉降量在11~22mm之间,表明煤矸石压实效果较好,填料之间嵌锁较为密实。

9.6 试验路质量验收

2009年5月,监理单位与施工单位共同对煤矸石试验路进行了质量验收。主要验收内容为:压实度、纵断高程、中线偏位、宽度、平整度、横坡以及弯沉。

验收结果见表9.14与表9.15,煤矸石路基交验时外观见图9.21。

结果表明,各项内容符合规范及设计要求,其中弯沉值远小于设计值。

煤矸石路基沉降量观测结果 表9.13

检测位置	K96+320			K96+340			K96+360			K96+380			K96+400			K96+420			K96+440		
	左	中	右	左	中	右	左	中	右	左	中	右	左	中	右	左	中	右	左	中	右
第一次检测沉降量(mm)	12	11	6	14	12	10	11	10	8	5	8	8	10	4	11	14	12	9	13	12	14
第二次检测沉降量(mm)	1	0	14	0	0	0	0	7	5	7	6	3	8	7	5	6	7	6	5	6	4
第三次检测沉降量(mm)	0	1	1	0	2	0	0	1	1	1	0	0	0	2	1	0	1	1	1	0	1
第四次检测沉降量(mm)	0	0	1	1	0	0	0	0	1	1	1	1	1	0	0	1	0	1	1	2	1
总沉降量(mm)	13	12	22	15	14	10	11	18	15	14	15	12	19	13	17	21	20	17	20	20	20

青兰高速邯郸至涉县段煤矸石路基质量验收　　表 9.14

桩号及部位		K97 +300 ~ K97 +619.5	检验时间		2009 - 05 - 27	
项次	检验项目	规定值或允许偏差	检验结果			检验频率和方法
			检测点数	合格点数	合格率	
1	压实度(压沉值)	层厚和碾压遍数符合要求	24	24	100%	查施工记录
2	纵断高程(mm)	+10, -20	96	71	74%	水准仪:每 200m 测 4 断面
3	中线偏差(mm)	50	16	16	100%	经纬仪:每 200m 测 4 断面,弯道加 HY、YH 两点
4	宽度(mm)	不小于设计值	32	32	100%	米尺:每 200m 测 4 处
5	平整度(mm)	≤20	60	56	93%	3m 直尺:每 200m 测处 2 × 10 尺
6	横坡(%)	± 0.3	12	12	100%	水准仪:每 200m 测 4 断面
7	边坡 坡度	不陡于设计值				每 200m 抽查 4 处
	边坡 平顺度	符合设计要求				

桩号及部位		K97 +619.5 ~ K97 +939	检验时间		2009 - 06 - 05	
项次	检验项目	规定值或允许偏差	检验结果			检验频率和方法
			检测点数	合格点数	合格率	
1	压实度(压沉值)	层厚和碾压遍数符合要求	24	24	100%	查施工记录
2	纵断高程(mm)	+10, -20	90	79	88%	水准仪:每 200m 测 4 断面
3	中线偏差(mm)	50	15	15	100%	经纬仪:每 200m 测 4 断面,弯道加 HY、YH 两点
4	宽度(mm)	不小于设计值	30	30	100%	米尺:每 200m 测 4 处
5	平整度(mm)	≤20	60	55	92%	3m 直尺:每 200m 测处 2 × 10 尺
6	横坡(%)	± 0.3	12	12	100%	水准仪:每 200m 测 4 断面
7	边坡 坡度	不陡于设计值				每 200m 抽查 4 处
	边坡 平顺度	符合设计要求				

贝克曼梁测定弯沉验收汇总表

表 9.15

桩　号	测点数	弯沉代表值(0.01mm)	煤矸石填筑层位
K95 +694 ~ K96 +241 左车道	47	151.85	11
K95 +694 ~ K96 +241 右车道	48	122.35	11
K96 +241 ~ K96 +490 左车道	20	141.25	11
K96 +241 ~ K96 +490 右车道	20	152.76	11
K96 +490 ~ K96 +814	28	124.41	10 层左侧
K96 +490 ~ K96 +814	30	119.95	10 层中间
K96 +490 ~ K96 +814	30	124.72	10 层右侧
K96 +814 ~ K97 +212	38	132.4	10 层左侧
K96 +814 ~ K97 +212	38	125.92	10 层中间
K96 +814 ~ K97 +212	38	123.3	10 层右侧
K97 +212 ~ K97 +300 左车道	8	190.03	11
K97 +212 ~ K97 +300 右车道	8	138.35	11
K97 +300 ~ K97 +619.5 左车道	24	172.7	11
K97 +300 ~ K97 +619.5 右车道	24	116.91	11
K97 +619.5 ~ K97 +939 左车道	18	148.49	12
K97 +619.5 ~ K97 +939 右车道	18	135.5	12
K97 +939 ~ K98 +430.5 左车道	46	131.18	13
K97 +939 ~ K98 +430.5 右车道	44	121.83	13
K98 +430.5 ~ K98 +595.5 左车道	14	141.09	13
K98 +430.5 ~ K98 +595.5 右车道	14	109.18	13
K98 +600 ~ K98 +994 左车道	36	135.1	25
K98 +600 ~ K98 +994 右车道	36	136.1	25

图 9.21　煤矸石路基交验时外观

10 煤矸石填筑路基效益

随着我国经济发展对能源需求的不断增长,煤炭开采的规模也在不断扩大,由开矿产生的大量的伴生物——煤矸石,也在地面堆积越来越多,它占用土地,严重污染空气、水域,还会造成滑坡和泥石流等灾害。

多年来,许多部门就如何开发利用煤矸石的问题做了大量工作,如生产水泥、烧砖、燃烧利用热能等。由于煤矸石的组成较复杂,不同的矿井、不同的矿脉所排放的煤矸石成分都有较大的变化,而且煤矸石中有害成分硫和未燃炭都给煤矸石的利用带来极大的不便。然而,将煤矸石作为道路基层材料用于筑路工程,却有着明显优势。一是对煤矸石的种类和品质没有特殊的要求,对有害成分含量的限制不严,适用于多种类型煤矸石;二是煤矸石在道路工程中的应用具有耗渣量大、无需进行特殊处理及特殊技术手段的优点,是一种利用煤炭工业废料和减少环境污染的有效途径。

伴随着我国公路建设的产业化发展,人们对公路建设的观念,已由过去的单纯追求工程质量而很少考虑环保和节能,逐步向集质量、环保和节能于一体的方向发展。使用固体废弃物,不仅可以高效地节约天然资源,充分利用废弃材料,而且还有利于保护环境,减轻废弃材料对环境的污染。在二灰稳定集料的结合料中,粉煤灰作为工业废料应用于道路建设中已渐成熟,然而若能将天然碎石材料用煤矸石来代替,形成三渣并用,必将对社会和环境带来更大益处。因此,在道路等工程建设中,在有条件的情况下,要逐步推广以煤矸石代替黏土作为填充材料。

利用煤矸石填筑路基,既可少占用堆放场地,节约耕地,减少飞扬对环境造成的影响,改善水资源条件,还能减小取土场的占用,有利于生态的保护,具有很高的经济和社会效益。

10.1 煤矸石填筑路基的技术效益

(1)煤矸石的物理性能对路基的影响。由原材料性能试验可知:一般情况下,煤矸石的压碎值为20%以下,对于建筑公路而言,可满足大交通量压碎值小于30%或中等交通量压碎值小于35%的技术要求。测得的CBR表明,饱水4昼夜后,煤矸石仍有一定的抗水性和承载能力。

(2)煤矸石的化学性能对路基的影响。煤矸石中含有的硅、铝、钙、镁等氧化物和碳,其活性物质含量一般在70%以上。经压实后的煤矸石结构在适量的水分和一定温度下产生火山灰反应,生成水化硅酸钙和水化铝酸钙,呈胶凝状态,同时生成部分氢氧化钙和碳酸结晶。煤矸石结构随反应的不断进行其强度不断增加,水稳定性变好。此外,由于颗粒间的嵌锁作用使颗粒之间的联结和黏结力增强,随着时间的延长,改变了煤矸石分子间的结构组成,使煤矸石混合料结构层获得越来越大的负载力。从煤矸石的化学性质上讲,可以增加路面的强度和耐久性。

(3)煤矸石路基单层压实厚度可达到土路基单层压实厚度的2~3倍,进度快,可充分发挥机械效率，节省了设备费用，路基完成后控制简便，施工工期缩短。由于煤矸石路基具有良好的透水性，雨后不用翻晒、重新压实，雨停即可施工，即使运料车辆在路基存水路段行驶，也不会出现泥泞和翻浆现象。

（4）沉降量、弯沉值较小，有利于路基的整体稳定，容易满足路基的工程质量要求。通过对煤矸石的物理化学性能对路基的影响分析可见，煤矸石用于填筑路基在技术上满足要求，并且煤矸石施工过程中不受雨季影响，施工速度快、工期短，节约了工程造价，技术效益也十分可观。

10.2 煤矸石填筑路基的生态效益

煤矿的排矸石量占煤炭开采量的10%～25%，是我国最大的废弃物资源。有关资料显示，未来20年，我国年均煤炭生产能力为9.17亿t，矸石排量则为年均9 700万～24 200万t，按目前每个矸石矿堆270万t，占地10hm^{2}计，则矸石矿堆年均侵占土地约360～900hm^2。这些被侵占土地是无法恢复原状的。目前国内散布着1 500座矸石山，总吨位在30亿t左右，而且其年均吨位和占地增量分别为1.5亿t和670hm^2。高速公路用煤矸石填筑路基，因其消耗量大，能在很大程度上抑制上述因素对环境的破坏。另外，煤矸石代替土填筑路基，不需要取土，消除了取土对地表的破坏，从另一个方面保护了环境。从环境保护和可持续发展的层面上讲，这种经济效益是无法估量的。

1）节省耕地、替代土

我国的土地资源非常紧缺，人均耕地占有量为0.106hm^2，仅为世界人均水平的43%，地少人多已是不争的事实。保护耕地是关系到商品粮基地建设的一件大事。近年来随着各省市招商引资规模的扩大，经济发展很快，每年因基础设施建设、城市用地增加及自然灾害损毁等原因造成耕地大量损失。据统计，每年因采煤造成的地表塌陷和煤矸石堆存造成的耕地损失占6.36%。利用煤矸石填筑路基，不仅可以减少大量矸石堆存占地，还能节省大量的土资源，能够有效地控制耕地流失，真正做到利在当代，功在千秋。

2）减少扬尘、SO_2排放

煤矸石由于其成因和化学成分的原因，其强度和抗风化能力均较一般岩石弱，经风吹、日晒、雨淋和冻融后，粉尘较多，再经运输、装卸、摊铺，特别是多次碾压后更加破碎。除局部一些硬块外，大部分破碎成粉尘状态。粉尘之间黏结性差，干燥或刮风季节容易起尘。这一污染主要发生在夏季及刮风季节，它对人们的生活、周围农作物的生长均造成影响。

煤矸石山大多在空气中能发生自燃。据统计，国内曾经至少有134座矸石山不同程度地燃烧过。煤矸石自燃不仅白白浪费了宝贵的资源，燃烧过程中排放的二氧化碳、二氧化硫、氮氧化物及烟尘等，还严重污染大气环境。以某矿每年利用煤矸石13万t计，每年可减少SO_2排放量96t，大大削减了铁煤集团的SO_2污染物总量控制指标，对改善矸石山周围的环境空气质量有积极的作用。

3）减少矸石淋溶水污染

煤矸石中存在着大量的铜、铬、铅等重金属，这些物质在煤矸石以干燥固体存在的时候，不会对人类造成很大的危害。当煤矸石山被雨水冲刷，或是煤矸石经长期风化后经雨水淋溶，就会形成淋溶水。淋溶水大多呈酸性,酸性的淋溶水及其中夹杂的重金属、As、氟化物等渗透到地下,或者汇入附近的地表水,会污染矸石山周围的水环境。因此,煤矸石用于填筑路基,可以减轻矿区的水环境污染。

10.3 煤矸石填筑路基的经济效益

我国建筑能耗惊人,存在着土地资源利用率低、水污染严重、建筑耗材高等问题。现有建筑中95%达不到节能标准,单位建筑面积能耗是发达国家的2~3倍,对社会造成了沉重的能源负担和严重的环境污染。推广应用建筑节能和建筑垃圾处理技术,是建筑施工企业和相关部门迫在眉睫、亟待解决的问题。

利用煤矿废弃的煤矸石填筑路基,可以节约大量的取土用地,解决煤矸石占地,减少煤矸石对周围环境的污染,便于施工,同时煤矸石的强度大于土,使路面的使用性能更好,更重要的是降低了工程造价。

煤矸石填筑路基与土路基相比在经济上的优越性:

(1)节省资源费、征地取土费,包括《土地法》规定的土地划拨费用,青苗补偿费、取土费、复耕费和土地管理费。

(2)年土地使用效益。在高速公路使用期限中,节省的土地年收益又是一笔可观的收入。

(3)可节省煤矸石的年治理污染费用。

(4)减轻煤矸石对周围农田的污染而导致的农作物减产。

10.3.1 试验段成本对比

1)填筑每方素土费用

(1)填筑成本:按照施工单位的合同,路基借土填方单价为:23.17元/m^3。

(2)土地效益:从土地使用效益分析,按每亩土地年收益1 000元计,每方可获得收益0.38元/年。

$$1\ 000\ 元/年 \cdot 亩 \times 1m^3 \times 1.15/(4.5m \times 6.67m^2/亩) = 0.38\ 元/年$$

2)煤矸石填筑每方费用

(1)估算成本

运距:支线运距5.5km,主线运距0.5km,总运距6km。

装车时间:装载机装车15min/车。

运输时间:45min/车。

柴油:6 000元/t。

柴油价为3 000元/t时的经验成本价(压实方):

装车:2.8~3.0元/m^3。

运输:1km以内3.0~3.2元/m^3,超运1.0元/m^3。

平压:3.5~4.0元/m^3。

按经验价计算,不考虑运输车养路费的情况下,柴油价由3 000元/t涨价到6 000元/t,影响台班单价20%~25%,各项单价为:

装车：3.5～3.75 元/m^3。

运输：3.75～4.0 元/m^3，超运 1.25 元/m^3，总运费：$3.75+1.25\times5=10.0$ 元/m^3。

平压：4.2～4.8 元/m^3。

人工：0.5 元/m^3。

成本价：$3.5+10.0+4.2+0.5=17.2$ 元/m^3。

以上成本未考虑煤矸石资源费、地方道路养护费、管理费、税金和计划利润。

(2)土地效益

从土地使用效益分析，按每亩土地年收益 1 500 元计，每方可获得收益 0.45 元/年·m^3。

$$1\ 500\text{元/年}\cdot\text{亩}\times1\text{m}^3/(5\text{m}\times666.67\text{m}^2/\text{亩})=0.45\text{元/年}$$

根据以上分析，每方煤矸石路基比土路基节省的收入为：

$$23.17+0.38-17.2+0.45=6.8\text{元}$$

10.3.2 农业效益

煤矸石的大量堆放，一方面占用大量的土地面积，另一方面还在影响着比堆放面积更大的土地资源，使得周围的耕地变得贫瘠，不能被利用。从农业效益分析，煤矸石对周围 1km 半径内农作物产生污染，设煤矸石按圆形堆积则每亩的影响面积为 4 847.23 亩，按减产 10% 计算，则每腾出 1 亩煤矸石占地，可挽回因污染造成的农作物产量降低价值 48.472 3 万元/年。

$$3.14\times\left(\sqrt{\frac{1.0\times666.67}{3.14}}+1\ 000\right)^2\text{m}^2\div666.67\text{m}^2/\text{亩}-1.0\text{亩}=4\ 847.23\text{亩}$$

$$4\ 847.23\text{亩}\times1\ 000\text{元/年}\cdot\text{亩}\times0.1=48.472\ 3\text{万元/年}$$

由以上分析可知，煤矸石代替土填筑路基具有很好的经济性。随着时间的推移，使用煤矸石的长期经济效果更为明显，特别在人口不断增长和土地不断减少的情况下，以后土地的相对价值会越来越高，其长期效益不可估量。利用煤矸石填筑高速公路路基，可节约大量取土用地和腾出煤矸石占地。

10.4 煤矸石填筑路基的社会效益

利用煤矸石填筑高速公路路基，不仅能够发挥较大的经济效益，而且具有更大的社会效益。

首先，煤矸石堆积地区，由于煤矸石的辐射、自燃、污染十分严重，导致地区空气质量较差，对当地人民的生活产生了很大的影响，用煤矸石填筑路基，不仅为公路建设提供了廉价的建筑材料，更能减少环境污染，美化环境。改善煤矸石堆积地的环境状况，促进人们生活环境的改变和生活水平的提高，从而推动整个社会精神文明的发展。

煤矸石填筑路基节省了更多的土地。我国人均耕地，仅为世界平均水平的 43%，因此，在我国节约土地显得非常珍贵。土地是造福子孙后代的大事，节约和腾出的土地可以无限期地进行价值创造，其资产值无法计算。

综上所述，煤矸石用于填筑路基，在经济上、技术上都是十分可行的，如果能在全国范围内大规模使用煤矸石填筑路基，加大煤矸石的综合利用率，必将对整个社会产生巨大的经济和社会效益。

参 考 文 献

[1] 中华人民共和国行业标准. JTG F10—2006 公路路基施工技术规范[S]. 北京:人民交通出版社,2006.

[2] 中华人民共和国行业标准. JTJ 013—95 公路路基设计规范[S]. 北京:人民交通出版社,1996.

[3] 中华人民共和国行业标准. JTJ 059—95 公路路基路面现场测试规程[S]. 北京:人民交通出版社,1995.

[4] 中华人民共和国行业标准. JTG F80/1—2004 公路工程质量检验评定标准[S]. 北京:人民交通出版社, 2004.

[5] 王书斌,杜群乐,等. 公路路基施工要点与质量控制[M]. 北京:人民交通出版社,2005.

[6] DasBM. 土动力学原理[M]. 杭州:浙江大学出版社. 1984.

[7] 钱家欢,殷宗泽. 土工原理与计算[M]. 北京:中国水利水电出版社,2000.

[8] 洪毓康. 土质学与土力学[M]. 北京:人民交通出版社,2003.

[9] 陈谦应,蒋树屏,柴贺军,等. 山区公路路基稳定理论与实践[M]. 北京:人民交通出版社,2005.

[10] 赵树德. 土力学[M]. 北京:高等教育出版社,2004.

[11] 刘大鹏. 土力学[M]. 北京:清华大学出版社,2005.

[12] 中国矿业大学. 徐州矿区煤矸石物理力学性能试验报告[R]. 徐州:中国矿业大学,2006.

[13] 狄升贯. 高速公路煤矸石路基路用性能研究[D]. 西安:长安大学,2008.

[14] 贾侃. 填石路基施工工艺研究[D]. 西安:长安大学,2003.

[15] 侯江华. 煤矸石在矿区铁路路基中的应用研究[D]. 北京:北京交通大学,2007.

[16] 章静敏. 软黏土路基冲击压实技术及其沉降机理的研究[D]. 天津:河北工业大学,2005.

[17] 向宇. 煤矸石的基本性质及作为橡胶补强填充剂的基础性研究[D]. 太原:太原理工大学,2004.

[18] 李侠. 煤矸石对环境的影响及再利用研究[D]. 西安:长安大学,2005.

[19] 王修山. 煤矸石填筑高等级公路路堤的应用研究[D]. 西安:长安大学,2006.

[20] 陈永峰. 阳泉矿区煤矸石自燃防治研究[D]. 西安:西安建筑科技大学,2005.

[21] 韩波. 煤矸石中重金属对农田生态系统污染及其在环境中迁移的研究[D]. 扬州:扬州大学,2007.

[22] 王琛艳,高填方路基沉降变形规律计算分析与研究[D]. 重庆:重庆交通大学,2005.

[23] V. M. Kirjavainen. Review and analysis of factors controlling the mechanical flotation of gangue minerals[J]. Int. J. Miner. Process, 1996.

[24] E. C ~ ILEK and Y. UMUCU. A Statistical Model For Gangue Entrainment Into ForthsIn – flotation Of Sulphide Ores[J]. Mineral Engineering, 2001.

[25] Mascaro L, Benvenuti B., Corsini F., et al., Mine wastes at the polymetallic deposit of Fenice Capanne (southern Tuscany, Italy). And environmental iMPact[J]. Environmental Geology, 2001.

[26] Banks S. B., Banks D. Abandoned mines drainage iMPact assessment and mitigation of dis-

charges from coal mines in the UK[J]. Engineering Geology. 2001.
[27] Fernandes H. M., Franklin M. R.. Assessment of acid rock drainage pollutants release in the uranium mining site of Pocos de Caldas-Brazil Journal of environmental Radioactivity. 2001.
[28] 李鹏波,胡振琪,吴军,等. 煤矸石山的危害及绿化技术的研究与探讨[J]. 矿业研究与开发, 2006.
[29] 刘迪. 煤矸石的环境危害及综合利用研究[J]. 气象与环境学报,2006.
[30] 李琦,孙根年. 略述我国煤矸石资源的再生利用途径[J]. 粉煤灰综合利用,2007.
[31] 曹永新,尹育华. 煤矸石综合利用技术[J]. 露天采矿技术,2007 .
[32] 许泽胜,杨巧文,王新国,等. 煤矸石的分类及其综合利用[J]. 科技纵横,2001.
[33] 郑蕉林,童琳,颜廷山. 煤矸石活性的探讨[J]. 山西建筑,2006.
[34] 刘松玉,童立元,邱钰,等. 煤矸石颗粒破碎及其对工程力学特性影响研究[J]. 岩土工程学报,2005.
[35] 刘春荣,朱彩平. 煤矸石在道路工程建设中的应用[J]. 煤炭企业管理,2001.
[36] 姜振泉,赵道辉,隋旺华,等. 煤矸石固结压密性与颗粒级配缺陷关系研究[J]. 中国矿业大学学报,1999.
[37] 马耀辉. 煤矸石在水库坝体填筑中的实际应用[J]. 科学之友,2007.
[38] 潘荣锟,余明高. 自燃煤矸石山爆炸的危害及治理技术[J]. 河南理工大学学报,2007.
[39] 刘松玉,邱钰,童立元,等. 煤矸石的动力特性试验研究[J]. 东南大学学报(自然科学版),2005.
[40] 周琳,邱钰,刘松玉. 煤矸石的强度变形特征试验研究[J]. 公路交通技术,2005.
[41] 刘松玉,邱钰,童立元,等. 煤矸石的强度特征试验研究[J]. 岩土力学与工程学报,2006.
[42] 程秋月. 煤矸石作为高等公路路基填料的应用研究[J]. 现代公路,2007.
[43] 苗克芳. 煤矸石地基工程特性的试验研究[J]. 黑龙江科技学院学报,2003.
[44] 朱建德,孙就忠,任俊娟. 煤矸石路堤施工研究[J]. 路基工程,2006.
[45] 方磊,许明军. 煤矸石路堤填筑质量控制[J]. 煤炭工程,2005.
[46] 刘元泉,胡益众. 用煤矸石填筑高速公路路基[J]. 公路,2005.
[47] 唐建忠,宋磊,段峰. 煤矸石在京福高速公路(枣庄段)施工中的应用[J]. 山东交通科技,2003.
[48] 张永清,王选仓,王朝辉. 土工格栅处治填挖交界路基数值模拟与现场试验[J]. 交通运输工程学报,2008.
[49] 徐定成,史志勇. 煤矸石路堤施工与环境保护[J]. 中国铁路, 2002.
[50] 凤军,赵振国,冯兵. 风化砂砾路基包边方式及其边坡防护[J]. 黑龙江交通科技,2003.
[51] 陈文海. 国内冲击压实技术应用综述[J]. 铁路工程造价管理,2008.
[52] 史保华,杨晓娟,王宏伟. 冲击压实机及其技术在土基处理中的应用分析[J]. 筑路机械与施工机械化,2006.
[53] 赵炼恒,等. 冲击压实技术在高速公路高填方路基中的应用研究[J]. 岩石力学与工程学报,2006.